中国国际贸易学会推荐教材
全国外经贸院校21世纪高职高专统编教材

国际货运代理理论与实务

（2009年版）

主编 谢海燕

中国商务出版社
CHINA COMMERCE AND TRADE PRESS

图书在版编目（CIP）数据

国际货运代理理论与实务：2009 年版 / 谢海燕主编 .—2 版. —北京：中国商务出版社，2009. 9（2014.1 重印）

全国外经贸院校 21 世纪高职高专统编教材. 中国国际贸易学会推荐教材

ISBN 978-7-5103-0113-1

Ⅰ. 国… Ⅱ. 谢… Ⅲ. 国际运输：货物运输−代理（经济）−高等学校：技术学校−教材 Ⅳ. F511. 41

中国版本图书馆 CIP 数据核字（2009）第 175356 号

中国国际贸易学会推荐教材
全国外经贸院校 21 世纪高职高专统编教材
国际货运代理理论与实务（2009 年版）
GUOJI HUOYUNDAILI LILUN YU SHIWU
主编 谢海燕

出 版： 中国商务出版社
发 行： 北京中商图出版物发行有限责任公司
社 址： 北京市东城区安定门外大街东后巷 28 号
邮 编： 100710
电 话： 010—64269744（编辑室）
010—64283818（发行部）
010—64263201（零售、邮购）
网 址： www. cctpress. com
邮 箱： cctp@ cctpress. com
照 排： 北京开和文化传播中心
印 刷： 北京密兴印刷有限公司
开 本： 787 毫米 ×980 毫米 1/16
印 张： 21. 5 **字 数：** 381 千字
版 次： 2009 年 10 月第 2 版 2014 年 1 月第 4 次印刷

书 号： ISBN 978-7-5103-0113-1
定 价： 30. 00 元

修订说明

《国际货运代理理论与实务》的出版，较好地满足了全国外经贸院校国际贸易专业和货运物流专业的教学需要。它对于广大外经贸学生理解和掌握货物运输与代理全过程所必须具备的基础知识、专业知识和实际工作技能有很大帮助，受到了外经贸院校师生以及社会上广大读者的普遍欢迎。

为更好地满足高职高专学生毕业后从事实际工作的需要，根据中国货运代理协会全国国际货运代理从业人员资格考试的最新要求，在2007年版的基础上，作了较大的修订，在内容上加大了技能训练，充分发挥了图、表的解说功能，力求图文并茂，减少了专业课程教学的枯燥性；为了更好体现国家职业教育精神，以培养国际贸易领域应用型人才为目标，按照理论为基础，实践为主导的教学指导思想，教学编排上突出基础理论教学和应用教学，各章节力求增强理论的通俗易懂性和实践技能训练的可操作性，以满足高职高专院校理论课与实训课的教学需要。

本书再版的编写人员有谢海燕（第一、二、三、九章），高国生（第四章），涂澄，吴小娟（第五章），林菊洁（第六章），芮琳琳（第七章），冯巧琳（第八章），并由应天职业技术学院谢海燕负责总纂，应天学院商务系主任常大任担任主审。

在编写过程中，我们借鉴了货运代理从业资格全国统一考试指定教材和辅导教材，参考了大量的国际货运代理专著、资料和网站，还引用了外贸公司的材料，并得到了有关专家的精心指点，尤其是外贸资深专家吴曙东的鼎力相助，在此一并献上诚挚的谢意！在本书出版与发行过程中，我们得到了中国商务出版社的大力支持与帮助，在此深表感谢。限于编者的学识水平和实践经验，错误和不足之处敬请批评指正。

本书配有教学课件，需求者，可照书后相关说明索取。

编　者

2009年9月

目　　录

第一章　国际货物运输基础知识

【开篇导读】

随着科学技术的进步和社会经济的发展，运输业也日趋完善且发挥着重要的作用。运输是人和物的载运和输送。运输从运送对象上可分为货物运输和旅客运输。货物运输按地域划分又可分为国内货物运输和国际货物运输。国际货物运输主要以国际贸易物资运输为主，因此国际货物运输又被称为国际贸易运输。

【学习目标】

知识目标：掌握国际货物运输的各种方式及其特点；掌握国际货物运输的主要运输单证及其签发人；了解国际货运组织机构及货运对象。

能力目标：针对不同的货物，能选择合理的运输方式；针对某一批货物，能通过合理运输的五个要素进行合理措施方面的分析。

【引导案例】

国际货物运输如何选择合适的运输方式

运输方式的选择既包括对单一运输方式与多式联运之间的选择，也包括对各种货运形式的选择。如何选择适当的运输方式是运输合理化的重要问题，也是货运代理需为货主考虑的首要问题。基本运输方式包括铁路、公路、水路、航空、管道等，那么作为货运代理，为货主选择运输方式时，应该考虑哪些问题？

第一节　国际货物运输性质及特点

一、国际货物运输的性质及特点

国际货物运输，就是在国家与国家、国家与地区之间的运输。国际货物运输可分为国际贸易物资运输和非贸易物资（如展览品、个人行李、办公用品、援外物资等）运输两种。由于国际货物运输中的非贸易物资的运输往往只是贸易物资运输部门的附带业务，所以，国际货物运输通常被称为国际贸易运输，从一国来说，就是对外贸易运输，简称外贸运输。国际货物运输参见图1－1－1。

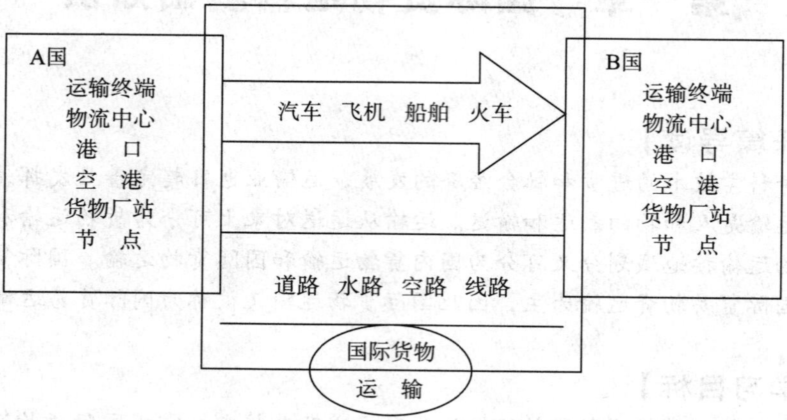

图1－1－1　国际货物运输示意图

（一）国际货物运输的性质

在国际贸易中，商品的价格包含商品的运价，商品的运价在商品的价格中占有较大的比重，一般来说，约占10%；有的商品要占30%～40%。商品的运价也和商品的生产价格一样，随着市场供求关系变化而围绕着价值上下波动。商品的运价随着商品的物质形态一起进入国际市场中交换，商品运价的变化直接影响到国际贸易商品价格的变化。而国际货物运输的主要对象又是国际贸易商品，可以说，国际货物运输也就是一种国际贸易，只不过它用于交换的不是物质形态的商品，而是一种特殊的商品，即货物的位移。

从贸易的角度来说，国际货物运输就是一种无形的国际贸易。

（二）国际货物运输的特点

国际货物运输是国家与国家、国家与地区之间的运输。与国内货物运输相比，具有以下五个主要特点：

1. 国际货物运输涉及国际关系问题，是一项政策性很强的涉外活动

国际货物运输是国际贸易的一个组成部分，在组织货物运输的过程中，需要同国外发生直接或间接的广泛的业务联系，这种联系不仅是经济上的，也常常涉及国际的政治问题，是一项政策性很强的涉外活动。因此，国际货物运输既是一项经济活动，也是一项重要的外事活动，这就要求我们不仅要用经济观点去办理

各项业务，而且要有政策观念，按照我国对外政策的要求从事国际运输业务。

2. 国际货物运输是中间环节很多的长途运输

国际货物运输是国家与国家、国家与地区之间的运输。一般来说，运输的距离都比较长，往往需要使用多种运输工具，通过多次装卸搬运，要经过许多中间环节，如转船、变换运输方式等，经由不同的地区和国家，要适应各国不同的法规和规定。其中任何一个环节发生问题，就有可能影响整个的运输过程，这就要求各环节要组织好、环环紧扣，避免在某环节上出现脱节现象，给运输带来损失。

3. 国际货物运输涉及面广，情况复杂多变

国际货物运输涉及国内外许多部门，需要与不同国家和地区的货主、交通运输、商检机构、保险公司、银行或其他金融机构、海关、港口以及各种中间代理商等打交道。同时，由于各个国家和地区的法律、政策规定不一，贸易、运输习惯和经营做法不同，金融货币制度的差异，加之政治、经济和自然条件的变化，都会对国际货物运输产生较大的影响。

4. 国际货物运输的时间性强

按时装运进出口货物，及时将货物运至目的地，对履行进出口贸易合同、满足商品竞争市场的需求、提高市场竞争能力、及时结汇，都有着重大意义。特别是一些鲜活商品、季节性商品和敏感性强的商品，更要求迅速运输，不失时机地组织供应，才有利于提高出口商品的竞争能力，有利于巩固和扩大销售市场。因此，国际货物运输必须加强时间观念，争时间、抢速度，以快取胜。

5. 国际货物运输的风险较大

由于在国际货物运输中环节多，运输距离长，涉及面广，情况复杂多变，加之时间性又强，在运输沿途国际形势的变化、社会的动乱，各种自然灾害和意外事故的发生以及战乱、封锁禁运或海盗活动等，都可能直接或间接地影响到国际货物运输，以致造成严重后果，因此，国际货物运输的风险较大。为了转嫁运输过程中的风险损失，各种进出口货物和运输工具，都需要办理运输保险。

二、国际货物运输的任务及要求

（一）国际货物运输的任务

国际货物运输的基本任务就是根据国家有关的方针政策，合理地运用各种运输方式和运输工具，多、快、好、省地完成进出口货物的运输任务，为我国发展对外经济贸易服务，为我国外交活动服务，为我国的四个现代化建设服务。具体包括以下几方面内容：

1. 按时、按质、按量地完成进出口货物运输

国际贸易合同签订后，只有通过运输，及时将进口货物运进来，将出口货物运出去，交到约定地点，商品的流通才能实现，贸易合同才能履行。“按时”就是根据贸易合同的装运期和交货期的条款的规定履行合同；“按质”就是按照贸易合同质量条款的要求履行合同；“按量”就是尽可能地减少货损、货差，保证贸易合同中货物数量条款的履行。如果违反了上述合同条款，就构成了违约，有可能导致赔偿、罚款等严重的法律后果。因此，国际货物运输部门必须遵守合同，保证按时、按质、按量完成国际货物运输任务，保证国际贸易合同的履行。

2. 节省运杂费用，为国家积累建设资金

由于国际货物运输是国际贸易的重要组成部分，而且运输的距离长，环节较多，各项运杂费用开支较大，故节省运杂费用的潜力比较大，途径也多。因此，从事国际货物运输的企业和部门，应该不断地改善经营管理，节省运杂费用，提高企业的经济效益和社会效益，为国家积累更多的建设资金。

3. 为国家节约外汇支出，增加外汇收入

国际货物运输，是一种无形的国际贸易，它是国家外汇收入的重要来源之一。国际贸易合同在海上运输一般采用CIF和FOB等贸易条件成交。按照CIF条件，货价内包括运费、保险费，由卖方派船将货物运至目的港；按照FOB条件，货价内则不包括运费和保险费，由买方派船到装货港装运货物。为了国家的利益，出口货物多争取CIF条件，进口货多争取FOB条件，则可节省外汇支出，增加外汇收入。而国际货物运输企业为了国家利益，首先要依靠国内运输企业的运力和我国的方便旗船，再考虑我国的租船、中外合资船公司和侨资班轮的运力，再充分调动和利用各方面的运力，使货主企业同运输企业有机地衔接，争取为国家节约外汇支出，带来更多的外汇收入。

4. 认真贯彻国家对外政策

国际货物运输是国家涉外活动的一个重要组成部分。它的另一个任务就是在平等互利的基础上，密切配合外交活动，在实际工作中具体体现和切实贯彻国家各项对外政策。

（二）对国际货物运输的要求

1. 选择最佳的运输路线和最优的运输方案，组织合理运输

各种运输方式有着各自较合理的适用范围和不同的技术经济特征，选择时必须进行比较和综合分析。首先，要考虑商品的性质、数量的大小、运输距离的远近、市场需求的缓急、风险的程度等因素。比如鲜活商品、季节性商品，要求运

输速度快、交货及时，以免贻误销售时机；贵重货物因商品价值高，要求严格地保证运输质量。另外，要考虑运输成本的高低和运行速度的快慢，如货价较低的大宗商品则要求低廉的运输费用，以降低商品成本，增加竞争能力。在同一运输方式，如铁路或公路运输，可根据不同商品选择不同类型的车辆，海运可选择班轮或不定期船以及充分利用运输工具“回空”来运输货物，等等。

正确选择运输路线和装卸、中转港口。一般说来，应尽量安排直达运输，以减少运输装卸、转运环节，缩短运输时间，节省运输费用。必须中转的进出口货物，也应选择适当的中转港、中转站。进出口货物的装卸港，一般应尽量选择班轮航线经常停靠的自然条件和装卸设备较好、费用较低的港口。进口货物的卸货港，还根据货物流向和大宗货物用货地来考虑，出口货物的装货港，则还应考虑靠近出口货物产地或供货地点，以减少国内运输里程，节约运力。

所谓合理运输，就是按照货物的特点和合理流向以及运输条件，走最少的里程，经最少的环节，用最少的运力，花最少的费用，以最短的时间，把货物运到目的地。所以，国际货物运输就是要根据所运商品的特定要求，综合考虑速度、价格、质量等因素，求得其最佳效益。

运输合理化的影响因素很多，起决定性作用的有五方面的因素。合理运输五要素见表1－1－1：

表1－1－1　合理运输五要素

运输距离	运输距离长短是运输是否合理的一个最基本因素	要求走最少的里程
运输环节	减少运输环节，减少运费及其附属，如包装、装卸成本，对合理运输有促进作用	要求经最少的环节
运输工具	对运输工具进行优化选择，按运输工具特点进行运输作业，最大限度地发挥所用运输工具的作用，是运输合理化的重要一环	要求用最少的运力
运输时间	运输时间的缩短对整个流通时间的缩短有决定性的作用	要求用最短的时间
运输费用	运输费用的降低，无论对货主企业来讲还是对物流经营企业来讲，都是运输合理化的一个重要目标。运费的判断，也是各种合理化实施是否行之有效的最终判断依据之一	要求花最少的费用

所谓不合理运输，是指在现有条件下可以达到的运输水平而未达到，从而造成了运力浪费、运输时间增加、运费超支等问题的运输形式。目前我国存在的不合理运输形式，主要有返程或启程空驶、空车无货载行驶、对流运输、迂回运输、过远运输、重复运输、倒流运输、运力选择不当、托运方式选择不当等。

2. 树立系统观念，加强与有关部门配合协作，努力实现系统效益和社会效益

在国际货物运输的过程中，要切实加强货主、运输企业、商检、海关、银行金融、港口、船代和货代等部门与企业之间的联系，相互配合、密切协作，充分调动各方面的积极性，形成全局系统观念，共同完成国际货物运输任务。特别是作为货运代理企业，要以综合运输系统和国际贸易整体的系统利益出发，除了努力争取本企业的经济利益以外，更重要的是考虑系统效益和社会效益，在完善企业自身的同时，要考虑企业的社会责任。

3. 树立为货主服务的观点，实现“安全、迅速、准确、节省、方便”的目标

根据国际货物运输的性质和特点，针对国际货物运输的任务，经过多年的实践，中国外运集团提出的国际货物运输要“安全、迅速、准确、节省、方便”的“十字方针”，已被广大货运代理企业和有关部门所认可。

“安全、迅速、准确、节省、方便”是相互制约、相辅相成的，要想成为有竞争力的一流的货运代理，必须按照这一方针的要求去做。“十字方针”是一个有机联系的整体，可以根据市场供求的缓急、商品特性以及运输路线与运力的不同情况，全面考虑，适当安排，必要时可以有所侧重。

第二节　国际货物运输方式

国际货物运输方式，根据运输工具不同，可分为以下几种运输方式：

一、水上运输

以船舶为运载工具的水运分为内河运输和海洋运输两种。水上运输具有运量大、投资省、运价低等主要优点，多用于运输大宗或笨重的货物。但水上运输受天气条件的影响和季节变化的限制均较大，而且运速较慢。

内河运输是水上运输的一个重要组成部分，同时，也是连接内陆腹地和沿海地区的纽带。目前，我国主要的内河航道有：长江航道，京杭运河航道，珠江航道，松花江航道。

海洋运输包括近洋运输和远洋运输，统称海运。海洋运输是国际贸易中使用最为广泛的一种运输方式。目前，世界上国际贸易的货物有2/3以上是通过海洋运输的。我国海岸线长达18000多公里，沿海拥有许多终年不冻的优良港口，如大连、营口、秦皇岛、天津、烟台、青岛、连云港、防城、湛江、海口、三亚等。为了发展对外贸易，长江沿岸各港，如重庆、武汉、宜昌、九江、芜湖、南京、镇江、张家港、南通等河港也对外开放，以利内外物资交流。

我国的水上运输主要航线及交通运输枢纽见表1－2－1。

表1－2－1　水上运输主要航线及交通运输枢纽

<table>
<tr><th colspan="2">运输方式</th><th colspan="2">航线</th><th>主要交通运输线、点（枢纽）</th><th>其他</th></tr>
<tr><td rowspan="6">水运</td><td rowspan="3">海运</td><td rowspan="2">沿海航线</td><td>北方</td><td>大连、上海为中心；秦皇岛、天津、青岛等</td><td rowspan="2">以杭州湾为界</td></tr>
<tr><td>南方</td><td>广州为中心；福州、湛江、北海等</td></tr>
<tr><td colspan="2">远洋航线</td><td>上海、大连、秦皇岛、青岛、广州、湛江</td><td>有海陆联运的集装箱码头</td></tr>
<tr><td rowspan="3">河运</td><td colspan="2">长江航线</td><td>重庆、武汉、南京、南通、上海</td><td>黄金水道，通航里程最长</td></tr>
<tr><td colspan="2">珠江航线</td><td>广州、梧州</td><td>华南水运大动脉</td></tr>
<tr><td colspan="2">京杭运河航线</td><td>杭州、苏州、扬州、济宁</td><td>沟通五大水系：海河、黄河、淮河、长江和钱塘江</td></tr>
</table>

二、铁路、航空、公路、邮政、管道运输

除通过水上运输外，还有通过铁路运输、航空运输、公路运输、邮政运输、管道运输等方式。

（一）铁路运输

铁路运输具有运行速度快、载运量较大、受气候影响小、准确性和连续性强等优点。在国际贸易中，铁路运输在国际货运中的地位仅次于海洋运输。在对外贸易运输中，铁路运输占有一定比重。

我国对外贸易货物使用铁路运输，可分为国内铁路运输和国际铁路联运两部分。供应香港、澳门地区的货物由内地利用铁路运往香港九龙，或运至广州南部转船至澳门，即属国内铁路运输。国际铁路联运是指在两个或两个以上国际铁路运送中，使用一份运送票据，并以连带责任办理货物的全程运送，在由一国铁路

向另一国铁路移交货物时，无需发货人、收货人参加的运输方式。我国对周边国家，如朝鲜、越南、蒙古、俄罗斯等国家的进出口货物，大部分采用铁路运输。通过国际铁路联运，使欧亚大陆连成一片，对发展我国与欧洲、亚洲国家的国际贸易提供了有利的条件。

（二）航空运输

国际货物的航空运输具有许多优点：运送迅速；节省包装、保险和储存费用；可以运往世界各地而不受河海和道路限制；安全准时。因此，对易腐、鲜活、季节性强、紧急需要的商品运送尤为适宜。航空货物运输的方式很多，有班机、包机、集中托运和航空急件传送等。

（三）公路运输

以汽车或拖车为运载工具，具有高度的灵活性。周转速度快，投资少，装运方便为其特点，由发货人仓库到收货人仓库，实现从“门到门”的运输。我国高速公路总里程，2008 年年底达到 6.03 万公里，居世界第二，仅次于美国。

（四）邮政运输

邮政运输又称邮包运输（parcel post transport），是一种最简便的运输方式。各国邮政部门之间订有协定和公约，从而保证了邮件包裹传递的畅通无阻、四通八达，形成了全球性的邮政运输网，遂使国际邮政运输得以在国际贸易中被广泛使用。

近年来，特快专递业务迅速发展。目前快递业务主要有国际特快专递（international express mail service 简称 EMS）和 DHL 信使专递（courier service）。

（五）管道运输

管道运输的运载工具本身就是管道，它固定不动，只是货物本身在管道内移动。它是运输工具和运输通道合二为一的一种专门的运输方式，是随着石油生产的发展而出现的一种特殊运输方式。管道运输量大，输送快，成本低。现代管道不仅可以输送原油、各种石油制品、化学品、天然气等液体和气体物品，而且可以输送矿砂、煤炭等固体颗粒物料。

三、集装箱运输、国际多式联运与陆桥运输

集装箱运输、国际多式联运与陆桥运输是目前国际货物运输使用较多的三种新型的运输方式。

（一）集装箱运输

集装箱运输是以集装箱为运输单位进行运输的一种现代化的先进的运输方式，它适用于各种运输方式的单独运输和不同运输方式的联合运输。集装箱运输的优点是加速货物装卸，提高港口吞吐能力，加速船舶周转，减少货损货差，节省包装材料，减少运杂费用，降低营运成本，简化货运手续和便利货物运输等。集装箱运输是运输方式上的一大变革，它的出现和广泛运用，对国际贸易产生了一定的影响。

（二）国际多式联运

根据《联合国国际货物多式联运公约》的解释，国际多式联运是指按照多式联运合同，以至少两种不同的运输方式，由多式联运经营人将货物从一国境内接受货物的地点运往另一国境内指定交付货物的地点。国际多式联运大多以集装箱为媒介，把海洋运输、铁路运输、公路运输、航空运输等单一运输方式有机地结合起来，构成一种连贯的运输，是实现门到门运输的有效方式。

（三）大陆桥运输

大陆桥运输是指使用横贯大陆的铁路或公路运输系统作为中间桥梁，把大陆两端的海洋运输连接起来的连贯运输方式。目前运用较广的有西伯利亚大陆桥和亚欧大陆桥。

四、货运形式的分类

我们选择运输方式，既包括对单一运输方式与多式联运之间的选择，也包括对各种货运形式的选择。各种运输方式所对应的运输形式见表1－2－2：

表1－2－2　货运形式的分类

运输方式	运输形式
铁路运输	整车运输、零担运输、集装箱运输等
公路运输	整车运输、零担运输、集装箱运输、特种货物运输、大型物件运输、包车运输、公路快运等
水路运输	班轮运输（件杂货班轮运输、集装箱运输）、租船运输（航次租船、定期租船、光船租船、包运租船）
航空运输	班机运输、包机运输、集中托运、航空快递等

五、主要运输方式的比较

主要运输方式的比较（见表1－2－3所示）。

表1-2-3　各种运输方式的特点及适用范围

运输方式	优势	劣势	适合运输的货物
海洋运输	相对安全、运输量大、通过能力大、运费低廉、货物适应性强，适于长大笨重货物	运输的速度慢、港口装卸费用高、航行受天气影响较大，风险较大	主要是长途的低价值、高密度大宗货物，比如，矿产品、大宗散装货、化工产品、远洋集装箱等
航空运输	运送速度快、安全准确、手续简便，节省包装、保险、利息和储存等费用	运量小、所运货物重量和体积受限制、运价较高、受气候条件限制	鲜活易腐和季节性强、价值较高的商品
铁路运输	运输速度比较快、运输量比较大、安全可靠、受气候影响较小、运费较低	初期投资大、受轨道限制、近距离运输费用高、不适合紧急运输要求	承运中、近东、独联体和欧洲各国的进出口货物；承运我国内地与港澳地区之间的贸易商品和转口商品以及在港口的集散和各省、市之间运输的商品
公路运输	机动灵活、简捷方便、应急性强、面广零星、可以进行门到门运输	载重量小、运价高、季节性强、不适宜长途运输	适合内陆短途、邻国间边境贸易，适合港口、车站、机场的集散货物
管道运输	运量大、运输安全可靠、连续性强	灵活性差、仅适用于特定货物	石油、天然气、煤浆

六、国际货物各种运输方式下送银行办理议付的运输凭证和其签发人

国际货物各种运输方式下送银行办理议付的运输凭证和其签发人见表1-2-4所示。

表1-2-4　各种运输凭证及签发人

运输方式	送银行办理议付的运输凭证	签发人
海洋运输	海运提单 BILL OF LADING	船公司或其代理人
国际铁路联运	铁路运单副本	铁路始发站
对港、澳铁路运输	承运货物收据 CARGO RECEIPT	外运公司
航空运输	航空分运单 HOUSE AIRWAY BILL	航空货运代理
邮政运输	邮包收据 PARCEL POST RECEIPT	邮局
多式联运	多式联运单据（MULTIMODAL TRANSPORT DOCUMENT）或集装箱联运提单（COMBINED TRANSPORT B/L）	多式联运经营人

第三节　国际货物运输组织

一、国际货物运输的一般组织机构

国际货物运输所涉及的机构很多，他们不但涉及运输企业、进出口企业，而且还与包装、仓储、检验、海关、保险、银行、装卸公司、港口、车站、机场及各种货运代理人发生联系。国际货物运输的组织机构基本上可以归纳为三个方面，即承运人、货主（也称托运人或收货人）和货运代理人。见表1-3-1所示。

表1-3-1　国际货物运输的一般组织机构

国际货物运输的一般组织机构	承运人	交通运输部门、运输企业
	货主	进出口商（托运人或收货人）、生产厂家
	货运代理人	连接承运人和货主（托运人）的运输中间人

承运人（carrier）是指专门经营海上、铁路、公路、航空等客货运输业务的运输企业，如轮船公司、铁路或公路运输公司、航空公司等。它们一般拥有大量的运输工具，为社会提供运输服务。

在海上运输中船舶经营人（operator）作为承运人。我国《海商法》第四十二条指出："承运人是指本人或者委托他人以本人的名义与托运人订立海上货物运输合同的人。”“实际承运人是指接受承运人委托，从事货物运输的人，包括接受转委托从事此项运输的其他人。”

可见，承运人包括船舶所有人（ship's owner）和以期租（time charter）或光租（bare charter）的形式承租，进行船舶经营的经营人。

货主（cargo owner）是指专门经营进出口商品业务的国际贸易商，或有进出口权的工贸、地贸公司以及“三资”企业统称为货主。它们为了履行国际贸易合同必须组织办理进出口商品的运输，是国际货物运输中的托运人（shipper）或收货人（consignee）。

货运代理人（freight forwarder）是指根据委托人的要求，代办货物运输的业务机构。有的代表承运人向货主揽取货物，有的代表货主向承运人办理托运，有的兼营两方面的业务。它们属于运输中间人的性质，在承运人和托运人之间起着桥梁作用。

二、我国国际货物运输组织体系

我国国际货物运输组织体系主要由货主、承运人、运输代理人、装卸公司和理货公司四部分组成。具体见表1－3－2：

表1－3－2　运输组织体系具体构成

运输组织体系组成	举例说明
货主（cargo owner）	1. 各专业进出口总公司和地方外贸专业公司 2. 各工农贸公司 3. 有进出口权的工厂、集体企业 4. 外商独资、中外合资、合作企业和合营企业
承运人（carrier）	1. 水上运输企业 （1）中国远洋运输集团及其下属各公司； （2）中国海运集团及其下属各公司； （3）各地方轮船公司； （4）长江、珠江、黑龙江各航运公司； （5）中外合资、合作及合营的轮船公司； （6）外商独资的轮船公司； （7）中国外运集团所属的船公司。 2. 铁路运输企业 铁道部下属各铁路局和分局或公司。

续表 1－3－2

<table>
<tr><th>运输组织体系组成</th><th colspan="2">举例说明</th></tr>
<tr><td>承运人（Carrier）</td><td colspan="2">3. 公路运输企业
交通部公路局管辖的各运输公司以及中外合资、合作和联营企业的运输公司。
4. 航空运输企业
（1）中国国际航空公司；
（2）中国民航总局管辖的其他各航空公司；
（3）地方民用航空公司；
（4）中外合资、合营的航空公司；
（5）外国各航空公司。</td></tr>
<tr><td rowspan="4">运输代理人（forwarding agent; ship's agent）</td><td>1. 货运代理（forwarding agent; freight forwarder）</td><td>（1）中国外运集团及其在各地的公司；
（2）中国外轮代理公司及其在各港的货代分公司；
（3）中远集团货运公司及在各地的分公司；
（4）中外合资、合作、外商独资的代理公司；
（5）外国货运代理公司在中国各地的分支机构；
（6）经商务部正式审批的其他种类的货运代理公司，如仓储、公路运输、铁路运输、航空运输、各进出口公司以及航运公司等成立的货代公司。</td></tr>
<tr><td>2. 船务代理（shipping broker）</td><td>（1）中国外轮代理公司及在各港的下属公司；
（2）中国船务代理公司及在各港的下属公司；
（3）经交通运输部批准的其他船舶（务）代理公司。</td></tr>
<tr><td>3. 租船代理（ship's Agent; Owner's Agent）</td><td>租船代理或船东代理企业</td></tr>
<tr><td>4. 咨询代理（consultative agent）</td><td>提供有关国际贸易运输情况、情报、资料、数据和信息服务而收取一定报酬的企业</td></tr>
</table>

续表 1－3－2

运输组织体系组成	举例说明
装卸公司（stevedore）和理货公司（tally man，checker）	1. 各口岸港务局下属的港务（或装卸）公司 2. 各港口的地方装卸公司 3. 中国外运集团系统的港务公司 4. 各货主码头的装卸公司 5. 中外合资、合营的港务公司
	中国外轮理货公司及其在各港的分支机构及代理人的驻港人员

其中运输代理人的四种类型，见表 1－3－3：

表 1－3－3　货运代理的主要类型

船务代理	租船代理	货运代理	咨询代理
为船舶经营人或船舶所有人在港船舶办理各项业务和手续的人	租船人和船东的中间人	订舱揽货、装卸代理、货物报关、转运代理、理货代理、储存代理、集装箱代理、国际多式联运代理等	设计经营方案、帮助选择运输方式和路线、核算运输成本、解释运输法律和规章

以上各类代理间的业务往往互相交错，如不少船务代理也兼营货运代理，有些货运代理也兼营船务代理等。

世界上从事国际货物运输的机构不胜枚举，它们虽在工作性质上有区别，但在业务上有密切的联系。此外，国际货物运输与海关、商检、卫检、动植检、港口当局（海上安全监督局和港务局）、保险公司、银行和外汇管理局、包装、仓储等机构有着较为密切的联系，共同组成了国际货物运输组织系统。

第四节　国际货物运输对象

国际货物运输对象按运输条件；按装卸条件；按托运货物的批量；按货物的品名（种）；按货物的形态、性质、重量、运量等分类依次见表 1－4－1 至表 1－4－4 所示。

一、按运输条件分类

表 1－4－1　按运输条件分类

普通货物	对车辆结构和运输组织无特殊要求的货物
特种货物	在运输过程中需要特殊结构的车辆或需要采取特殊措施运送的货物，如长大笨重货物、危险货物以及采用驮背运输方式发送的商品等

二、按装卸条件分类

表 1－4－2　按装卸条件分类

件装货物	按件重或体积装运的货物
散装货物	也叫堆积货物，采用输送、铲抓、倾卸等方法装卸，如煤炭、矿石、砂石等
罐装货物	一般是指无包装的液体货物。随着装卸技术的发展，许多粉末和小颗粒状的货物，如水泥、粮食等也采用罐装运输

三、按托运货物的批量分类

表 1－4－3　按托运货物的批量分类

整车货物	按一份运单托运的按其体积或种类需要单独车辆运送的货物
零担货物	按一份运单托运的按其体积或种类不需要单独车辆运送的货物

四、按货物的品名（种）分类

目前，道路运输货物分为 17 类 21 种，即煤炭及制品，石油天然气及制品，金属矿石，钢铁，矿建材料，水泥，木材，非金属矿石，化肥及农药，盐，粮食，机械，设备和电器，化工原料及制品，有色金属，轻工，医药产品，农林牧渔业产品和其他货类等。

五、按货物的形态、性质、重量、运量等分类

表 1-4-4 从货物的形态、性质、重量、运量分类

形态	包装货物	箱装货物	木箱、纸箱、金属箱等
		桶装货物	金属桶、胶合板桶、塑料桶、木桶、纸板桶等
		袋装货物	牛皮纸、麻织料、布料、塑料、化纤和人造革等制成的包装袋
		捆装货物	棉、麻、金属或塑料等包扎
		其他	如卷筒状、编筐状、坛、罐、瓶状等
	裸装货物	无包装货物	如钢材、生铁、有色金属、车辆等
	散装货物	无法清点件数的粉状、颗粒状或块状货物	如煤炭、铁矿、磷酸盐、木材、粮谷、工业用盐、化肥、硫黄、石油等
性质	普通货物	清洁货物	茶叶、粮食、陶瓷器、各种日用工业品等
		液体货物	油类、药品、普通饮料等
		粗劣货物	水泥、烟叶、化肥、颜料、矿粉、生皮等
	特殊货物	危险货物	易燃、爆炸、毒害、腐蚀和放射性的货物
		易腐、冷藏货物	水果、蔬菜、鱼类、肉类等
		贵重货物	金、银、贵重金属、货币、名画、古玩等
		活的动植物	活的牛、猪、鸡、盆花、树苗等
重量或体积	重量货物	1 吨重量的货物，体积小于 40 立方英尺或 1 立方米	
	体积货物（轻泡货物）	1 吨重量的货物，体积大于 40 立方英尺或 1 立方米	

续表 1-4-4

运量大小	大宗货物	同批货物的运量大	化肥、粮谷、煤炭等
	件杂货物	大宗货物之外的货物，具有包装，可分件点数	服装、玩具、化妆品等
	长大笨重货物	凡单件重量或体积（尺码）超过限定数量的货物	石油钻台、火车头、钢管、钢轨等

【案例回放和分析】

国际货运代理选择运输方式应考虑以下问题：运费的高低，运输时间的长短，可以运输的次数（频率），运输能力的大小，运输货物的安全性，运输货物时间的准确性，运输货物的适用性，能适合多种运输需要的伸缩性，与其他运输方式衔接的灵活性，提供货物所在位置信息的可能性。

1. 商品性能特征。这是影响企业选择运输工具的重要因素。一般来讲，粮食、煤炭等大宗货物适宜选择水路运输；水果、蔬菜、鲜花等鲜活商品，电子产品，宝石以及节令性商品等宜选择航空运输；石油、天然气、碎煤浆等适宜选择管道运输。

2. 运输速度和路程。运输速度的快慢顺序一般情况下依次为航空运输、汽车运输、铁路运输、船舶运输。各运输工具可按照它的速度编组来安排日程。一般来讲，批量大、价值低、运距长的商品适宜选择水路或铁路运输；而批量小、价值高、运距长的商品适宜选择航空运输；批量小、距离近的适宜选择公路运输。

3. 运输成本。企业开展商品运输工作，必然要支出一定的财力、物力和人力，各种运输工具的运用都要企业支出一定的费用。因此，企业进行运输决策时，要受其经济实力以及运输费用的制约。例如企业经济实力弱，就不可能使用运费高的运输工具，如航空运输。

4. 运输的可得性。不同运输方式的运输可得性也有很大的差异。公路运输最可得，其次是铁路运输，水路运输与航空运输只有在港口城市与航空港所在地才可得。

5. 市场需求的缓急程度。在某些情况下，市场需求的缓急程度也决定着企业应当选择何种运输工具。如市场急需的商品须选择速度快的运输工具，如航空或汽车直达运输，以免贻误时机；反之，选择成本较低而速度较慢的运输工具。

6. 针对国内物流转运，受运输批量的影响，为降低大批量运输成本，应尽可能使商品集中到最终消费者附近，选择合适的运输工具进行运输是降低成本的良策。

7. 针对国际物流转运，一般选择空运、海运、国际铁路运输、国际海铁联运、沿海集装箱运输、珠江口内河驳船运输、保税区中转运输等方式。

本 章 小 结

国际货物运输是国家与国家、国家与地区之间的运输。它是顺利开展国际贸易不可或缺的环节，并不断促进国际贸易的发展。国际货物运输方式根据运输工具和运输通道不同，可分为水上运输、陆上运输、航空运输和管道运输，其中水上运输中的海洋运输是最重要的运输方式。货物的形态和性质各不相同，可以从货物的性质、形态、重量、运量等方面进行分类。国际货物运输要根据合理运输的五要素，组织合理运输，以完成国际货物运输的任务。

关键名词或概念

运输（transportation）
合理运输（rational transportation）
运输方式（mode of transportation）
承运人（carrier）
货主（cargo owner）
托运人（shipper）

课 后 练 习

■ 复习思考题

1. 讨论国际货物运输在我国经济发展中的地位和作用。
2. 讨论国际货物运输主要有哪些运输方式以及各种运输方式的优缺点？

3. 国际货物运输的组织机构有哪些？各承担什么任务？

4. 国际货物运输的任务和要求是什么？

5. 国际货物运输对象主要分哪几类？

■ 技能训练

1. 合理运输建议分析。

合理运输的五个要素以及措施方面分析：A 公司出口一批新鲜鸡蛋从中国到美国，讨论作为货运代理人会提出哪些建议？

2. 分析船务代理、租船代理、货运代理和咨询代理的各自职责范围。

3. 列举生活中一些不合理运输的现象，分析产生的原因，设计合理化的运输方案。

4. 作为货代，为货主选择货物运输方式，会考虑哪些问题？

第二章　国际货运代理基础知识

【开篇导读】

国际运输和国际贸易的发展，对社会分工又提出了一个新的要求，这就引出了贸易行和运输业之间的中间人，即国际货运代理的产生。国际货运代理行业在世界范围内迅速发展，货运代理逐渐成为货主与承运人之间的中介，被誉为国际货运、国际多式联运和国际物流的组织者、设计师，成为促进国际经济贸易发展、繁荣国际货运、满足货物运输关系人服务需求的重要力量。

【学习目标】

知识目标：掌握国际货运代理的定义、性质、经营范围和职业素质；了解国际货运代理企业的服务对象、国际货运代理的行业组织；明确了解货运代理与其他相关人之间的关系，会根据我国国际货运代理企业的法律依据分析处理具体案例，为学习本章后面的各章节打下良好的基础。

能力目标：能叙述货运代理企业申请业务经营资质的审批程序；会根据职业素质选择国际货运代理人。能说出2个以上著名货运代理企业的名称；针对一票货物能够明确描述货运代理企业完成其此项代理业务的全过程；通过案例分析了解国际货运代理企业从事业务的责任风险及风险防范，并能利用有关知识分析有关责任赔偿问题。

【引导案例】

案例一：

货代业务员岗位职责与要求（见表2－1－1）

表2－1－1　某货代公司货代业务员的招聘公示

招聘岗位	岗位职责	岗位要求
货代业务员	负责审核委托书的内容和运价，向船公司订舱，跟踪报关装箱进程，监装货物，根据实际出运情况完成费用录入，交商务开票等	熟悉海运出口流程，了解航线主要港口基本情况，有航线经营意识，沟通能力、责任心强；熟悉业务流程，事业心强，善于沟通

续表 2-1-1

招聘岗位	岗位职责	岗位要求
货代操作员	货代操作，负责海运订舱、制单、报关、保险等	熟悉货运进出口操作及流程，懂得海关手续和港口作业流程，有报关员证者优先
货代单证员	主要负责货运单证的制作和操作	熟练制单、审单，有良好的沟通能力，责任心强
货代销售员	开发客户，承接客户之委托，联系船运公司，给客户报价，帮助客户完成货物的运输和订舱等工作（货代销售不同于商业销售员，他不销售产品，他的主要职责是招揽生意，寻找客户，做好客户服务工作）	具备销售能力，掌握国际货代行业相关的法律法规和政策法令，了解船务公司的优势航线、舱位、航期、中转地、价格等，有一定报关实力，与两到三家报关行有稳固的关系
现场操作员	递送单证给同行、拖车公司、堆场等外协单位，及时把重要单据送达客户，负责购买操作流程所需用品，及时反馈海关、国外代理、船公司业务动态的最新信息，操作过程中，遇有问题立即反馈给上级	熟悉货代业务流程，有责任心，能吃苦耐劳

案例二：

沈阳公司与新加坡公司签发销货合同，约定按 CIF 价采用陆海联运方式从沈阳经汽车运输运至大连经海运出口至新加坡，并规定可以签发凭指示的多式联运提单。货运代理 A 接受委托后，以自己的名义分别向汽车承运人和海上承运人办理托运和订舱事宜。货物装上汽车后，货运代理 A 因无自己的多式联运提单，则委托另一家货运代理 B 向沈阳公司签发了多式联运提单，并向其收取了全程包干运费。试分析：

（1）货运代理 A、货运代理 B 的性质以及各自应承担的责任是什么？

（2）谁负责安排租车订舱——沈阳公司还是新加坡公司？他们在选择多式联运经营人时应考虑哪些因素？

（3）货运代理 A 涉及哪些业务环节和业务内容？

（4）此案涉及的多式联运提单、公路运单、海运提单在当事人栏和运输栏上应如何缮制？

第一节　国际货运代理概述

一、国际货运代理的概念

国际货运代理具有两方面含义，即国际货运代理人和国际货运代理业。

国际货运代理人（the international freight forwarder），国际货运代理协会联合会（FIATA）所下的定义是：接受货主委托，根据客户的指示为客户办理有关货物报关、交接、仓储、调拨、检验、包装、转运、租船和订舱等业务的人。其本身并不是承运人，但也可以依这些条件，从事与运送合同有关的活动，如储运、报关、验收、收款等。

国际货运代理业（the international freight forwarding），《中华人民共和国国际货物运输代理业管理规定》中所下的定义是：接受进出口货物收货人、发货人的委托，以委托人的名义或者以自己的名义，为委托人办理国际货物运输及相关业务并收取服务报酬的行业。

目前，国际货运代理在国际贸易和国际运输中居于重要地位，其服务范围已由订舱、报关等日常基本业务扩展到为整个货物运输和分拨过程提供一揽子综合服务。各国对其称谓也不尽相同，有通关代理行、清关代理行、报关代理人及船货代理等，而我国则称之为国际货运代理。

二、国际货运代理的性质

国际货运代理的性质可从两方面理解：从国际货运代理业角度它属于行业，从国际货运代理角度属于运输中介人。

国际货运代理是一种中间人性质的运输业者，他既代表货方，保护货方的利益，又协调承运人进行承运工作，其本质就是“货物中间人”，在以发货人和收货人为一方，承运人为另一方的两者之间行事。从另一个角度看，国际货运代理业系社会产业结构中的第三产业，是科学技术、国际贸易结构、国际运输方式发展的结果。

三、国际货运代理企业的含义

国际货物运输代理企业（以下简称国际货运代理企业）是指接受进出口货物收、发货人或承运人的委托，以委托人的名义或者以自己的名义，为委托人办理国际货物运输及相关业务并收取服务报酬的企业。国际货运代理企业可以作为进出口货物收货人、发货人的代理人，也可以作为独立经营人，从事国际货运代理业务。其中外商投资国际运输代理企业是指外国投资者以中外合资、中外合作以及外商独资形式设立的接受进口货物收货人、发货人的委托，以委托人的名义或者以自己的名义，为委托人办理国际货物运输及相关业务并收取服务报酬的外商投资企业。

国际货运代理企业作为代理人从事国际货运代理业务，是指国际货运代理企业接受进出口货物收货人、发货人或其代理人的委托，以委托人名义或者以自己的名义办理有关业务，收取代理费或佣金的行为。

国际货运代理企业作为独立经营人从事国际货运代理业务，是指国际货运代理企业接受进出口货物收货人、发货人或其代理人的委托，签发运输单证、履行运输合同并收取运费以及服务费的行为。

国际货运代理企业利用自身的有利条件，精通业务，熟悉国际货运市场的供求变化，航线运价的季节变化，熟悉各种运输手段及相关法律规定，与承运企业、贸易方以及保险、银行、海关、商检、港口等有着广泛的联系和密切的关系，从而在较大范围内为委托人办理国际货物运输业务提供较好的服务，并在国际贸易运输发展过程中起着非常重要的作用。

四、国际货运代理企业的名称和组织形式

根据《中华人民共和国国际货物运输代理业管理规定实施细则》的规定，国际货运代理企业必须依法取得中华人民共和国企业法人资格，国际货运代理企业的名称、标志应当符合国家有关规定，与其业务相符合，并能表明行业特点，其名称应当含有“货运代理”、“运输服务”、“集运”或“物流”等相关字样。目前，我国国际货运代理企业的组织形式是以有限责任公司或股份有限公司为主。

五、国际货运代理企业的分类

目前我国的货代企业主要有3种类型：

1. 国有大型传统运输和仓储企业经过重组转型而来的企业，如中外运，中远物流，中海物流等，它们是我国发展货代物流的中坚力量。

2. 民营或股份制形式企业。

3. 外商投资或合资企业。

国有货代企业将是中国市场的主力军。中国对外贸易运输（集团）总公司、中国远洋运输（集团）总公司、中国海运集团总公司、中铁快运服务有限公司、中国邮政集团公司等中国特大型货运代理企业相继包装成功上市，并逐步实现了从传统的货代企业向现代物流企业转型；国外的货运代理企业，比如，DHL、FedEx、Shenkers、Eagle、Bax、Nippon 等都相继进入我国。中外合资货代企业、外方控股货代企业和外商独资货代企业将成为中国市场一道亮丽的风景线。民营企业是最具有活力的新生力量。党的十六届三中全会再次鼓励非公有经济的发展，随后就涌现出一大批民营货代和物流企业，它们产权清晰、轻装上阵、体制灵活，具有强大的生命力。因此，国有企业、外资公司和民营企业将很快发展成为三支劲旅，在中国的货代和物流市场激烈角逐，逐渐形成三足鼎立之势。

相关知识

国际货运代理行业涉及的公司

1. 国际货运代理公司：如深圳赤湾国际货运代理有限公司；
2. 国际海洋货运公司：如中国远洋、深圳环世国际货运有限公司；
3. 集装箱港口：如盐田港集团、招商港务集团（蛇口港）；
4. 航空港：如深圳机场下属货运公司、快件监管服务公司；
5. 国际船舶代理公司：如深圳市金士通船务代理有限公司；
6. 国际快递公司：如联邦快递、UPS、TNT 等；
7. 报关报检公司：如招商港务报关公司、各类报关行、报检公司；
8. 涉及国际贸易业务的物流公司：如中海物流、海格物流、华润物流、深业物流等；
9. 进出口企业：如深圳外贸进出口公司。

六、国际货运代理企业的设立

（一）国内投资国际货运代理企业的设立

1. 设立条件

根据我国《公司法》和《中华人民共和国国际货物运输代理业管理规定》，登记注册国际货物运输代理企业，应当具备下列条件：

（1）国际货运代理企业应当依据取得中华人民共和国企业法人资格。企业组织形式为有限责任公司或股份有限公司。禁止具有行政垄断职能的单位申请投资经营国际货运代理业务。承运人以及其他可能对国际货运代理行业构成不公平竞争的企业不得申请经营国际货运代理业务。

（2）国际货代企业的股东可由企业法人、自然人或其他经济组织组成。与进出口贸易或国际货物运输有关、并拥有稳定货源的企业法人应当为大股东，且应在国际货代企业中控股。企业法人以外的股东不得在国际货代企业中控股。具体来讲，有限责任公司型国际货运代理企业股东数量应在2个以上（含2个）50个以下（含50个）。股份有限公司型国际货运代理企业应有5个以上发起人，且半数以上发起人在中国境内有住所。国有企业改制为股份有限公司型国际货运代理企业，发起人可以在5个以下，但只能采取募集方式设立。

（3）国际货物运输代理企业的注册资本最低限额应当符合下列要求：经营海上国际货物运输代理业务的，注册资本最低限额为500万元人民币；经营航空国际货物运输代理业务的，注册资本最低限额为300万元人民币；经营陆路国际货物运输代理业务或者国际快递业务的，注册资本最低限额为200万元人民币。经营两项以上国际货物运输代理业务的，注册资本最低限额为其中最高一项的限额。国际货运代理企业每申请设立一个分支机构，应当相应增加注册资本50万元人民币。如果企业注册资本超过上述最低限额，其超过部分可以作为设立分支机构的增加资本。

（4）国际货物运输代理企业营业条件包括：

①人员：具有至少5名从事国际货运代理业务3年以上的业务人员，其资格由业务人员原所在企业证明；或者，取得国际货物运输代理资格证书；

②场所：有固定的营业场所，自有房屋、场地须提供产权证明，租赁房屋、场地，须提供租赁契约；

③营业设施：有必要的营业设施，包括一定数量的电话、传真、计算机、短途运输工具、装卸设备、包装设备等；

④货源市场：有稳定的进出口货源市场，是指在本地区进出口货物运量较大，货运代理行业具备进一步发展的条件和潜力，并且申报企业可以揽收到足够的货源；

⑤企业章程：有合法的国际货运代理企业章程；

⑥组织机构：有符合规定的企业名称，建立符合法律要求的组织机构；

⑦企业申请的国际货运代理业务经营范围中如包括国际多式联运业务，除应当具备上述条件外，还应当具备下列条件：从事货代业务3年以上；具有相应的国内、外代理网络；拥有在商务部登记备案的国际货运代理提单。

2. 设立程序

根据2004年1月1日中国商务部修订后的《中华人民共和国国际货物运输代理业管理规定实施细则》，经营国际货运代理业务，必须取得商务部颁发的“中华人民共和国国际货物运输代理企业批准证书”。

申请经营国际货运代理业务的单位应当报送下列文件：

（1）申请书，包括投资者名称、申请资格说明、申请的业务项目；

（2）可行性研究报告，包括基本情况、资格说明、现有条件、市场分析、业务预测、组建方案、经济预算及发展预算等；

（3）投资者的企业法人营业执照（影印件）；

（4）董事会、股东会或股东大会决议；

（5）企业章程（或草案）；

（6）主要业务人员情况（包括学历、所学专业、业务简历、资格证书）；

（7）资信证明（会计师事务所出具的各投资者的验资报告）；

（8）投资者出资协议；

（9）法定代表人简历；

（10）国际货运代理提单（运单）样式；

（11）企业名称预先核准函（影印件，工商行政管理部门出具）；

（12）国际货运代理企业申请表1（附表1）；

（13）交易条款。

以上文件除（3）、（11）项外，均须提交正本，并加盖公章。

地方商务主管部门对申请项目进行审核后，应将初审意见（包括建议批准的经营范围、经营地域、投资者出资比例等）及全部申请文件按规定，报商务部审批。申请人收到商务部同意的批复的，应当于批复之日起60天内持修改后的企业章程（正本），凭地方商务主管部门介绍信到商务部领取批准证书。

目前，我国国际货运代理的市场准入已经改为工商注册登记制度。国际货运代理企业应当持批准证书向工商、海关部门办理注册登记手续。任何未取得批准证书的单位，不得在工商营业执照上使用“国际货运代理业务”或与其意思相同或相近的字样。

批准证书的有效期为3年。企业必须在批准证书有效期届满的60天前，向地方商务主管部门申请换证。企业连续三年年审合格，地方商务主管部门应当于批准证书有效期届满的30天前报送商务部，申请换领批准证书。

3．备案

商务部颁布了《国际货运代理企业备案（暂行）办法》（以下简称《备案办法》），《备案办法》规定，商务部是全国国际货代企业备案工作的主管部门。凡经国家工商行政管理部门依法注册登记的国际货物运输代理企业及其分支机构，应当向商务部或商务部委托的机构办理备案。

国际货运代理企业的备案分为国际货运代理企业本身的备案（包括设立备案和变更备案）和国际货运代理企业的业务经营备案。国际货代企业备案工作实行全国联网和属地化管理。国际货运代理企业应在本地区备案机关办理备案手续。

（二）外商投资和港、澳、台投资的国际货运代理企业的设立

1．外商投资的国际货运代理企业的设立

根据2005年12月11日，商务部出台的《外商投资国际货物运输代理企业管理办法》，外商可以在中国设立独资国际货物运输代理公司，取消了之前外商不能设立相应独资公司的限制。外商投资者可以合资、合作、独资的方式在中国境内设立外商投资国际货运代理企业。

外商投资设立经营国际快递业务的国际货运代理企业由商务部负责审批和管理；外商投资设立经营其他业务的国际货运代理企业由各省、自治区、直辖市、计划单列市及新疆生产建设兵团商务主管部门（以下简称省级商务主管部门）负责审批和管理。其注册资本要达到100万美元。投资国际货运代理企业每设立一个从事国际货物运输代理业务的分公司，应至少增加注册资本50万元人民币。如果企业注册资本已超过最低限额，超过部分，可作为设立公司的增加资本。

2．港、澳投资的国际货运代理企业设立

虽然香港、澳门、台湾地区属于中华人民共和国不可分割的组成部分，但是由于政治、法律等方面的原因，目前这些地区的公司、企业在内地设立国际货运代理企业，只能参照有关外商投资国际货运代理企业的规定办理。

国务院就香港、澳门投资者投资国际货运代理企业做了如下规定。

允许香港服务提供者和澳门服务提供者在内地以合资、合作、独资的形式设立国际货运代理企业。符合条件的香港服务提供者和澳门服务提供者在内地投资设立国际货运代理企业的注册资本最低限额应当符合下列要求：

经营海上国际货物运输代理业务的，注册资本最低限额为500万元人民币；

经营航空国际货物运输代理业务的，注册资本最低限额为300万元人民币；

经营陆路国际货物运输代理业务的，注册资本最低限额为200万元人民币。

经营前款两项以上业务的，注册资本最低限额为其中最高一项的限额。

香港服务提供者和澳门服务提供者在内地投资设立的国际货运代理企业在缴齐全部注册资本后，可申请在国内其他地方设立分公司。每设立一个分公司，应当增加注册资本50万元人民币。如果企业注册资本已超过最低限额，则超过部分，可作为设立分公司的增加资本。

七、国际货运代理的行业管理

（一）中国国际货运代理协会（CIFA）

中国国际货运代理协会（China international freight forwarders association，简称：CIFA）其成立于2000年9月6日，是经国务院批准，在民政部登记注册的社团法人，是由中华人民共和国境内的国际货运代理企业自愿组成的、非营利性的、以民间形式代表中国货代业参与国际经贸运输事务并开展国际商务往来的全国性行业组织。目前，CIFA拥有个体会员600多家，还包括26家各省、市、自治区协会作为团体会员，各类会员总数近万家，不仅包括中国远洋运输（集团）总公司、中国对外贸易运输（集团）总公司，中国海运集团总公司等大型企业，还包括中国货代排名“百强”企业和获得信用评价等级的货代物流企业。

中国国际货运代理协会作为联系政府与会员之间的纽带和桥梁，其宗旨是：协助政府部门加强对我国国际货代行业的管理；维护国际货代业的经营秩序；推动会员企业间的横向交流与合作；依法维护本行业利益；促进对外贸易和国际货代业的发展。

（二）国际货运代理协会联合会（FIATA）

国际货运代理协会联合会（international federation of freight forwarders association，法文缩写FIATA），作为国际货运代理协会联合会的标志，中文被称为“菲亚塔”。该组织于1926年成立，总部设在瑞士苏黎世，是一个非营利性的国际货运代理行业组织，其目的是保障全球货运代理的利益并促进行业发展。

FIATA有自己的章程，根据章程设立各级组织并开展活动。FIATA每年举行一次世界性的代表大会，这一国际性的活动将运输界和货运代理紧密联合在一起，适时地引导了货物运输的整体经济发展，是一项社会性的活动。同时也是FIATA的最高权力机构，所有会员都可以参加。大会除主要处理FIATA内部事务外，还为国际货运代理界人士提供一个社交的场合及业务交流的机会。2006年的FIATA年会在中国上海召开。

FAITA从20世纪60年代起先后成立了若干咨询委员会及常设机构，分别为：危险货物咨询委员会、法律事务咨询委员会、职业培训咨询委员会、公共关系咨询委员会和信息技术咨询委员会；多式联运机构、海关简化机构和货物空运机构。

FIATA是一个世界运输领域最大的非政府和非营利性组织，具有广泛的国际影响。其成员主要来自世界各国的国际货运代理协会，包括40000个国际货运代理公司。截至2006年6月，拥有来自86个国家和地区的97个国家级会员，5000

家个体会员，遍布150个国家和地区。其中，亚洲地区有30个国家和地区货运代理协会是国家级会员，165家个体会员。

我国对外贸易运输总公司作为国家级会员的身份，于1985年加入了该组织。2000年9月中国国际货运代理协会成立，次年作为国家级会员加入FIATA。我国台湾省和香港特区各有一个区域性国家级会员，台湾省以中国台北名称在FIATA登记注册。目前，我国大陆有20多个个体会员，香港特区有105个，台湾省有48个。

相关知识

FIATA货运代理资格证书

FIATA货运代理资格证书，是一项重要的货运代理行业统一的资格培训和考试项目，于1995年向全球货运代理人推出。其目的是为了提高从业人员的水平，同时也为了统一并规范全球货运代理资格证书的培训和考试，是目前世界上货代从业人员含金量最高的证书。许多国家的政府主管或其代理机构，在审批或年审国内货运代理公司时，都把"FIATA货运代理资格证书"的持有者人数作为一项硬性指标。

中国国际货运代理协会（CIFA）在开展国内培训方面取得了重大进展。2004年9月，FIATA总部正式授权CIFA为中国唯一有资质从事"FIATA货运代理资格证书"培训和考试的组织。2005年1月31日，中国国际货运代理协会和对外经济贸易大学签署了合作协议，决定在对外经济贸易大学成立"FIATA货运代理资格证书中国考试中心"，并授权对外经济贸易大学作为该证书在北京地区的培训点。根据CIFA的培训计划并经FIATA总部认定，中国国际货运代理协会将在北京、上海、大连、青岛、厦门及广州先行开展FIATA货运代理证书的培训及考试工作。

FIATA考试设《国际货运代理基础理论》（含外贸专业知识）、《国际海上货运代理及多式联运和现代物流专业知识》和《国际航空货运代理专业知识》等3个科目，试题及答案一律采用英文。考试合格者，在通过后一个月内，考生还须通过"案例分析"或"航线设计"或"货运最佳方案设计"及有关企业管理等方面的复试，并接受证书评审专家的面试。复试及面试成绩是考生最终能否获证的依据之一。考试最终合格者可获得由国际货运代理协会联合会主席和授权的国家级货代协会主席联合签署，并由FIATA总部签发的资格证书并编号，作为国际职场通行证，在全球范围内通用，终身有效。

第二节 国际货运代理企业的经营范围、行为规范及职业素质

一、国际货运代理企业的经营范围

从国际货运代理人的基本性质看，货代主要是接受委托方的委托，从事有关货物运输、转运、仓储、装卸等事宜。一方面它与货物托运人订立运输合同，另一方面又与运输部门签订合同。因此，对货物托运人来说，它又是货物的承运人。目前，相当部分的货物代理人掌握各种运输工具和储存货物的库场，在经营其业务时办理包括海、陆、空在内的货物运输。

国际货运代理企业作为代理人或者独立经营人从事经营活动，其经营范围包括：

1. 揽货、订舱（含租船、包机、包舱）、托运、仓储、包装；
2. 货物的监装、监卸、集装箱装拆箱、分拨、中转及相关的短途运输服务；
3. 报关、报检、报验、保险；
4. 缮制签发有关单证、交付运费、结算及交付杂费；
5. 国际展品、私人物品及过境货物运输代理；
6. 国际多式联运、集运（含集装箱拼箱）；
7. 国际快递（不含私人信函）；
8. 咨询及其他国际货运代理业务。

根据其经营范围，国际货运代理按运输方式分为海运代理、空运代理、汽运代理、铁路运输代理、联运代理、班轮货运代理、不定期船货运代理、液散货货运代理等；按委托项目和业务过程分为订舱揽货代理、货物报关代理、航线代理、货物进口代理、货物出口代理、集装箱货运代理、集装箱拆箱装箱代理、货物装卸代理、中转代理、理货代理、储运代理、报检代理和报验代理等。

二、国际货运代理企业业务内容

国际货代所从事的业务主要有：

（一）为发货人服务

货代代替发货人承担在不同货物运输中的任何一项手续：

1. 以最快、最省的运输方式，安排合适的货物包装，选择合适的运输路线。
2. 向客户建议仓储与分拨。
3. 选择可靠、效率高的承运人，并负责缔结运输合同。

4．安排货物的计重和计量。

5．办理货物保险。

6．办理货物的拼装。

7．在装运前或在目的地分拨货物之前把货物存仓。

8．安排货物到港口的运输，办理海关和有关单证的手续，并把货物交给承运人。

9．代表托运人支付运费、关税税收。

10．办理有关货物运输的任何外汇交易。

11．从承运人处取得提单，并交给发货人。

12．与国外的代理联系，监督货物运输进程，并使托运人知道货物去向。

（二）为海关服务

当货运代理作为海关代理办理有关进出口商品的海关手续时，它不仅代表它的客户，而且代表海关当局，负责申报货物确切的金额、数量、品名，以使政府在这些方面不受损失。

（三）为承运人服务

货运代理向承运人及时订舱，议定对发货人、承运人都公平合理的费用，安排适当时间交货以及以发货人的名义解决和承运人的运费账目等问题。

（四）为航空公司服务

货运代理在空运业上，充当航空公司的代理。在这种关系上，它利用航空公司的货运手段为货主服务，并由航空公司付给佣金。同时，作为一个货运代理，它通过提供适于空运的服务方式，继续为发货人或收货人服务。

（五）为班轮公司服务

货运代理与班轮公司的关系，随业务的不同而不同。近年来，由货代提供的拼箱服务，即拼箱货的集运服务已建立了它们与班轮公司及其他承运人之间的较为密切的联系。

（六）提供拼箱服务

随着国际贸易中集装箱运输的增长，引进了集运和拼箱的服务，在提供这种服务中，货代担负起委托人的作用。集运和拼箱的基本含义是：把一个出运地若干发货人发往另一个目的地的若干收货人的小件货物集中起来，作为一个整件运输的货物发往目的地的货代，并通过它把单票货物交给各个收货人。货代签发提单，即分提单或其他类似收据交给每票货的发货人；货代目的港的代理，凭初始的提单交给收货人。拼箱的收、发货人不直接与承运人联系。对承运人来说，货代是发货人，而货代在目的港的代理是收货人。因此，承运人给货代签发的是全程提单或货运单。如果发货人或收货人有特殊要求的话，货代也可以在出运地和目的地从事提货和交付的服务，提供门到门的服务。

（七）提供多式联运服务

在货代作用上，集装箱化的一个更深远的影响是它介入了多式联运，充当了主要承运人，并承担了组织一个单一合同，通过多种运输方式进行门到门的货物运输。它可以以当事人的身份，与其他承运人或其他服务提供者分别谈判并签约。但是，这些分拨合同不会影响多式联运合同的执行，也就是说，不会影响发货人的义务和在多式联运过程中以及对货损及灭失所承担的责任。货代作为多式联运经营人，需对它的客户承担一个更高水平的责任，提供包括所有运输和分拨过程的全面的“一揽子”服务。

三、国际货运代理人的行为规范

（一）国际货运代理人的权利

国际货运代理接受客户支付的因货物的运送、保管、投保、报关、签证、办理票据的承兑和其他服务所发生的一切费用，同时还接受客户支付的因国际货运代理不能控制的原因致使合同无法履行而产生的其他费用，如果客户拒付，国际货运代理人对货物享有留置权，有权以某种适当的方式将货物出售，以此来补偿所应收取的费用。国际货运代理人接受承运人支付的订舱佣金。

（二）国际货运代理人的责任

国际货运代理应为客户提供“安全、迅速、准确、节省、方便”的服务，并对其本人及其雇用人员的过错承担责任。其错误和疏忽包括：未按照指示交付货物；尽管得到指示，办理保险仍然出现疏忽；报关有误；运往错误目的地；未能按照必要的程序取得再出口货物退税；未取得收货人的货款就交付货物。

货运代理还应对其经营过程中造成第三方的财产灭失或损坏或人身伤亡承担责任。如果货运代理人能够证明他对第三者的选择做到了合理谨慎，那么他一般不承担因第三方的行为或不行为引起的责任。

1. 基本责任

作为承运人完成货物运输并承担责任（由其签发货运单据，用自己掌握的运输工具，或委托他人完成货物运输，并收取运费）。

作为承运人完成货物运输并不直接承担责任（由他人签发货运单据，使用自己掌握的运输工具或租用他人的运输工具，或委托他人完成货物运输，并不直接承担责任）。

根据与委托方订立的协议或合同规定，或根据委托方的指示进行业务活动时，货代应在授权范围之内完成此项委托。

如实汇报一切重要事项。在委托办理业务中向委托方提供的情况、资料必须真实，如有任何隐瞒或提供的资料不实造成的损失，委托方有权向货运代理人追索并撤销代理合同或协议。

负保密义务。货运代理过程中所得到的资料不得向第三者泄漏。同时，也不得将代理权转让与他人。

2. 责任期限

从接收货物时开始至目的地将货物交给收货人为止，或根据指示将货物置于收货人指示的地点。

3. 对合同的责任

国际货运代理人应对自己因没有执行合同所造成的货物损失负赔偿责任。

4. 对仓储的责任

货代在接受货物仓储时，应在收到货后给委托方收据或仓库证明，并在货物仓储期间尽其职责，根据货物的特性和包装，选择不同的储存方式。

5. 除外责任

由于委托方的疏忽或过失；由于委托方或其他代理人在装卸、仓储或其他作业过程中的过失；由于货物的自然特性或潜在缺陷；由于货物的包装不牢固、标志不清；由于货物送达地址不清、不完整、不准确；由于对货物内容申述不清楚、不完整；由于不可抗力、自然灾害、意外等原因。

6. 赔偿责任

货代协会规定的赔偿原则有两个方面：一是赔偿责任原则，二是赔偿责任限制。

（1）赔偿责任原则：收货人在收到货物发现货物灭失或损害，并能证明该灭失或损害是由货运代理人过失造成，即向货代提出索赔。一般情况下，索赔通知的提出不超过限定天数，否则，就作为货代已完成交货义务。

（2）赔偿责任限制：从现有的国际公约看，有的采用单一标准的赔偿方法，有的采用双重标准的赔偿方法，做法不一，差异较大。

四、国际货运代理人的职业素质

信誉卓著的货代，应具有以下职业素质：

（一）熟知海运地理方面的常识

首先，作为国际货运代理人，由于船舶进出于不同国家，故而应熟知世界地理及航线、港口所处位置，转运地及其内陆集散地。其次，货代还应了解国际贸易的模式及其发展趋势、货物的流向等。

（二）熟知不同类型运输方式对货物的适用性

世界航运市场上存在4种运输方式：班轮运输、租船运输、无船承运人运输和多式联运。班轮运输的特点是定时间、定航线、定港口顺序和定费率。租船运输即不定期运输，指不设固定的航线和时间表，按照航运市场供求关系，可以在任何航线上从事营运业务，运价尚可协商，适合于大宗散货承运。无船承运人是指从事定期营运的承运人，但并不拥有或经营海上运输所需的船舶，无船承运人相对于实际托运人是承运人身份，但相对于实际承运人又是托运人的身份。对于货主或托运人而言，选择好适当的运输方式，决定于货运代理是否精于以下几个方面业务：

1. 运输服务的定期性，如货物须在某一固定时间内运出则应选择班轮运输；

2. 运输速度；

3. 运输费用，当运输时间和运输速度不是托运人或货主考虑的主要因素时，运价就成为最重要的了；

4. 运输的可靠性，选择货运所要托付的船公司前应考察其实力信誉，以减少海事欺诈而成为受害者的可能性；

5. 经营状况和责任，表面上某一船舶所有人对船舶享有所有权，而事实上他将船舶抵押给银行，并通过与银行的经营合同而成为经营人。这会给将来货物运输纠纷诉诸法院时的货主利益带来负面影响。

（三）了解不同类型的船舶对货主货物的适应性

作为货运代理人，必须了解船舶特征，如船舶登记国和吨位、总登记吨（GRT）、净登记吨（NRT）、总载重吨（DWT）、载重线、船级等方面的知识。货运代理还应了解货船类型，如班轮、半集装箱船、半托盘船、散货船、滚装船及全集装箱船等。第三代集装箱船具有2000TEU～3000TEU的载箱能力，能够通过巴拿马运河，故又称巴拿马型船舶。第四代及有更大载箱能力的船舶，不适于通过巴拿马运河，常被称为超巴拿马型船舶。

（四）熟知航运法规

除应了解《海牙规则》、《维斯比规则》、《汉堡规则》以外，还应适当了解货物出口地或目的港国家的海运法规、港口操作习惯等。

（五）熟练操作海上货物运输的单证，并确保制作的正确、清晰和及时

主要海运单证包括提单、海运单、舱单、发货单、提货单、装箱单、港站收据、大副收据等。

（六）懂得海关手续和港口作业流程

在进出口贸易中，清关是货运代理的一项传统职能。在货运代理与海关当局及其客户的双重关系中，对于货运代理的法律地位，各国的规定不尽相同，但海关代理通常是由政府授权的。客户，即货主，应考虑货代作为海关代理的身份，在其履行职责的过程中，是否具有保护客户和海关当局双方责任的能力。货运代理具备疏导离港、保税贮存、内陆结关等港口作业的操作能力也是非常重要的。此外，货运代理所能提供的较低运费率也是考虑的重要因素。当然，对货运代理的考察，还应注意资信等其他一些因素。一流货运代理的运作，对货主完成贸易合同是十分重要的。

第三节 国际货运代理责任及责任险

一、国际货运代理责任

国际上从事国际货物运输的组织机构总体上可以归纳为三个方面：进出口商、货运代理人和交通运输部门。其中进出口商是专门经营进出口商品业务的机构，统称为货主。它们是货物运输工作中的托运人或收货人。货运代理人是根据货主的要求，代办货物运输业务的机构，它们在托运人与承运人之间起着桥梁作用。现在我们按一票货物的托运流程来演示三者的关系：

进出口商签订了贸易合同之后，为了履行合同，就得与货运代理人签订一份运输合同1。在该合同中，货主是托运人，货运代理人是承运人。由于货运代理人不掌握运载工具，它必须与拥有运载工具的承运人再签订一份运输合同2。在此合同中，货运代理人是托运人。运输合同1与运输合同2是两个在法律上完全独立的合同。货运代理人是以事主的身份出现在两个合同之中，既非货主，亦非承运人之代理。为了加以区别，我们将运输合同1称为“纸运输合同”，将货运代理人称为“契约承运人”，即不是真正的承运人。我们将运输合同2称为“实际运输合同”，将拥有运载工具的承运人称为“实际承运人”（见《1978年联合国海上货物运输公约》——汉堡规则第1条a款）。货运代理人在这个真正的运输合同中则像一个货主或商人一样是一个地地道道的托运人。

在业务活动中，货运代理企业首先应当明确自己的法律地位。国际货运代理人可能以两种身份出现：一是作为客户（收货人或发货人）的代理人；另一是作为契约当事人。而这两种法律地位的不同，导致其权利义务、法律责任有着巨大的差异。当货运代理是代理人时，货运代理只收取佣金，实际上只是提供代理服务，仅对因代理的过失给客户造成的损失承担责任以及对第三人的选任和对第三人的指示承担责任，其业务活动产生的风险相对较小，其责任主要是履行代理的职责，其义务主要是“合理谨慎”。当货运代理是当事人时，货运代理收取差价，但却是“背对背”两个合同的当事人，其义务的完全履行往往要靠另一方当事人，要承担合同项下的责任，承担相应的风险。由于货运代理业务的复杂性和法律地位的多变性，正确地认识自己的身份，是正确地享有权利、承担义务的前提和基础。

货代企业法律责任见表2-3-1：

表2-3-1　货代企业法律责任

行为与责任 / 货运代理企业	代理方式	行为属性	法律责任
货代企业	直接代理（以委托人的名义代理）	委托代理行为	其后果直接归属于委托人，代理人只对未履行代理职责并给委托人造成的损失承担责任
	间接代理（以自己的名义代理）	视同货代企业自己的行为	代理人承担当事人的法律责任

（一）国际货运代理人以委托人的名义为法律行为

在作为代理人的情形下，货运代理应当严格遵循代理的有关法律规则。根据我国《民法通则》关于代理的规定，当国际货运代理人以委托人（客户）的名义开展业务时，处于代理人的法律地位，其只能在委托人的授权范围内实施法律行为，其后果直接归属于委托人，代理人只对未履行代理职责并给委托人造成的损失承担责任。在这种情况下，货运代理人应严格依照委托人的指示从事交易活动，特别是当委托人的指示与货运代理实践不一致时，一定要得到委托人的明确的、书面的指示，特别要注意既不能越权代理，又不能在未取得客户同意的情况下安排与货运代理业务有关的服务；也不能进行双方代理。例如，在作为货主的代理时又代表船东签发提单，或在从货主取得佣金的同时又从船公司处获得揽货佣金，其只能代理一个当事人。另外，不能既赚取代理佣金又同时想吃掉运费差价，否则可能会被认为是当事人而承担两个合同项下的责任。

以下用三个案例说明货运代理作为代理人时的地位及责任。

案例 2－3－1

某货运代理公司接受某货主委托办理出口货物运输事宜。货物抵达目的地前，货运代理接到货主电话要求（后来否认）后，指示外代公司凭提单传真件和银行保函放货，外代在通知船公司时忽略了要求银行保函这一重要条件，造成国外收货人提货后不付款，货主损失惨重诉至法院。

分析：在此案中，货主的指示实际上是不符合船公司见正本提单方可放货的货运实践的，作为代理人，货运代理应当取得货主的书面授权，使其行为后果归属于货主，以避免本不应该承担的责任。

案例 2－3－2

某外运租船公司与山西某货主签订“矿砂运输协议”，同时，外运租船公司又以货主代理的身份与某船公司签订一份与前述运输协议完全一致的租船合同，只是运费差 0.1 美元/吨。此案中代理是否有效？

分析：海事仲裁委员会在审理船公司与货主的租船合同纠纷时判定外运公司没有得到货主的明确授权，属于无权代理，其应为独立的合同当事人，即货运代理同时签订了两个背对背的合同，应分别承担两个合同中的当事人义务。

案例 2－3－3

某货主委托某货运代理公司从事南京到香港的出口运输业务，货运代理公司未经授权签发了某提单抬头人的提单。同时又以提单抬头人的名义委托某船公司实际承运。该船公司向该货运代理签发了南京到南美某港口的提单。这样该货主虽手持提单却已经丧失了货物的控制权，法院判决货运代理公司双重代理违法，赔偿货主的全部损失。为什么？

分析：本案中，货运代理首先接受了货主的委托，成为货主的代理人；接着签发了某提单抬头人的提单同时又以提单抬头人的名义委托某船公司实际承运，如果提单抬头人追认该货运代理的行为，则提单抬头人在本案中为无船承运人，货运代理为提单抬头人的代理。由此可见，本案中，货运代理同时代表了一个运输合同的双方，即货主和承运人即某提单抬头人，这违反了《民法通则》关于禁止双方代理的规定。因此，在具体的业务中，货运代理要么代理货主，要么代理承运人，绝不能同时代理，否则很可能承担法律后果。

（二）国际货运代理人以自己的名义为法律行为

随着代理业务的发展与拓宽，国际货运代理除了以代理人的身份从事纯代理业务外，还以当事人身份开展业务，这时也就理所应当地承担当事人的法律责任。作为当事人在为客户提供服务时，是以本人的名义承担责任的独立合同人，它要为因履行合同而雇佣的承运人、分运代理的行为和不法行为负责。在这种情形下，国际货运代理的责任和风险更大，特别是在签发多式联运提单的情况下，在业务活动中应当更加谨慎，应保证对运输全程的控制，对各个业务环节严格把关，保证各个实际承运人和代理尽职尽责。随着货运代理企业向现代物流企业的转变以及多式联运的发展，企业不仅要提供“门到门”的运输服务，而且还要提供个性化的信息服务和增值服务。在这种情况下，货代企业（或物流企业）处于当事人的法律地位。

实践中，判断货运代理是代理人还是当事人，可以根据以下几个方面来综合考虑：

1. 货运代理是否签发了自己的全程运输单证，如多式联运提单，如果签发了自己的提单，会被认为是当事人；

2. 在收取报酬方面，是收佣金还是赚取运费差价，如果货运代理报自己的运价而不向客户说明其费用的使用情况，那么货运代理通常应当承担契约承运人的责任，即将被认定为当事人；

3. 货运代理与客户以前的交易情况。实践中，有些客户与货运代理有着长期的合作关系，如果货运代理一直是当事人的身份，那么当某一次交易中处于代理人的法律地位时，出于保护第三人的信赖利益，法院往往会倾向于认定其是当事人。这时，货运代理就应当举证证明自己的代理人身份。由于作为当事人身份的风险较大，因此，当货运代理是代理人时，一定要注意向相对人表明自己的代理身份。

二、国际货运代理的责任保险

（一）国际货代责任风险及其产生

国际货运代理法律责任的存在，说明国际货运代理在代理过程中也必然面临一定风险。国际货运代理的责任风险，是指国际货运代理企业在经营过程中对委托人或第三人的损失负有责任的可能性。这种风险可能来源于运输本身，亦有可能来源于货运代理的某些环节中，如运输合同、仓储合同、保险合同的签订、操作、报关、管货、向承运人索赔和保留索赔权的合理程序、签发单证、付款手续等。上述这些经营项目一般都是由国际货运代理来履行的。一个错误的指示或一个错误的地址，往往会给国际货运代理带来非常严重的后果和巨大的经济损失，因此，国际货运代理有必要投保责任险。另外，当国际货运代理以承运人身份出现时，不仅有权要求合理的责任限制，而且其经营风险还可通过投保责任险而获得赔偿。

具体来说，国际货运代理所承担的责任风险主要产生于以下三种情况：

一是国际货运代理本身的过失。国际货运代理未能履行代理义务，或在使用自有运输工具进行运输出现事故的情况下，无权向任何人追索。

二是分包人的过失。在“背对背”签约的情况下，责任的产生往往是由于分包人的行为或遗漏，而国际货运代理没有任何过错。此时，从理论上讲，国际货运代理有充分的追索权，但复杂的实际情况却使其无法全部甚至部分地从责任人处得到补偿，如：海运（或陆运）承运人破产。

三是保险责任不合理。在“不同情况的保险”责任下，单证不是“背对背”的，而是规定了不同的责任限制，从而使分包人或责任小于国际货运代理或免责。

上述三种情况所涉及的风险，国际货运代理都可以通过投保责任险，从不同的渠道得到保险的补偿。

（二）国际货运代理保险内容

责任风险的存在，投保责任险也就成了企业风险管理的必要措施。国际货运代理投保责任险的内容，取决于因其过失或疏忽所导致的风险损失。如：

1. 错误与遗漏。虽有指示但未能投保或投保类别有误；迟延报关或报关单内容缮制有误；发运目的地有误；选择运输工具有误；选择承运人有误；再次出口未办理退还关税和其他税务的必要手续保留向船方、港方、国内储运部门、承运单位及有关部门追偿权的遗漏；不顾保单有关说明而产生的遗漏；所交货物违反保单说明。

2. 仓库保管中的疏忽。在港口或外地中转库（包括货运代理自己拥有的仓库或租用、委托暂存其他单位的仓库、场地）监卸、监装和储存保管工作中代运的疏忽过失。

3. 货损货差责任不清。在与港口储运部门或内地收货单位各方接交货物时，数量短少、残损责任不清，最后由国际货运代理承担的责任。

4. 迟延或未授权发货。如：部分货物未发运；港口提货不及时；未及时通知收货人提货；违反指示交货或未经授权发货；交货但未收取货款（以交货付款条件成交时）。

（三）国际货运代理投保责任险的主要渠道

1. 所有西方国家和某些东方国家的商业保险公司，可以办理国际货运代理责任险。

2. 伦敦的劳埃德保险公司，通过辛迪加体制，每个公司均承担一个分保险，虽然该公司专业，但市场仍分为海事与非海事，并且只能通过其保险经纪人获得保险。

3. 互保协会也可以投保责任险，这是一个具有共同利益的运输经纪人，为满足其特殊需要而组成的集体性机构。

4. 通过保险经纪人（其自身不能提供保险），可为国际货运代理选择可承保的保险公司，并能代表国际货运代理与保险人进行谈判，还可提供损失预防、风险管理、索赔程度等方面的咨询，并根据国际货运代理协会标准交易条件来解决国际货运代理的经济、货运、保险及法律问题。

第四节 国际货运代理人与其他相关人的关系

一、国际货运代理人与无船承运人

无船承运人（non - vessel operating common carrier：NVOCC）这个概念起源于美国，是美国的称谓。我国 2002 年 1 月 1 日正式颁布实施的《中华人民共和国国际海运条例》对无船承运人也下了定义，《条例》规定："无船承运人是指无船承运业务的经营者。以承运人的身份接受托运人的货载，签发自己的提单或其他运输单证，向托运人收取运费，通过国际船舶运输经营者完成国际海上货物运输，承担承运人责任的海上运输经营活动。"《条例》定义也借鉴了美国法律对无船承运人的定义。

国际货运代理行业在国际货运市场上处于货主与承运人之间，接受货主委托，代办租船、订舱、配载、缮制有关证件、报关、报验、保险、集装箱运输、拆装箱、签发提单、结算运杂费，乃至交单议付和结汇。

从海上运输的发展来看，无船承运人与国际货运代理人有着非常密切的关系。无船承运人是在国际货运代理人从运输合同的中介演变至运输合同主体的过程中产生的，无船承运人是货运代理业务的延伸和发展。但是，无船承运人与国际货运代理人之间又存在着根本的区别。

（一）从两者与托运人及收货人的关系来看

无船承运人与托运人是承托关系，与收货人是提单签发人与持有人的关系。无船承运业务涉及两套提单的流转。无船承运人自己的提单（HOUSE B/L）和船公司的提单（MASTER B/L）。无船承运人接受托运人的订舱，办理货物托运手续，并接管货物，应托运人的要求签发 HOUSE B/L，提单关系人是托运人和实际收货人。同时以自己的名义向船公司订舱，通过船公司的班轮实际承载该货物，得到船公司签发的 MASTER B/L，提单关系人是无船承运人及其在目的港的代理。

国际货运代理人与托运人是委托方与被委托方的关系，而他与收货人则不存在任何关系。

（二）从两者的法律地位来看

无船承运人具有契约承运人的法律地位。我国《海商法》对承运人的定义为“承运人是指本人或者委托他人以本人名义与托运人订立海上货物运输合同的人”。无船承运人是和托运人订立货物运输合同的一方当事人，具有承运人的法律地位。无船承运人本身并不提供、经营船舶，所以相对实际承运人而言，无船承运人是契约承运人。而国际货运代理人则是委托方代理，帮助托运人安排货物运输，向托运人提供代理服务。

（三）两者签发的运输单据能否被银行接受不同

无船承运人签发的提单构成承运人单据，属于《UCP500》接受的运输单据的范畴内。相反，国际货运代理人签发的运输单据只具有货物收据的作用，表明其根据约定将货物发送到目的港。由于货运代理人无法证明其运输单据是对货物的运输过程负责，所以通常该运输单据不被银行所接受。

二、国际货运代理人与第三方物流经营人

现行的国际货运代理业主要从事货物运输、进出口单证制作、代客户进出口报关、报检等业务。一旦成为第三方物流经营人后，其业务范围有进一步的扩展，比如货物的零星加工、包装、货物装拆箱，货物标签，货物配送，货物分拨等。此外，第三方物流经营人大多在通过软件服务的同时提供硬件服务，即可对客户提供运输工具、装卸机械、仓储设施，并有效地利用自己所有的设备或设施，从中获取更大的附加价值或附加效益。然而，国际货运代理人即使从事第三方物流，或成为第三方物流经营人，但其地位仍受到定义限制和更高层次的第三方物流服务的限制。

可以说，国际货运代理人和无船承运人在一定程度上是第三方物流经营人的成因基础。从目前第三方物流经营人的“出身”看，大多是国际货运代理人、仓储经营人、运输经营人。它们是在经营传统业务的同时进入物流业，并逐步为客户提供部分或全部的物流服务。从它们公司挂牌的转变便可清晰地看出这一“演变”过程。但这应与其所从事的业务相符合，不能为公司进入物流业在其名称上进行“炒作”。国际货运代理人从事第三方物流业不仅有其业务基础，也是社会分工专业化和市场竞争发展的必然结果。

三、国际多式联运经营人和货运代理人

由于可以担任国际货物多式联运经营人的主体并不限于传统意义上的承运人，所以原来主要以代理人身份开展业务的货运代理人，也经常以本人身份作为国际货物多式联运经营人出现在多式联运中。但因为其以代理人和经营人身份参与多式联运时，业务范围有重合交叉，导致实务中客户经常被货运代理人身份所困扰，误讼、误告的情况时有发生。区分多式联运经营人和货运代理人有以下五个参考标准：

（一）是否与发货人订立国际多式联运合同；

（二）是否以自己名义签发多式联运单证；

（三）是否在多式联运合同中表明其将负责完成全程运输（包括通过订立分运合同来安排全程运输或自己完成全程运输或安排全程运输并参与部分运输等情况）并对运输全程中发生的货物灭失或损害以及延迟交货承担直接责任；

（四）货运代理人的收费。如果货运代理人只要求包括运费及其他所有费用在内的一个金额，那么它很可能担任的是国际多式联运经营人；如果货运代理人除要求运费和其他杂费外，还要求以前述费用的一个百分比或额外金额作为其佣金，那么货运代理人此时很可能是代理人；

（五）货运代理人与货主等有关各方在以往交易中的关系。

第五节　外贸业务流程与货运代理业务流程

一、案例解说外贸业务流程（以出口流程为例）

基本资料介绍：

外贸公司（简称海燕公司）：南京海燕纺织服装有限公司

国外客户（简称 F. F）：FASHION FLOWER CO.，LTD

交易商品：COTTON BLAZER 全棉运动上衣

出口口岸：上海

付款条件：信用证

这是一个南京海燕纺织服装公司和加拿大客户就女式全棉上衣交易的贸易实务案例。

（一）建立业务关系

加拿大客户 F. F 公司与海燕公司是通过 2008 年在中国广东举办的广交会上建立业务联系的。此后，双方有多笔良好的业务往来。

（二）交易磋商

2008 年 12 月 5 日，F. F 公司传真一份制作女式全棉上衣的指示书，并邮寄面料、色样及一件成衣样品给海燕公司，要求海燕公司 2009 年 3 月 25 日前交货，并回寄面料、色样及两件不同型号的成衣样品确认。

海燕公司收到该样件后，立即根据 F. F 公司提供的样件打品质样和色卡，然后用 DHL 邮寄给 F. F 公司确认。

（双方来回样品确认）

12 月 22 日，F. F 公司收到海燕公司寄去的成衣样品，确认合格，要求海燕公司报价。当天，海燕公司根据指示书要求，以面辅料工厂和服装厂的报价、公司利润等为基础向 F. F 公司报价。

经过多次磋商，12 月 26 日，双方最终确定以每件 USD20. 50 的报价成交。

F. F 公司要求海燕公司根据该份报价单制作合同传真其会签。

（三）签订合同

海燕公司根据双方交易磋商最终确认下来的细节拟制合同。

合同拟制完成后，寄给 F. F 公司会签。合同签订后，双方就成衣细节进行修改和最终确认。

（四）履行合同（外贸单证环节）

1. 落实信用证

中国银行江苏省分行通知海燕公司收到 F. F 公司通过 CANADA MONTREAL 银行开来的信用证。海燕公司拿到信用证后，经过审核，没有发现有不符的方面。

涉及单证：信用证通知书、信用证

2. 出口备货

收到信用证后，2009 年 2 月 1 日，海燕公司立即与已联络好的服装加工厂签订订购合同，指定服装厂使用百合纺织的面辅料。2 月 5 日，服装厂正式投产。

涉及单证：服装订购合同

3. 出口租船订舱

本批出口商品系采用集装箱班轮运输，故在落实信用证及备货时，海燕公司即向上海各家货运代理公司询价，最终确定委托上海凯通国际货运有限公司（以下简称上海凯通）代为订舱，以便及时履行合同及信用证项下的交货和交单的义务。

涉及单证：商业发票、装箱单、出仓通知单、出口货物明细单、托运单

4. 出口报检

由于海燕公司出口的全棉女式上衣属于法定检验的商品范围，因此，2009 年 3 月 9 日，海燕公司寄出商业发票、装箱单、报检委托书，委托服装加工厂向无锡市商检局申请出口检验。

涉及单证：报检单、报检委托书、外销合同、信用证、商业发票、装箱单、换证凭单等

5. 申领核销单

由于海燕公司有计划内的核销单，2009 年 3 月 9 日，单证员凭出口货物明细单在本公司申领核销单。注意事项：如果核销单已用完，需到外汇局申领出口收

汇核销单。

涉及单证：出口收汇核销单

6. 出口报关

单证部门在2009年3月13日，将上海货代公司报关所需的报关委托书、出口货物报关单、出口收汇核销单、商业发票、装箱单、外销合同等用快件寄出。3月14日，上海凯通收到海燕公司寄来的上述单据后进行代理报关。

涉及单证：报关委托书、出口货物报关单、出口收汇核销单 、商业发票、装箱单、外销合同、出境货物通关单等

7. 出口投保

由于是按CIF条件成交，保险由海燕公司办理。因此，2009年3月16日，海燕公司按约定的保险险别和保险金额，向保险公司投保。

涉及单证：出口货物运输保险投保单、商业发票、货物运输保险单

8. 装船出运

上海凯通接受海燕公司的订舱委托后，2009年3月12日，根据海燕公司提供的出口货物明细单缮制集装箱货物托运单，在货物报检、报关工作完成后，货物由上海外运公司装船出运。

涉及单证：收货单、场站收据、提单等

9. 制单结汇

在办理货物出运工作的同时，海燕公司也开始了议付单据的制作。在货物装运完成，拿到提单后，海燕公司根据信用证的规定备齐了全套议付单据，于4月2日向议付银行——中国银行江苏省分行交单议付。

涉及单证：海运提单正本、商业发票、装箱单、普惠制产地证、受益人证明、客检证、货物运输保险单等

10. 收汇核销

4月20日，海燕公司收到上海凯通寄来的上海海关退回的出口收汇核销单和报关单。当天，核销员在网上将此核销单向外汇局交单。2009年4月23日，海燕公司收到银行的收汇水单，开证行已如数付款。网上交单成功之后，4月24日，核销员持纸质的收汇水单到外汇局办理核销手续。

涉及单证：结汇水单、出口收汇核销单等

11. 出口退税

2009年4月25日，海燕公司的财务办税人员将公司需要办理认证的增值税发票整理后一并申报国税局办理退税。

涉及单证：增值税发票等

（五）业务善后

二、图解外贸业务流程（以出口流程为例）

图解外贸业务流程，以出口为例如图 2－5－1 所示。

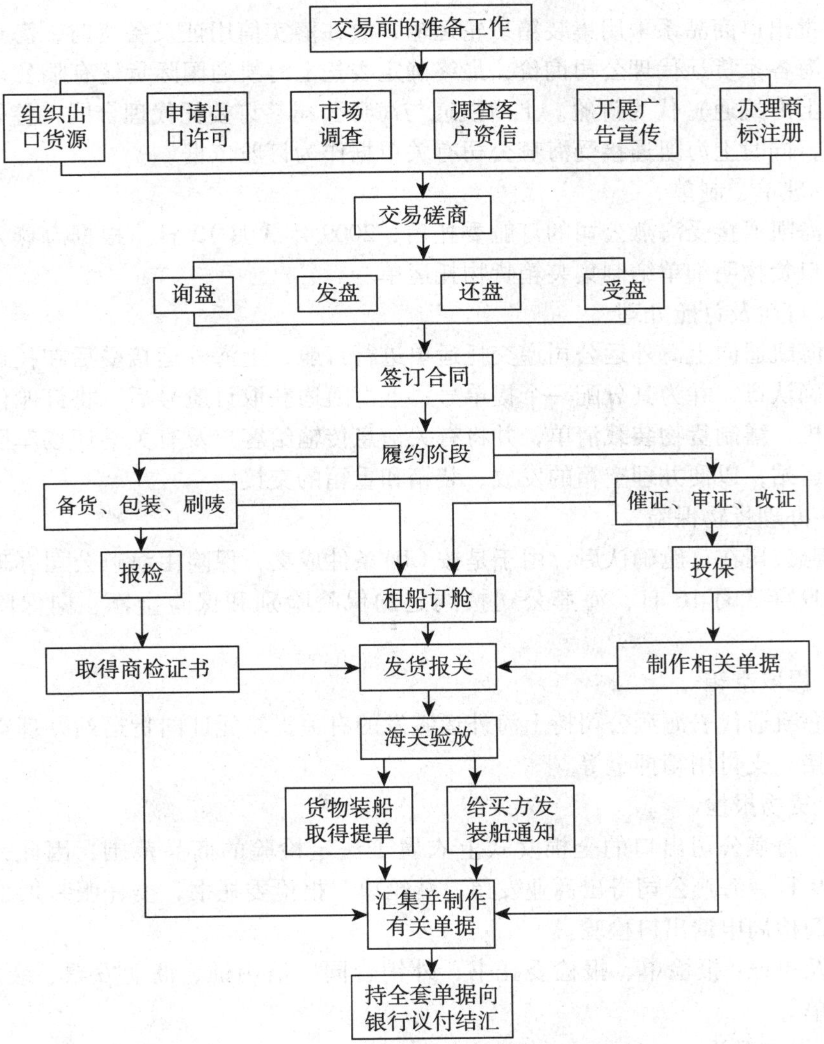

图 2－5－1

三、案例解说货运代理业务流程（以海上班轮出口代理业务为例）

海上班轮出口货物运输代理业务是指国际货运代理从发货人手中揽取货物，以代理人身份代表货主办理货物经海运班轮出口所需要的手续，交付必备的单证，并将货物交至承运人承运的这一过程。接上述案例。

1. 揽货接单

本批出口商品系采用集装箱班轮运输，故在落实信用证及备货时，海燕公司即向上海各家货运代理公司询价，最终确定委托上海凯通国际货运有限公司（以下简称上海凯通）代为订舱。上海凯通与海燕公司签订委托代理合同，签署订舱委托书，同时上海凯通接受海燕公司有关单据作为订舱依据。

2. 理单、制单

上海凯通接受海燕公司的订舱委托后，2009 年 3 月 12 日，根据海燕公司提供的出口货物明细单缮制集装箱货物托运单。

3. 订舱及订舱处理

上海凯通向上海外运公司递交托运单进行订舱，上海外运接受后在托运单上盖订舱确认章，并为其分配一个提单号；上海凯通获取订舱号后，将订舱信息输入计算机，缮制货物装载清单，并将有关信息传输给客户及有关的库场车队、集装箱货运站，以便办理空箱的发放、装箱和重箱的交接。

4. 办理货物保险

海燕公司在订舱确认后，由于是按 CIF 条件成交，保险由海燕公司办理。因此，2009 年 3 月 16 日，海燕公司按约定的保险险别和保险金额，向保险公司投保。

5. 提取空箱

上海凯通代表海燕公司持上海外运签发的有关提箱凭证向货运站办理空箱验收与交接，支付用箱押金等。

6. 货物报检

由于海燕公司出口的全棉女式上衣属于法定检验的商品范围，因此，2009 年 3 月 9 日，海燕公司寄出商业发票、装箱单、报检委托书，委托服装加工厂向无锡市商检局申请出口检验。

涉及单证：报检单、报检委托书、外销合同、信用证、商业发票、装箱单、换证凭单等

7. 货物报关

海燕公司单证部门在 2009 年 3 月 13 日，将上海凯通报关所需的报关委托

书、出口货物报关单、出口收汇核销单、商业发票、装箱单、外销合同等用快件寄出。3 月 14 日，上海凯通收到海燕公司寄来的上述单据后进行代理报关。

8. 货物装箱与交接

上海凯通和车队联系，带上打印好的装箱单、托运单、设备交接单在空箱堆场提箱到场地装箱、封箱，把重箱提回；上海凯通按规定时间，联系汽车将货物运至码头集装箱堆场办理交接，取得场站收据正本。

9. 监督装船

上海凯通代表海燕公司在现场监督货物的装载，要求港方和船方合理装载。船方收货后，签发大副收据给上海凯通。2009 年 3 月 12 日，货物由上海外运公司装船出运。

10. 付费取单

上海凯通代表海燕公司支付运费，凭大副收据要求上海外运换取提单。

11. 装船后事务处理

上海凯通将提单送交海燕公司，以保证及时结汇，并与海燕公司结清海运费、陆运费、代理费等费用。

12. 业务归档

上海凯通在代理业务结束之后进行业务归档，并做好航次小结。

四 、图解货运代理业务流程（以出口流程为例）

图解货运代理业务流程以出口流程为例，如图 2－5－2（a）和图 2－5－2（b）所示：

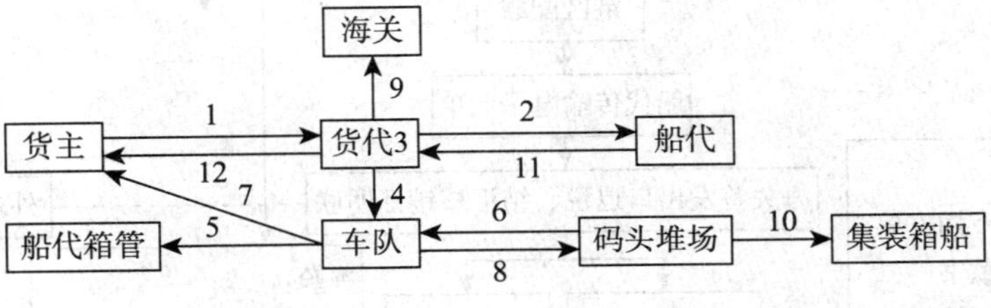

1. 货运委托　2. 订舱　3. 拼箱　4. 委托陆运装箱　5. 用箱申请
6. 提空箱　7. 装箱　8. 重箱进堆场　9. 报关　10. 装船
11. 总提单签发　12. 分提单签发

图 2－5－2（a）货代出口代理流程

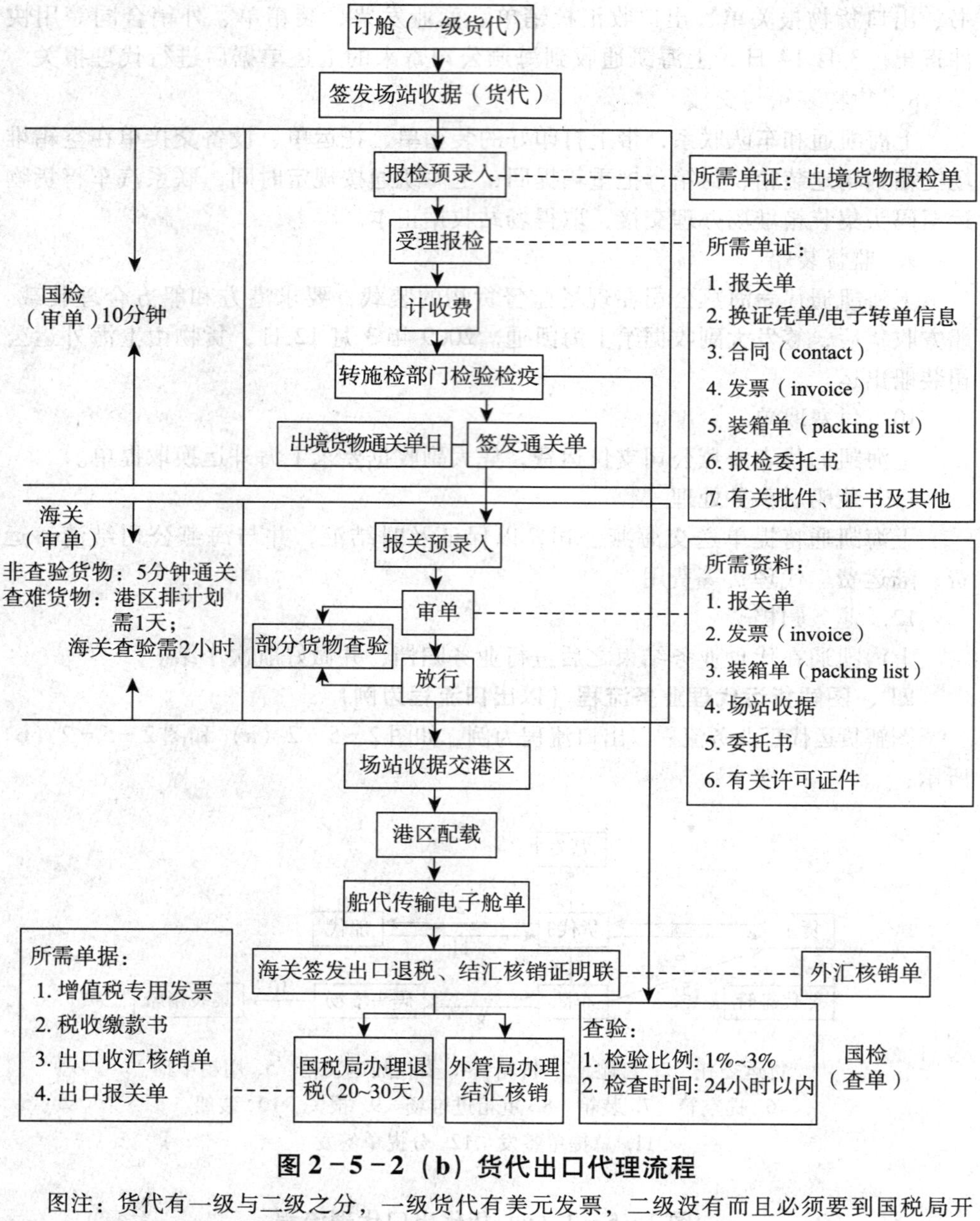

图 2－5－2（b）货代出口代理流程

图注：货代有一级与二级之分，一级货代有美元发票，二级没有而且必须要到国税局开票。一级货代可直接向船公司订舱。

第六节　货代常用专业英语词汇及句子

一、货代常用词汇

freight forwarder	货运代理
shipping agent	船舶代理
handling agent	操作代理
booking agent	订舱代理
forwarding agent	运输代理
carrier	承运人
consignor	发货人
consignee	收货人
cargo canvassing	揽货
booking shipping space	订舱
to make delivery of the goods	交货
to take delivery of the goods	提货
loading /unloading of goods	装卸货
transshipment（T. S.）	转运
to tranship（transship）	转运
transhipment permited	允许转运
transhipment prohibited	不许转运
transhipment on route	中途转运
transhipment to be allowed	准许转运
partial shipment	分批装运
BP：（base port）	基本港
second carrier	（第）二程船
trailer	拖车
trucking	车队（汽车运输公司）
bonded Area	保税区
bonded goods（ goods in bond）	保税货物
bonded warehouse	保税仓库
ETA：estimated（expected）time of arrival	预计到达时间

ETB：estimated（expected） time of berthing	预计靠泊时间
ETD：estimated（expected）time of departure	预计离泊时间
sea（ocean）freight	海运费
freight rate	海运价
charge/fee	（收）费
dead freight	空舱费
dead space	亏舱
surcharge / additional charge	附加费

二、货代常用句子

We'll send vessels to pick up the cargo at Huangpu.

我们将派船只在黄埔装运。

Can last shipment be duplicated?

上次装运的货能再卖一批吗？

I hope you'll be entirely satisfied with this initial shipment.

我希望您能对第一批货感到满意。

We can get preferential duty rates when we ship to the U. S. A.

我们能在货物装运到美国时获得优惠税率。

Can our order of 100 cars be shipped as soon as possible?

我们订的100辆小汽车能尽快装运吗？

Please exercise better care with future shipments.

对今后装运的货，请多加注意。

The order No. 105 is so urgently required that we have to ask you to speed up shipment.

第105号订单所订货物我们要急用，请你们加快装船速度。

Could you possibly effect shipment more promptly?

你们能不能提前一点交货呢？

If shipment were effected from Hong Kong, we could receive the goods much earlier.

如果在香港交货，我们可以更早些收到货物。

Could you do something to advance your shipment?

你们能不能设法提前交货？

I'm sorry to tell you that we are unable to give you a definite date of shipment for

the time being.
很抱歉，现在我们还无法告诉您确切的装船日期。
After shipment, it will be altogether four to five weeks before the goods can reach our retailers.
从交货到零售商收到货物总共需要 4 至 5 个星期。
We assure you that shipment will be made no later than the first half of April.
请您放心，我们交货期不会迟于 4 月 15 日。
We'd better have a brief talk about the loading port.
我们最好能就装运港问题简短地谈一谈。
We are always willing to choose the big ports as the loading ports.
我们总希望用较大的港口作为装运港。
Shall we have a talk on the port of discharge this afternoon?
咱们今天下午是不是谈谈卸货港的问题?
He exchanged views on the choice of the unloading port with Mr. Smith.
他和史密斯先生就选择卸货港问题交换了意见。
Sometimes, we have to make a transshipment because there is no suitable loading port in the producing country.
有时因为在生产国找不到合适的装港，我们不得不转船。
In case of transshipment, we have to pay extra transportation charges.
货物如果转运，我们得多付运费。
Partial shipment is allowed.
允许分批装运。
We must have the goods here in September for reshipment.
货物必须 9 月份到达此地以便再转运。

【案例回放和分析】

1. 应针对不同情况来判断货运代理的性质和责任。

①货运代理 A，对于沈阳公司而言，他是多式联运经营人，应承担承运人的责任，因为双方存在多式联运合同关系；对于新加坡公司而言，它不承担责任，因为双方不存在合同关系或提单关系；对于实际承运人（汽车承运人和海上承运人）而言，它是托运人，应承担托运人的责任。

②货运代理 B，对于沈阳公司而言，双方存在提单合同关系，但这种关系随

提单转让而中止；对于新加坡公司或其他提单持有人而言，双方存在提单合同关系，他应承担提单下的有关承运人的责任；对于实际承运人而言，双方不存在合同或提单关系。

2. 由于采用 CIF 价，故应由沈阳公司安排租车订舱。在选择多式联运经营人时应考虑其是否具备合法资格、资信和从业经验等。

3. 货运代理 A 作为多式联运经营人，主要涉及以下业务环节和业务内容：

①与沈阳公司签发委托合同（实为运输合同）；

②有关汽车承运人、海上承运人、港口或仓库联系订车、订舱和仓储事宜；

③通知货主向汽车承运人交付货物，并取得汽车承运人签发的运单，然后向其签发多式联运提单（此案由货运代理 B 签发提单）；

④通知装货港代理安排货物卸车、仓储、装船等事宜，并取得海运承运人签发的提单。

4. 缮制结果如下：

①多式联运提单：有关具体要求应符合信用证的规定，介绍通常的做法如下：托运人——沈阳公司，收货人——凭指示或为新加坡公司，收货地——沈阳，前程运输工具——写明具体的车名与车号，装港——大连，船名——写上具体船名，卸货港——新加坡，交付地——保持空白。

②公路运单：托运人——货运代理 A，收货人——货运代理 A 或货运代理 A 在大连指定的代理，收货地——沈阳，运输工具——写明具体的车名和车号，交付地——大连。

③海运提单：托运人——货运代理 A 或货运代理 A 在大连的指定代理，收货人——货运代理 A 或货运代理 A 在新加坡的指定代理（也可记载为凭指示），装货港——大连，船名——写明具体船名，卸货港——新加坡。

本 章 小 结

本章主要介绍了国际货运代理的基本知识，如国际货运代理的基本概念、国际货运代理的经营范围、国际货运代理的责任、风险和职业素质要求等，为学生较好地从事国际货运代理行业工作打下理论基础。通过案例讲解外贸业务流程与货运代理业务流程，为形象理解货代操作工作和较快掌握货代技能做好准备工作。

关键名词或概念

国际货运代理人（the international freight forwarder）

国际货运代理业（the international freight forwarding）

中国国际货运代理协会（CIFA）

国际货运代理协会联合会（FIATA）

无船承运人（NVOCC）

课 后 练 习

■ 复习思考题

1. 简述国际货运代理的概念、性质和作用。

2. 简述国际货运代理企业的经营范围有哪些？

3. 简述国际货运代理的业务内容。

4. 在超越委托权限的情况下行事，国际货运代理人在法律上应承担什么后果？

5. 我国常见的国际货运代理人有哪几种？各有什么特点？

6. FIATA 为何组织？

7. 简述我国申请成立货运代理企业的条件和程序。

■ 技能训练

1. 假如你是货主，你如何根据职业素质选择国际货运代理人？且每人必须找出 2 个以上有关著名货运代理企业的网址。

2. 根据《中华人民共和国国际货物运输代理业管理规定》、《中华人民共和国国际货物运输代理业管理规定实施细则》，模拟企业的实际环境说明如何创办一家国际货运代理企业，试对外部环境和内外条件及可行性方面进行分析。

3. 针对一票货物能够明确描述外贸业务流程及货运代理企业完成其此项代理业务的全过程。

4. 讨论作为货代，如何取得货主的信任？有什么技巧？

5. 案例分析

（1）案例 1：投保责任险，获得全额赔偿

1998年，香港某货运代理受委托人的委托，将35包中国丝绸分别装入集装箱运往日本的YOKOHAMA和意大利的GENOA。由于装箱人员的疏忽，错将发往日本YOKOHAMA的B/L NO. CSC/98017货装入发往意大利的GENOA的B/L NO. CSC/98018货中，造成YOKOHAMA日本客户急需的货物不能按时收到，客户要求以空运方式速将货物运至YOKOHAMA，否则整批货物无法出售，其影响更为严重。为了减少客户的损失，委托人通知有关代理将货物空运到YOKOHAMA，另外将误运到YOKOHANA的货运至意大利的GENOA去。这样便产生两票货物重复运输费用，共计14724.04港元。上述损失是货代的装箱员失职，导致货物错运造成的。因此，其责任全部应由货运代理承担。鉴于该货运代理投保了责任险，且保单附加条款A明确规定：本保单承保范围延伸至由于错运货物所产生的重复运输的费用及开支，只要不是被保险人及其雇员的故意或明知造成的。根据保单条款的上述规定，在货运代理赔付了委托人后，保险人赔偿货代所承担的全部损失。同时，又因该保单规定了免赔额为3500港元，故保险人从应赔付的14724.04港元中扣除了3500港元的免赔额，货运代理实际获得赔偿金额为11224.71港元。（A）国际货运代理投保责任险后，是否都可以得到赔偿？（B）货物错运后，国际货运代理作为被保险人应采取哪些措施？

（2）案例2：可可豆霉变索赔案

某进出口公司从国外进口可可豆150公吨，计3000包，货于××年6月16日由华利轮运至上海，卸于九区，堆放在露天场地，下垫木板和草席，上盖双层油布。收货人于6月18日书面委托上海某货代办理进口报关和用铁路运输至某省某市巧克力厂收货。货代接受委托后，立即办妥进口报关手续，但先后24次向铁路申请车皮未果。货代多次用电话向收货人通报情况并建议改用水运。至8月18日收货人在电话称：请酌情处理。8月18日可可豆装上货轮，于20日运抵某市后，经收货人向当地检验检疫机构报检，检验结果严重霉变，失去了使用价值。结果收货人向货代索赔。这家货代公司是否承担赔偿责任？

（3）案例3：国际货运代理责任及责任险

发货人将500包书委托给大连一家国际货运代理，货运代理接受该批货物后，向发货人签发了清洁的无船承运人提单，并收取了全程运费，然后自行将货物装箱，并已整箱委托船公司从大连运至新加坡，向船公司支付约定运费后，船公司向该货运代理签发了清洁提单，货物运抵目的港后，铅封完好，但箱内少了100包书。分析：（A）该情况是否属于货运代理人责任险的承保范围？（B）货运代理在此案例中的法律地位？（C）船公司在此案中的地位，有无义务对该短少负责？

(4) 案例4：无船承运人

我国货主A公司委托B货运代理公司办理一批服装货物海运出口，从青岛港到日本神户港。B公司接受委托后，出具自己的House B/L给货主。A公司凭此到银行结汇，提单转让给日本D贸易公司。B公司又以自己的名义向C海运公司订舱。货物装船后，C公司签发海运提单给B公司，B/L上注明运费预付，收发货人均为B公司。实际上C公司并没有收到运费。货物在运输途中由于船员积载不当，造成服装玷污受损。C公司向B公司索取运费，遭拒绝，理由是运费应当由A公司支付，B仅是A公司的代理人，且A公司并没有支付运费给B公司。A公司向B公司索赔货物损失，遭拒绝，理由是其没有诉权。D公司向B公司索赔货物损失，同样遭到拒绝，理由是货物的损失是由C公司过失造成的，理应由C公司承担责任。根据题意，请回答：(A) 本案中B公司相对于A公司而言是何种身份？(B) B公司是否应负支付C公司运费的义务？理由何在？(C) A公司是否有权向B公司索赔货物损失？理由何在？(D) D公司是否有权向B公司索赔货物损失？理由何在？(E) D公司是否有权向C公司索赔货物损失？理由何在？

第三章　国际海运代理理论与实务

【开篇导读】

国际海上货物运输是指使用船舶通过海上航道在不同的国家和地区的港口之间运送货物的一种运输方式。由于铁路、公路运输无法满足国际贸易跨越海洋的要求，而航空运输又受到货运量的限制。因此，海上运输成为国际贸易中的主要运输方式。

【学习目标】

知识目标：了解海上货运船舶；熟悉海运地理与航线；掌握海上运输的经营方式和海运进出口代理流程以及各种海运单据的使用；了解滞期费和速遣费的计收办法。

能力目标：熟悉租船订舱的流程；熟练查找船期表；正确填写托运单或订舱委托书；熟练缮制海运提单；学会班轮运输方式下运费的计算。

【引导案例】

关于船舶代理的选择

2002年1月，中国商人与菲律宾一客户签订5000kg SVSS药品原料出口贸易合同，从大连港装运，目的港为菲律宾CEBU。但在香港转船后，转运的二程船是到MANILA的而非CEBU，因而，货物没有被运到CEBU港，而是运到菲律宾MANILA港就被卸下，这与中商所签订合同规定的CEBU目的港及CIFCEBU价格条款不符，并且一程船提单（B/L）上也清楚标明货物最终运至菲律宾CEBU。MANILA船舶代理公司通知远在CEBU的进口商，到MANILA报关提货，一切费用自理。进口商要求中商将货物运至CEBU，认为没有执行合同条款。通过中商货代与香港船代公司及MANILA船代联系后，MANILA船代同意负责将货物运送到CEBU，但进口商必须在MANILA报关后支付比正常运输高出50%的运费才可以运送，否则，进口商自己提运。由于这笔贸易的付款方式是T/T预付，加上天气较热，货物已滞港近两周，客户是一生产工厂，已待货投入生产，所以，只好同意进口商自已到 MANILA 提货，所产生的一切额外费用凭收据由中国商人支付。如果是其他付款方式，进口商完全有理由拒绝提货。事后，经过中国商人与国内货代协商，货代同意支付进口商额外损失 400 美元，问题才算得以圆满解决。你从本案得到了哪些启示？

第一节　国际海运基础知识

一、海上货运船舶

（一）船舶类型

海上货物运输船舶种类繁多。货物运输船舶按照其用途不同，可分为干货船和液货船两大类。

1. 干货船

（1）件杂货船。件杂货船，也称普通杂货船、杂货船，一般是定期航行于货运繁忙的航线，主要用于运输各种包装和裸装的普通货物。这种船航行速度较快，船上配有足够的起吊设备，杂货船通常设有双层底，并有多层甲板把船舱分隔成多层货柜，以适应装载不同的货物。

（2）散货船。散装运输谷物、煤、矿砂、盐、水泥等大宗干散货物的船舶，都可以称为干散货船，或简称散货船。因为干散货船的货种单一，不需要包装成捆、成包、成箱的装载运输，不怕挤压，便于装卸，所以都是单甲板船。总载重量在 50000 吨以上的。由于谷物、煤和矿砂等的积载因数相差很大，所要求的货舱容积的大小、船体的结构、布置和设备等许多方面都有所不同。因此，散装货船按所装货物的种类不同，又可分为粮谷船、煤船和矿砂船等。用于粮谷、煤、矿砂等大宗散货的船通常分为如下几个级别：

①灵便型散货船：灵便型散货船是指载重量在 2 万 ~5 万吨之间的散货船，其中超过 4 万吨的船舶又被称为大灵便型散货船。干散货是海运的大宗货物，这些吨位相对较小的船舶具有较强的对航道、运河及港口的适应性，载重吨量适中，且多配有起卸货设备，营运方便灵活，因而被称之为“灵便型”。

②巴拿马型散货船：巴拿马型散货船是指在满载情况下可以通过巴拿马运河的最大型散货船，即主要满足船舶总长不超过 274.32 米，型宽不超过 32.30 米的运河通航有关规定。根据需要，调整船舶的尺度、船型及结构来改变载重量，该型船载重量在 6 万 ~7.5 万吨之间。

③好望角型散货船：好望角型散货船是指载重量在15万吨左右的散货船，该船型以运输铁矿石为主，由于尺度限制不可能通过巴拿马运河和苏伊士运河，需绕行好望角和合恩角，台湾省称之为“海岬”型。由于近年苏伊士运河当局已放宽通过运河船舶的吃水限制，该型船多可满载通过该运河。

④大湖型散货船：大湖型散货船是指经由圣劳伦斯水道航行于美国、加拿大交界处五大湖区的散货船，以承运煤炭、铁矿石和粮食为主。该型船尺度上要满足圣劳伦斯水道通航要求，船舶总长不超过222.50米，型宽不超过23.16米，且谯楼任何部分不得伸出船体外，吃水不得超过各大水域最大允许吃水，桅杆顶端距水面高度不得超过35.66米，该型船一般在3万吨，大多配有起卸货设备。

（3）集装箱船：人们通常所说的集装箱船是指吊装式全集装箱船，或称集装箱专用船。吊装式集装箱船是指利用船上或岸上的起重机将集装箱进行垂直装卸的船舶。集装箱船是一种专用于装载集装箱以便在海上运输时能安全、有效地大量运输集装箱而建造的专用船舶。

（4）冷藏船：冷藏船是将货物处于冷藏状态下进行载运的专用船舶。冷藏船上有制冷装置，制冷温度一般为15摄氏度至零下25摄氏度之间。

（5）滚装船：滚装船货物装卸不是从甲板上的货舱口垂直的吊进吊出，而是通过船舶首、尾或两舷的开口以及搭到码头上的跳板，用拖车或叉式装卸车把集装箱或货物连同带轮子的底盘作为一个装运单元参加营运。

（6）载驳货船：载驳货船又称子母船，这是一种把驳船作为“浮动集装箱”，利用母船升降机和滚动设备将驳船载入母船，或利用母船上的起重设备把驳船（子船）由水面上吊起，然后放入母船体内的一种船舶，统称为载驳货船。

2. 液货船

（1）油船。油船从广义上讲是指散装运输各种油类的船。除了运输石油外，装运石油的成品油，各种动植物油，液态的天然气和石油气等。

（2）液化气体船。液化气体船是指专门散装运输液态的石油气和天然气的船，也有人称为特种油船。

（3）液体化学品船。液体化学品船是指专门用来载运各种液体化学品货物如酸、苯、醇等的船舶。这种船的结构多为双层底和双层舷侧。因液体化学品大多具有剧毒、易燃、易挥发、易腐蚀等特点。因此，这类船舶的分隔舱多，以符合对防火、防爆、防毒、防腐蚀的要求。

（二）船舶专业术语

1. 船舶构造

船舶是海上运输的工具。船舶虽有大小之分，但其主要结构大同小异。船舶主要由以下部分构成：

（1）船壳（shell）。船壳即船的外壳，是将多块钢板铆钉或电焊结合而成的，包括龙骨翼板、弯曲外板及上舷外板三部分。

（2）船架（frame）。船架是指为支撑船壳所用各种材料的总称，分为纵材和横材两部分。纵材包括龙骨、底骨和边骨；横材包括肋骨、船梁和舱壁。

（3）甲板（deck）。甲板是铺在船梁上的钢板，将船体分隔成上、中、下三层。大型船甲板数可多至七层，其作用是加固船体结构和便于分层配载及装货。

（4）船舱（holds and tanks）。船舱是指甲板以下的各种用途空间，包括船首舱、船尾舱、货舱、机器舱和锅炉舱等。

（5）船面建筑（super structure）。船面建筑是指主甲板上面的建筑，供船员工作起居及存放船具，它包括船首房、船尾房及船桥。

2. 船舶吨位（ship's tonnage）

船舶吨位是船舶大小的计量单位，可分为重量吨位和容积吨位两种。见船舶吨位分类表3－1－1所示。

表3－1－1　船舶吨位分类

<table>
<tr><td rowspan="7">船舶吨位</td><td rowspan="5">重量吨位</td><td rowspan="3">排水量吨位</td><td>满载排水量</td></tr>
<tr><td>空船排水量</td></tr>
<tr><td>实际排水量</td></tr>
<tr><td rowspan="2">载重吨位</td><td>总载重量</td></tr>
<tr><td>净载重量</td></tr>
<tr><td rowspan="2">容积吨位</td><td colspan="2">注册吨位</td></tr>
<tr><td colspan="2">注册净吨</td></tr>
</table>

（1）船舶的重量吨位（weight tonnage）。船舶的重量吨位是表示船舶重量的一种计量单位，以1000千克为一公吨，或以2240磅为一长吨，或以2000磅为一短吨。目前国际上多采用公制作为计量单位。船舶的重量吨位，又可分为排水量吨位和载重吨位两种。

（2）排水量吨位（displacement tonnage）。排水量吨位是船舶在水中所排开水的吨数，也是船舶自身重量的吨数。排水量吨位又可分为轻排水量、重排水量和实际排水量三种。

①轻排水量（ligth displacement），又称空船排水量，是船舶本身加上船员和必要的给养物品三者重量的总和，是船舶最小限度的重量。

②重排水量（full load displacement），又称满载排水量，是船舶载客、载货后吃水达到最高载重线时的重量，即船舶最大限度的重量。

③实际排水量（actual displacement），是船舶每个航次载货后实际的排水量。排水量的计算公式如下：

排水量（长吨）= 长×宽×吃水×方模系数（立方英尺）/35（海水）或36（淡水）（立方英尺）

排水量（公吨）= 长×宽×吃水×方模系数（立方米）/0.9756（海水）或1（淡水）（立方米）

排水量吨位可以用来计算船舶的载重吨。在造船时，依据排水量吨位可知该船的重量；在统计军舰的大小和舰队时，一般以轻排水量为准。军舰通过巴拿马运河，以实际排水量作为征税的依据。

（3）载重吨位（dead weight tonnage，缩写为 D. W. T.）。表示船舶在营运中能够使用的载重能力。载重吨位可分为总载重吨和净载重吨。

总载重吨（gross dead weight tonnage），是指船舶根据载重线标记规定所能装载的最大限度的重量，它包括船舶所载运的货物、船上所需的燃料、淡水和其他储备物料重量的总和。

总载重吨 = 满载排水量 - 空船排水量

净载重吨（dead weight cargo tonnage，缩写 D. W. C. T.）。是指船舶所能装运货物的最大限度重量，又称载货重吨，即从船舶的总载重量中减去船舶航行期间需要储备的燃料、淡水及其他储备物品的重量所得的差数。

船舶载重吨位可用于对货物的统计、作为期租船月租金计算的依据、表示船舶的载运能力，也可用作新船造价及旧船售价的计算单位。

（4）船舶的容积吨位（registered tonnage）

船舶的容积吨位是表示船舶容积的单位，又称注册吨，是各海运国家为船舶注册而规定的一种以吨为计算和丈量的单位，以100立方英尺或2.83立方米为一注册吨。容积吨又可分为容积总吨和容积净吨两种。

容积总吨（gross registered tonnage，缩写为 GRT）。容积总吨又称注册总吨，是指船舱内及甲板上所有关闭的场所的内部空间（或体积）的总和，是以100立方英尺或 2. 83 立方米为一吨折合所得的商数。

容积总吨的用途很广，它可以用于国家对商船队的统计，表明船舶的大小，用于船舶登记，用于政府确定对航运业的补贴或造舰津贴，用于计算保险费用、造船费用以及船舶的赔偿等。

容积净吨（net registered tonnage，缩写为 NRT）。容积净吨又称注册净吨，是指从容积总吨中扣除那些不供营业用的空间后所剩余的吨位，也就是船舶可以用来装载货物的容积折合成的吨数。

容积净吨主要用于船舶的报关、结关，作为船舶向港口交纳的各种税收和费用的依据，作为船舶通过运河时交纳运河费的依据。

3. 船舶载重线（ship's load line）

船舶载重线指船舶满载时的最大吃水线。它是绘制在船舷左右两侧船舶中央的标志，指明船舶入水部分的限度。船级社或船舶检验局根据船舶的用材结构、船型、适航性和抗沉性等因素以及船舶航行的区域及季节变化等制定船舶载重线标志。此举是为了保障航行的船舶、船上承载的财产和人身安全，它已得到各国政府的承认，违反者将受到法律的制裁。

载重线标志包括甲板线、载重线圆盘和与圆盘有关的各条载重线。各条载重线含义如下（见图 3－1－1）：

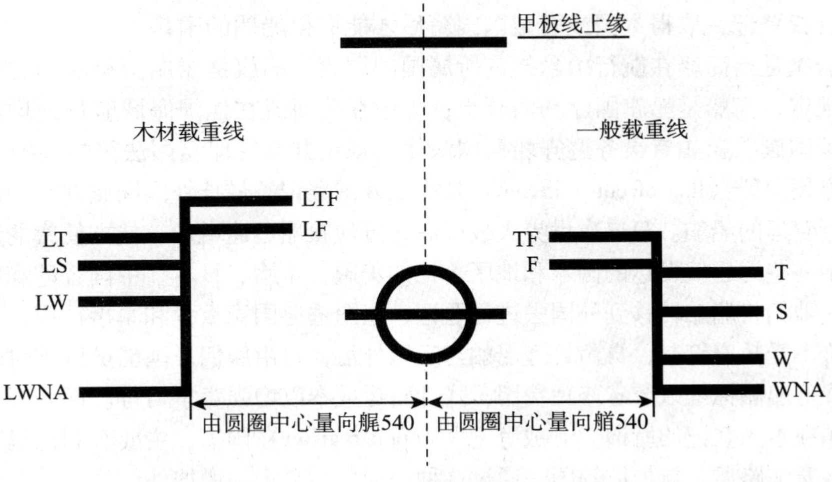

图 3－1－1　载重线示意图

（1）TF（tropical fresh water load line）表示热带淡水载重线，即船舶航行于热带地区淡水中总载重量不得超过此线。

（2）F（fresh water load line）表示淡水载重线，即船舶在淡水中行驶时，总载重量不得超过此线。

（3）T（tropical load line）表示热带海水载重线，即船舶在热带地区航行时，总载重量不得超过此线。

（4）S（summer load line）表示夏季海水载重线，即船舶在夏季航行时，总载重量不得超过此线。

（5）W（winter load line）表示冬季海水载重线，即船舶在冬季航行时，总载重量不得超过此线。

（6）WNA（winter north atlantic load line）表示北大西洋冬季载重线，指船长为100.5米以下的船舶，在冬季月份航行经过北大西洋（北纬36度以北）时，总载重量不得超过此线。

（7）标有L的为木材载重线。我国船舶检验局对上述各条载重线，分别以汉语拼音首字母为符号，即“RQ”、“Q”、“R”、“X”、“D”和“BDD”代替“TF”、“F”、“T”、“S”、“W”和“WNA”。在租船业务中，期租船的租金习惯上按船舶的夏季载重线时的载重吨来计算。

4. 船籍和船旗（ship's nationality and flag）

船籍指船舶的国籍。商船的所有人向本国或外国有关管理船舶的行政部门办理所有权登记，取得本国或登记国国籍后才能取得船舶的国籍。

船旗是指商船在航行中悬挂其所属国的国旗。船旗是船舶国籍的标志，按国际法规定，商船是船旗国浮动的领土，无论在公海或在他国海域航行，均需悬挂船籍国国旗。船舶有义务遵守船籍国法律的规定并享受船籍国法律的保护。

方便旗船（flag of convenience）是指在外国登记、悬挂外国国旗并在国际市场上进行营运的船舶。第二次世界大战以后，方便旗船迅速增加，挂方便旗的船舶主要属于一些海运较发达的国家和地区，比如美国、希腊、日本、中国香港和韩国的船东。他们将船舶转移到外国去进行登记，以图逃避国家重税和军事征用，自由制订运价不受政府管制，自由处理船舶与运用外汇，自由雇佣外国船员以支付较低工资，降低船舶标准以节省修理费用，降低营运成本以增强竞争力等。而公开允许外国船舶在本国登记的所谓“开放登记”（open register）国家，主要有利比里亚、巴拿马、塞浦路斯、新加坡等国。通过这种登记可为登记国增加外汇收入。

5. 船级（ship's classification）

船级是表示船舶技术状态的一种指标。在国际航运界，注册总吨在100吨以上的海运船舶，必须在某船级社或船舶检验机构监督之下进行监造。在船舶开始建造之前，船舶各部分的规格须经船级社或船舶检验机构批准。每艘船建造完毕，由船级社或船舶检验局对船体、船上机器设备、吃水标志等项目和性能进行鉴定，发给船级证书。证书有效期一般为4年，期满后需重新予以鉴定。船舶入级可保证船舶航行安全，有利于国家对船舶进行技术监督，便于租船人和托运人选择适当的船只，以满足进出口货物运输的需要，便于保险公司决定船、货的保险费用。

世界上比较著名的船级社有：

英国劳埃德船级社（Lloyd's Register of Shipping），德国劳埃德船级社（Germanischer Lloyd），挪威船级社（Det Norske Veritas），法国船级局（Bureau Veritas），日本海事协会（Nippon Kaiji Kyokai），美国航运局（American Bureau of Shipping）和中国船级社。

英国劳埃德船级社创建于1760年，是世界上历史最悠久、规模最大的船级社。该船级社由船东、海运保险业承保人、造船业、钢铁制造业和发动机制造业等各方面委员会组成并管理，其主要职责是为商船分类定级。

中国船级社是中华人民共和国交通运输部所属的一个直属机构。1996年中国船级社第一次被选任国际船级社协会理事会主席，任期一年，这标志着中国验船技术的权威性得到国际认可。

船级证书除了记载船舶的主要技术性能外，还绘制出相应的船级符号。各国船级社对船级符号的规定不同。中国船级社的船级符号为 * ZC。英国劳埃德船级社的船级符号为LR，标志100AI，100A表示该船的船体和机器设备是根据劳氏规范和规定建造的，I表示船舶的装备如船锚、锚链和绳索等处于良好和有效的状态。

6. 航速（ship's speed）

航速以“节”表示。船舶的航速因船型不同而不同，其中干散货船和油轮的航速较慢，一般为13节至17节；集装箱船的航速较快，目前最快的集装箱船航速可达24.5节。客船的航速也较快。

7. 船舶的主要文件（ship's documents）

船舶文件是证明船舶所有权、性能、技术状况和营运必备条件的各种文件的总称。船舶必须通过法律登记和技术鉴定并获得这类有关正式证书后，才能参加营运。国际航行船舶的船舶文件主要有：

（1）船舶国籍证书（certificate of nationality）；

（2）船舶所有权证书（certificate of ownership）；

（3）船舶船级证书（certificate of classification）；

（4）船舶吨位证书（tonnage certificate）；

（5）船舶载重线证书（certificate of load Line）；

（6）船员名册（crew list）；

（7）航行日志（log book）。

相关知识

我国著名船公司

1. 中国远洋运输（集团）总公司

中远集装箱运输有限公司

COSCO CONTAINER LINES CO., LTD.

2. 中国海运集团总公司－CSC

中海集装箱运输有限公司

China Shipping（group）Company

3. 锦江航运有限公司－JINJIANG

SHANGHAI JINJIANG SHIPPING CO., LTD.

4. 民生轮船有限公司－MSH

Minsheng Shipping Co., LTD.

5. 京汉航运有限公司－CHS

CO－HEUNG MARINE SHIPPING CO., LTD.

6. 长荣海运股份有限公司－EMC

Evergreen Marine Corporation

7. 东方海外货柜航运有限公司

Orient Overseas Container Line, Inc.

二、海洋、海峡与运河

（一）海洋概况

世界主要洲、洋分布如图 3－1－2 所示。

1. 太平洋

（1）位置。太平洋位于亚洲、大洋洲、南极洲和南、北美洲之间。

（2）面积。太平洋南北长约 15900 千米，东西最大宽度约 19900 千米，面积

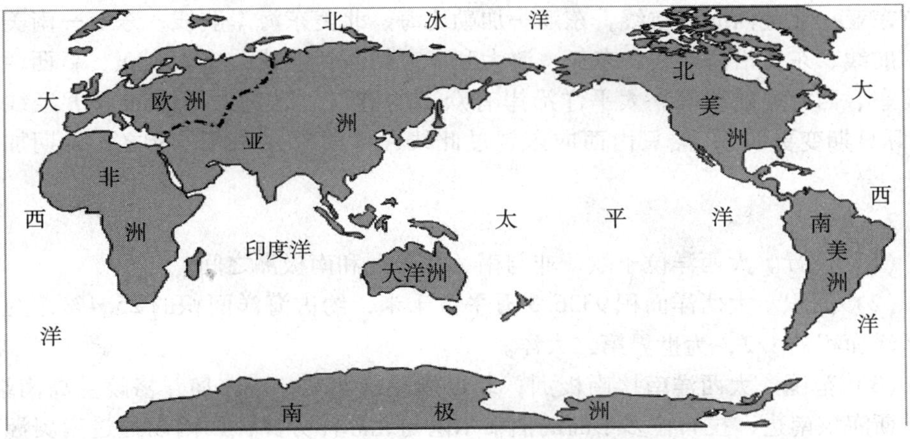

图 3－1－2　主要洲、洋分布

17968 万平方千米，占世界海洋总面积的 49.8%，占地球总面积的 35%。太平洋是地球上四大洋中最大、最深和岛屿、珊瑚礁最多的海洋。

（3）范围。太平洋西南以塔斯马尼亚岛东南角至南极大陆的经线与印度洋分界，东南以通过南美洲最南端的合恩角的经线与大西洋分界，北经白令海峡与北冰洋连接，东经巴拿马运河和麦哲伦海峡、德雷克海峡沟通大西洋，西经马六甲海峡通印度洋，总轮廓近似圆形。

（4）深度。太平洋平均深度为 4028 米，最大深度为马里亚纳海沟，深达 11034 米，是目前已知世界海洋的最深点。

（5）地理分区。太平洋通常以南、北回归线为界，分南、中、北太平洋，或以赤道为界分南、北太平洋，也有以东经 160°为界，分东、西太平洋的。

北太平洋：北太平洋位于北回归线以北海域，地处北亚热带和北温带，主要属海有东海、黄海、日本海、鄂霍次克海和白令海。

中太平洋：中太平洋位于南、北回归线之间，地处热带，主要属海有南海、爪哇海、珊瑚海、苏禄海、苏拉威西海、班达海等。

南太平洋：南太平洋位于南回归线以南海域，地处南亚热带和南温带，主要属海有塔斯曼海、别林斯高晋海、罗斯海和阿蒙森海。

（6）航运。太平洋在国际交通上具有重要意义。有许多条联系亚洲、大洋洲、北美洲和南美洲的重要海、空航线经过太平洋；东部的巴拿马运河和西南部的马六甲海峡，分别是通往大西洋和印度洋的捷径和世界主要航道。海运航线主要有东亚—北美西海岸航线，东亚—加勒比海、北美东海岸航线，东亚—南美西海岸航线、东亚沿海航线，东亚—澳大利亚、新西兰航线，澳大利亚、新西兰—北美东、西海岸航线等。太平洋沿岸有众多的港口。纵贯太平洋的180°经线为“国际日期变更线”，船只由西向东越过此线，日期减去一天，反之，日期加上一天。

2. 大西洋

（1）位置。大西洋位于欧、非与南、北美洲和南极洲之间。

（2）面积。大西洋面积9336.3万平方千米，约占海洋面积的25.4%，约为太平洋面积的1/2，为世界第二大洋。

（3）范围。大西洋南接南极洲；北以挪威最北端——冰岛、格陵兰岛南端，戴维斯海峡南边，拉布拉多半岛的伯韦尔港与北冰洋分界；西南以通过南美洲南端合恩角的经线同太平洋分界；东南以通过南非厄加勒斯角的经线同印度洋分界。大西洋的轮廓略呈S形。

（4）深度。大西洋平均深度为3627米。最深处达9212米，在波多黎各岛北方的波多黎各海沟中。

（5）地理分区。根据大西洋的风向、洋流、气温等情况，通常将北纬5°作为南、北大西洋的分界。大西洋在北半球的陆界比在南半球的陆界长得多，而且海岸曲折，有许多属海和海湾。重要的属海和海湾有加勒比海、墨西哥湾、地中海、黑海、北海、波罗的海、比斯开湾、几内亚湾、哈得孙湾、巴芬湾、圣劳伦斯湾、威德尔海、马尾藻海等。

（6）航运。大西洋航运发达，东、西分别经苏伊士运河及巴拿马运河沟通印度洋和太平洋。海轮全年均可通航，世界海港约75%分布在这一海区。主要有欧洲和北美的北大西洋航线；欧洲、亚洲、大洋洲之间的远东航线；欧洲与墨西哥湾和加勒比海之间的中大西洋航线；欧洲与南美大西洋沿岸之间的南大西洋航线；从西欧沿非洲大西洋岸到开普敦的航线。

3. 印度洋

（1）位置。印度洋位于亚洲、大洋洲、非洲和南极洲之间，大部分在南半球。

（2）面积。印度洋面积7491.7万平方千米，约占世界海洋总面积的21.1%，为世界第三大洋。

（3）范围。印度洋西南以通过南非厄加勒斯角的经线同大西洋分界，东南以通过塔斯马尼亚岛东南角至南极大陆的经线为界与太平洋相连。印度洋的轮廓是北部为陆地封闭，南部向南极洲敞开。

（4）深度。印度洋平均深度为3897米，最大深度为爪哇海沟，达7450米。

主要属海和海湾有：红海、阿拉伯海、亚丁湾、波斯湾、阿曼湾、孟加拉湾、安达曼海、阿拉弗拉海、帝汶海、卡奔塔利亚湾、大澳大利亚湾。

（5）航运。印度洋是贯通亚洲、非洲、大洋洲的交通要道。东西分别经马六甲海峡和苏伊士运河通太平洋及大西洋。往西南绕过非洲南端可达大西洋。航线主要有亚、欧航线和南亚、东南亚、东非、大洋洲之间的航线。印度洋的海底电缆网多分布在北部，重要的线路有：亚丁—孟买—马德拉斯—新加坡线，亚丁—科伦坡线，东非沿岸线。

4. 北冰洋

（1）位置。北冰洋大致以北极为中心，介于亚洲、欧洲和北美洲之间，为三洲所环抱。

（2）面积。北冰洋面积为1310万平方千米，约相当于太平洋面积的1/14。约占世界海洋总面积4.1%，是地球上四大洋中最小最浅的洋。

（3）范围。北冰洋被陆地包围，近于半封闭。通过挪威海、格陵兰海和巴芬湾同大西洋连接，并以狭窄的白令海峡沟通太平洋。在亚洲与北美洲之间有白令海峡通太平洋，在欧洲与北美洲之间以冰岛—法罗海槛和威维亚·汤姆逊海岭与大西洋分界，有丹麦海峡及北美洲东北部的史密斯海峡与大西洋相通。

（4）深度。北冰洋平均深度约1200米，南森海盆最深处达5449米，是北冰洋最深点。

（5）地理分区。根据自然地理特点，北冰洋分为北极海区和北欧海区两部分。北冰洋主体部分、喀拉海、拉普捷夫海、东西伯利亚海、楚科奇海、波弗特海及加拿大北极群岛各海峡属北极海区；格陵兰海、挪威海、巴伦支海和白海属北欧海区。

（6）航运。北冰洋系亚、欧、北美三大洲的顶点，有联系三大洲的最短大弧航线，地理位置很重要。目前北冰洋沿岸有固定的航空线和航海线，主要有从摩尔曼斯克到符拉迪沃斯托克（海参崴）的北冰洋航海线和从摩尔曼斯克直达斯瓦尔巴群岛、雷克雅未克和伦敦的航线。

（二）海峡概况

海峡是指两块陆地之间连接两个海或洋的较狭窄的水道。它一般深度较大，水流较急。由于地理位置特殊，海峡往往是重要的交通水道。据统计，全世界共有海峡1000多个，其中适宜于航行的海峡130个，交通较繁忙或较重要的只有

40 个。

在国际大洋航线中最重要的海峡有：英吉利海峡、马六甲海峡、霍尔木兹海峡、直布罗陀海峡、黑海海峡、曼德海峡、朝鲜海峡、台湾海峡、望加锡海峡、龙目海峡等。其中以英吉利海峡、马六甲海峡、霍尔木兹海峡和直布罗陀海峡最为繁忙。

1. 英吉利海峡

英吉利海峡介于大不列颠岛和欧洲大陆之间，连同东部的多佛尔海峡总长600 千米。海峡东宽西窄，东端最窄处仅 33 千米，西端则宽达 180 千米。西通大西洋，东北通北海。一般水深 25 ~ 55 米之间。英吉利海峡地处国际海运要冲，是世界上最繁忙的水道。西欧、北欧等十多个国家与各国的海运航线绝大多数要通过这里，每年通过海峡的船舶达 17.5 万艘次，货运量约 6 亿吨。

2. 马六甲海峡

马六甲海峡位于马来半岛和苏门答腊岛之间，连接南海和安达曼海，是沟通太平洋和印度洋的海上交通要道，见图 3 - 1 - 3。海峡长约 800 千米，自东南向西北呈喇叭形，最窄处约 37 千米，西北口宽可达 370 千米，水深 25 ~ 113 米之间，可通行 25 万吨级大型油轮。北太平洋沿岸国家与南亚、中东和非洲各国间的航线多经过这里，每年通过海峡的船只约 10 万艘次。

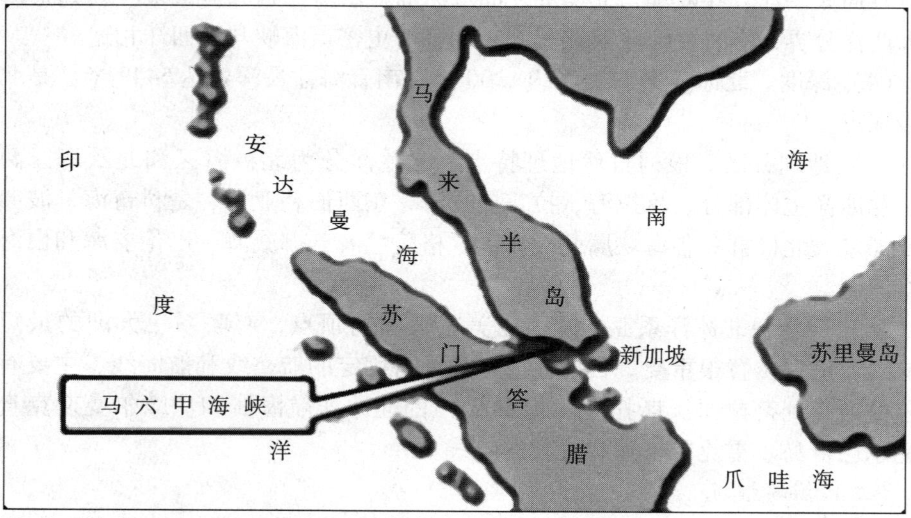

图 3 - 1 - 3　马六甲海峡

3. 霍尔木兹海峡

霍尔木兹海峡在亚洲西南部，是波斯湾出印度洋的咽喉，东连阿曼湾。海峡长约150千米，呈“人”字形。海峡最窄处21千米，最浅处水深71米。多年来，每天都有几百艘油轮从波斯湾经此开出，将原油运往日本、西欧和美国，成为一条闻名的“石油海峡”。

4. 直布罗陀海峡

直布罗陀海峡位于欧洲伊比利亚半岛南端和非洲西北角之间，是地中海通往大西洋的唯一通道，被称为“地中海之咽喉”，具有重要的战略意义和交通地位。海峡长约90千米，东深、西浅，平均水深375米。

除上述海峡外，世界上较重要的海峡还有：位于俄罗斯东北部和美国阿拉斯加州之间，沟通太平洋和北冰洋的白令海峡；位于我国台湾岛和菲律宾吕宋岛之间，沟通太平洋和南海海域的巴士海峡；位于阿拉伯半岛西南和非洲大陆之间，沟通印度洋、亚丁湾和红海的曼德海峡；位于土耳其的亚洲部分和欧洲部分之间，沟通黑海和地中海的黑海海峡（博斯普鲁斯海峡、马尔马拉海峡和达达尼尔海峡的总称），等等。

我国的主要海峡有3个：沟通东海和南海的台湾海峡，全长380千米；沟通渤海和黄海的渤海海峡，全长115千米；沟通南海和北部湾的琼州海峡，全长70千米。

（三）运河概况

运河是人工开挖用于通航的河。世界主要海运运河见表3－1－2。

表3－1－2　世界主要运河

运河名称	地理位置	沟通水域	建成年份	长度（千米）	河宽（米）	平均水深（米）
苏伊士运河	西亚与非洲间	印度洋—地中海	1869	172.5	160～200	15
巴拿马运河	中美洲	太平洋—大西洋	1914	81.3	150～304	20
基尔运河	德国北部	波罗的海—北海	1895（1914年改建）	98.7	103	11.3
科林斯运河	希腊南部	爱奥尼亚海—爱琴海	1893	6.3	21～25	7

1. 苏伊士运河

苏伊士运河大大缩短了欧洲、北美至印度洋和太平洋沿岸的航程（见图3-1-4所示）。从欧洲大西洋沿岸通过地中海——苏伊士运河——红海到印度洋，比绕道好望角缩短航程5500～8000千米，而对黑海沿岸国家来说，则缩短10000千米以上。航线短，缩短航期，使运费降低，由海湾到欧洲的油轮吨油运费比绕非洲南端约减少30%。同时，船只通过运河比过“风暴之角”——好望角要安全得多。因此，苏伊士运河很快成为世界最繁忙的航线，每年都有100多个国家的20000多艘船只通过这里，亚欧海运货物80%、世界油船运油吨位的1/4都经过这条人工河道。

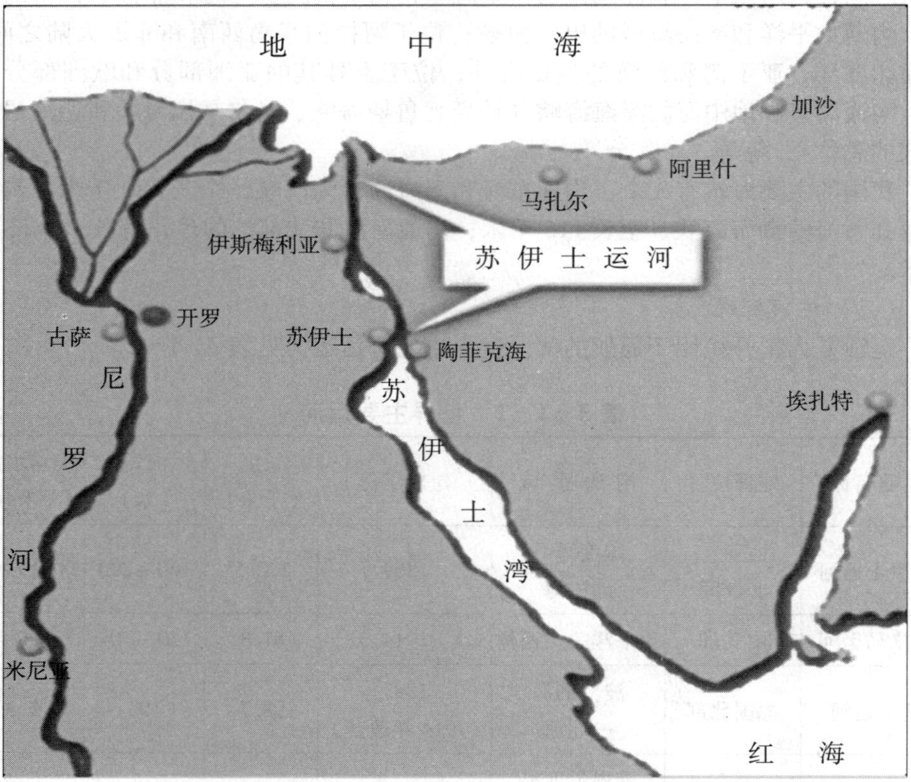

图3-1-4　苏伊士运河

2. 巴拿马运河

巴拿马运河位于北美洲和南美洲之间，斜贯巴拿马共和国中部，为沟通太平洋和大西洋，连接两洋各港口的重要捷径（见图3－1－5）。于1881年在工程师雷赛主持下开始修建。他破产后，由美国人在1914年完成。巴拿马运河沟通了太平洋和大西洋，通航后，两洋之间的航线可缩短11000～14500千米。

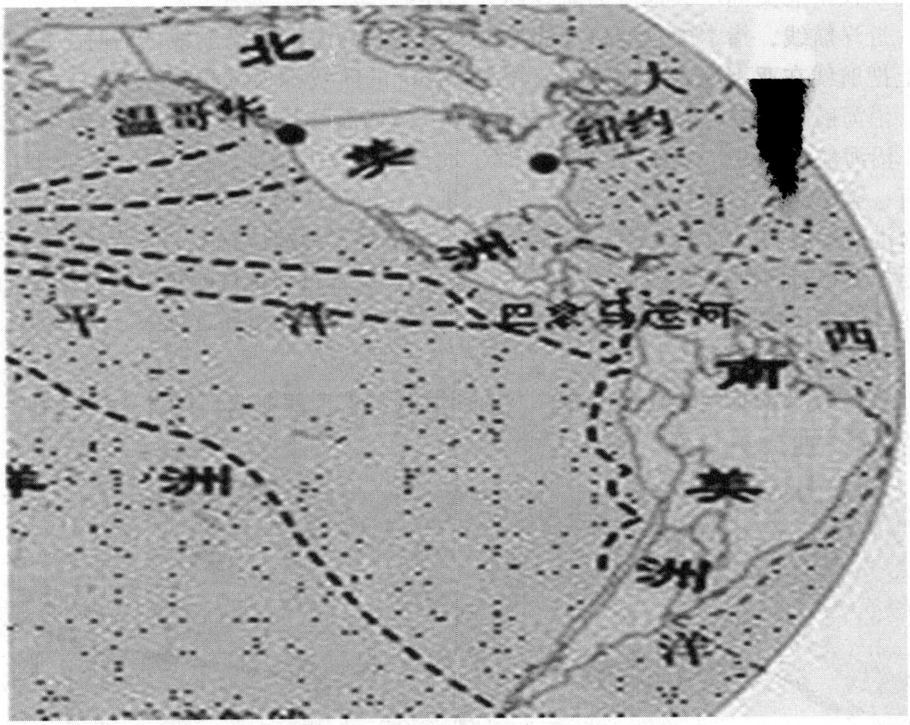

图3－1－5　巴拿马运河

三、海运航线

（一）海运航线的概念及分类

1. 按船舶营运方式分

海运航线按船舶营运方式可分为定期航线和不定期航线。

定期航线，是指使用固定的船舶，按固定的船期和港口航行，并以相对固定的运价经营货物运输业务的航线。定期航线又称班轮航线，主要装运杂货物。

不定期航线，是临时根据货运的需要而选择的航线。船舶、船期、挂靠港口均不固定，以经营大宗、低价货物运输业务为主的航线。

2. 按航程的远近分

海运航线按航程的远近分为远洋航线，近洋航线和沿海航线。

远洋航线，指航程距离较远，船舶航行跨越大洋的运输航线，如远东至欧洲和美洲的航线。我国习惯上以亚丁港为界，把去往亚丁港以西，包括红海两岸和欧洲以及南[illegible]洲广大地区的航线划为远洋航线。

近洋航[illegible]指本国各港口至邻近国家港口间的海上运输航线的统称。我国习惯上把航线[illegible]丁港以东地区的亚洲和大洋洲的航线称为近洋航线。

沿海航[illegible]指本国沿海各港之间的海上运输航线，如上海/广州，青岛/大连等。沿海航线[illegible]可分为南、北两个航区。北方航区以上海、大连为中心，重要的港口有：秦皇[illegible]天津、烟台、青岛、连云港、宁波等。南方航区以广州为中心，主要海港有：厦门、汕头、湛江、海口。两个航区除了地域位置上的差异外，承担的货运任务也有区别，北方航区是我国能源、钢材、木材和粮食的重要运输线，而南方航区的货运构成以农产品为主。同时，北方航区的货运量要远远大于南方航区。

3. 按航行的范围分

海运航线按航行的范围分为：大西洋航线，太平洋航线，印度洋航线和环球航线。环球航线示意图见图 3－1－6。

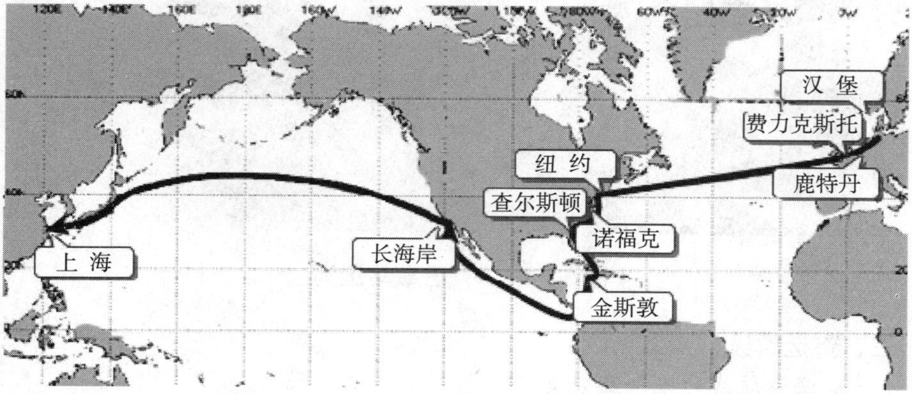

图 3－1－6 环球航线示意图

（二）世界主要大洋航线（图 3－1－7）

1. 太平洋航线

（1）远东—北美西海岸航线。该航线包括从中国、朝鲜、日本、前苏联远

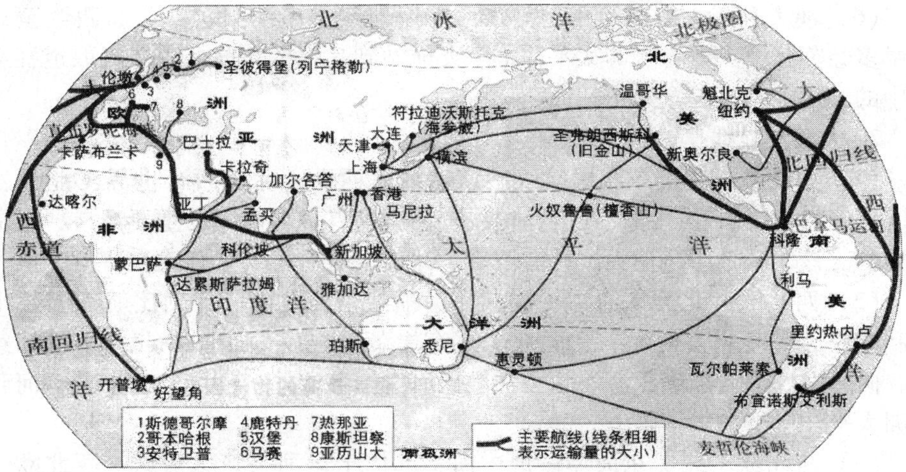

图3－1－7　世界主要大洋航线示意图

东海港到加拿大、美国、墨西哥等北美西海岸各港的贸易运输线。从我国的沿海各港出发，偏南的经大隅海峡出东海；偏北的经对马海峡穿日本海后，或经清津海峡进入太平洋，或经宗谷海峡，穿过鄂霍茨克海进入北太平洋。

（2）远东—加勒比，北美东海岸航线。该航线常经夏威夷群岛南北至巴拿马运河后到达。从我国北方沿海港口出发的船只多数经大隅海峡或经琉球庵美大岛出东海。

（3）远东—南美西海岸航线。从我国北方沿海各港出发的船只多经琉球庵美大岛、硫黄列岛、威克岛、夏威夷群岛之南的莱恩群岛穿越赤道进入南太平洋，至南美西海岸各港。

（4）远东—东南亚航线。该航线是中国、朝鲜、日本货船去东南亚各港，以及经马六甲海峡去印度洋，大西洋沿岸各港的主要航线。东海、台湾海峡、巴士海峡、南海是该航线船只的必经之路，航线繁忙。

（5）远东—澳大利亚、新西兰航线。远东至澳大利亚东南海岸分两条航线。中国北方沿海港口、朝鲜、日本到澳大利亚东海岸和新西兰港口的船只，需走琉球群岛、加罗林群岛的雅浦岛进入所罗门海、珊瑚海；中澳之间的集装箱船需在香港加载或转船后经南海，苏拉威西海，班达海，阿拉弗拉海，后经托雷斯海峡进入珊瑚海。中国、日本去澳大利亚西海岸航线去菲律宾的民都洛海峡、望加锡海峡以及龙目海峡进入印度洋。

（6）澳大利亚、新西兰—北美东西海岸航线。由澳大利亚、新西兰至北美海岸多经苏瓦、火奴鲁鲁等太平洋上重要航站到达。至北美东海岸则取道社会群岛中的帕皮提，过巴拿马运河而至。

2. 大西洋航线

（1）西北欧—北美东海岸航线。该航线是西欧、北美两个世界工业最发达地区之间的原燃料和产品交换的运输线，两岸拥有世界 3/4 的重要港口，运输极为繁忙。该航区冬季风浪大，并有浓雾、冰山，对航行安全有威胁。

（2）西北欧、北美东海岸—加勒比海航线。西北欧—加勒比航线多数出英吉利海峡后横渡北大西洋。它同北美东海岸各港出发的船舶一起，一般都经莫纳、向风海峡进入加勒比海。除去加勒比海沿岸各港外，还可经巴拿马运河到达美洲太平洋岸港口。

（3）西北欧、北美东海岸—地中海、苏伊士运河去亚太航线。西北欧，北美东海—地中海、苏伊士航线属世界最繁忙的航段，它是北美，西北欧与亚太海湾地区间贸易往来的捷径。该航线一般途经亚速尔、马德拉群岛上的航站。

（4）西北欧、地中海—南美东海岸航线。该航线一般经西非大西洋岛屿—加纳利，佛得角群岛上的航站。

（5）西北欧、北美大西洋岸—好望角、远东航线。该航线一般是巨型油轮的油航线。佛得角群岛、加纳利群岛是过往船只停靠的主要航站。

（6）南美东海岸—好望角、远东航线。这是一条以石油、矿石为主的运输线。该航线处在西风漂流海域，风浪较大。一般西航偏北行，东航偏南行。

3. 印度洋航线

印度洋航线以运输石油线为主，此外有不少是大宗货物的过境运输。

（1）波斯湾—好望角—西欧、北美航线。该航线主要由超级油轮经营，是世界上最主要的海上石油运输线。

（2）波斯湾—东南亚—东南亚、日本航线。该航线东经马六甲海峡（20 万吨载重吨以下船舶可行）或龙目、望加锡海峡（20 万吨载重吨以上超级油轮可行）至日本。

（3）波斯湾—苏伊士运河—地中海—西欧、北美航线。该航线目前可通行载重量 30 万吨级的超级油轮。

除以上三条油运线之外印度洋其他航线还有：远东—东南亚—东非航线；远东—东南亚，地中海—西北欧航线；远东—东南亚—好望角—西非，南美航线；澳大利亚、新西兰—地中海—西北欧航线；印度洋北部地区—欧洲航线。

4. 北冰洋航线

由于北冰洋系欧、亚、北美三洲的顶点，为联系三大洲的捷径。鉴于地理位置的特殊性，目前，北冰洋已开辟有从摩尔曼斯克经巴伦支海、喀拉海、拉普捷夫海、东西伯利亚海、楚科奇海和白令海峡至俄国远东港口的季节性航海线以及从摩尔曼斯克直达斯瓦尔巴群岛、冰岛的雷克雅未克和英国的伦敦等航线。随着航海技术的进一步发展和北冰洋地区经济的开发，北冰洋航线也将会有更大的发展。

（三）我国对外贸易主要海运航线

1. 近洋航线

（1）中国—朝鲜航线　　（2）中国—日本航线
（3）中国—越南航线　　（4）中国内陆—香港航线
（5）中国—远东航线　　（6）中国—菲律宾航线
（7）中国—新马航线　　（8）中国—北加里曼丹航线
（9）中国—泰国湾航线　　（10）中国—印度尼西亚航线
（11）中国—孟加拉湾航线　　（12）中国—斯里兰卡航线
（13）中国—波斯湾航线　　（14）中国—澳大利亚，新西兰航线

2. 远洋航线

（1）中国—红海航线　　（2）中国—东非航线
（3）中国—西非航线　　（4）中国—地中海航线
（5）中国—西欧航线　　（6）中国—北欧，波罗的海航线
（7）中国—北美航线　　（8）中国—中南美航线

我国现在已开辟了30多条通往世界五大洲和地区的600多个港口的航线。随着我国对外经济的不断发展，许多外国轮船公司也越来越多地开辟了来我国各港口的航线。我国远洋运输以上海、大连、广州、秦皇岛、青岛、湛江和天津等港为主，按不同运输方向又可分为东行航线、西行航线、南行航线和北行航线。中国远洋航线示意图见图3－1－8。

（1）东行航线。东行航线由我国各外贸港口出发，至北美东西海岸和南美西海岸的主要港口。

中国—北美东西海岸（见图3－1－9）。该线西起我国沿海主要港口、出东海、横跨北太平洋直抵北美西海岸，可靠泊的主要海港加拿大的温哥华、鲁伯特，美国的西雅图、旧金山—奥克兰、洛杉矶—长滩和墨西哥的马萨特兰。去北美东海岸，则在出东海进入太平洋后，根据需要可在日本的神户、横滨或太平洋上的火奴鲁鲁港挂靠，然后，过巴拿马运河进入加勒比海，由此经过尤卡坦海峡

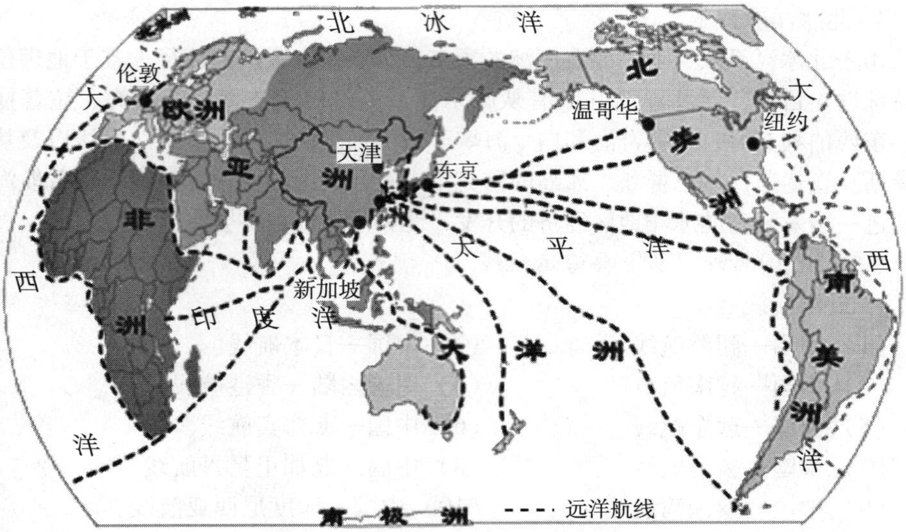

图 3-1-8　中国远洋航线示意图

进入墨西哥湾，可至美国的新奥尔良、休斯敦和墨西哥的韦腊克鲁斯、坦皮科；由加勒比海经向风海峡或莫纳海峡进入大西洋，顺大西洋北上，可抵达东海岸的巴尔的摩、纽约、费城、波士顿、底特律、芝加哥和加拿大的魁北克、蒙特利尔、多伦多和哈利法克斯等各大港口。中国—北美东海岸航线示意图见图 3-1-10。

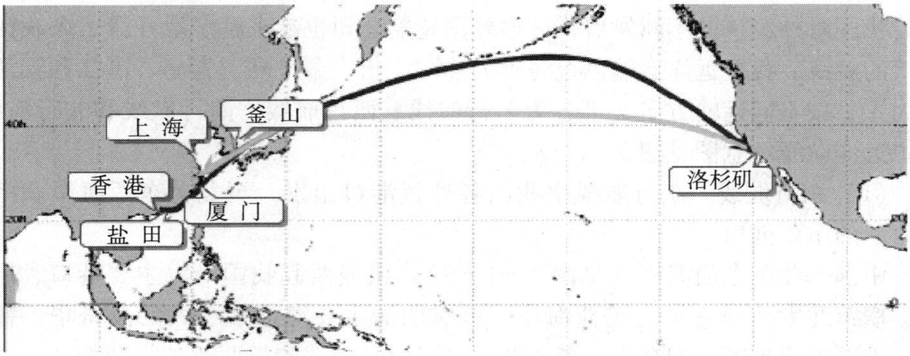

图 3-1-9　中国—北美西海岸航线示意图

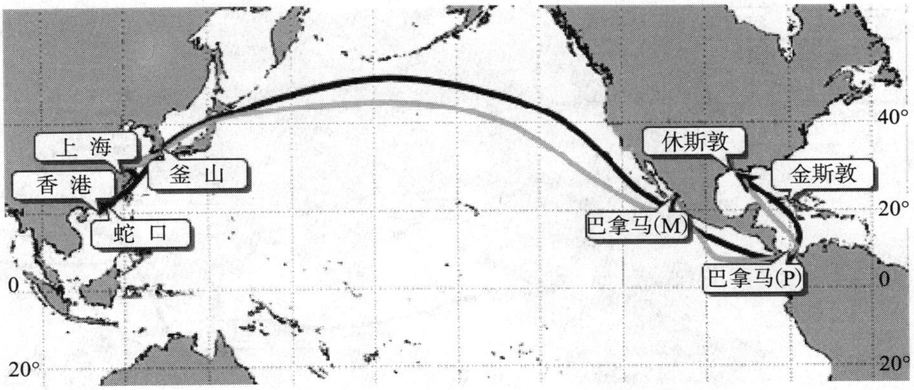

图 3-1-10　中国—北美东海岸航线示意图

中国—南美西海岸。西起我国沿海主要港口，北方港口（厦门港以北）出东海，南方港口出巴士海峡进入太平洋，顺东南而下，根据需要可挂靠太平洋上苏瓦港和帕皮提港，继续东行可达南美西海岸秘鲁的卡亚俄和智利的瓦尔帕来索、彭塔阿雷纳斯。

东行航线是我国出口贸易最重要的国际航线。进口的商品主要有钢材、机械、化肥、粮食和砂糖等。出口的商品主要有煤炭、石油纺织品、轻工业产品、工艺美术品和农副土特产品等。

（2）西行航线。西行航线由我国各外贸港口出发，南行至新加坡，过马六甲海峡进入印度洋，然后，或经苏伊士运河进入地中海，由地中海向西，出直布罗陀海峡，抵达大西洋，或绕南非好望角进入大西洋，沿途可到达南亚、西亚、非洲东西岸、欧洲、地中海沿岸、南美许多国家和地区，是我国对外贸易运输最繁忙的远洋航线。可挂靠的欧洲港口多为世界大港，如伦敦、勒阿弗尔、安特卫普、鹿特丹、汉堡、不来梅、马赛、热那亚、巴塞罗那。中国—欧洲航线、中国—非洲航线和中国—南美东海岸航线依次见图 3-1-11、图 3-1-12 和图 3-1-13 所示。

该航线出口商品主要是矿产品、机械设备、水果、大豆、罐头、粮食、纺织品和畜产品等。进口的主要商品有铜、机械设备、电讯器材、棉花、冶金及化工设备、化肥等。

（3）南行航线。南行航线由我国对外贸易港口出发，至东南亚和大洋洲一些国家和地区。主要有中国—澳大利亚航线，停靠悉尼、墨尔本港等。中国—新西兰

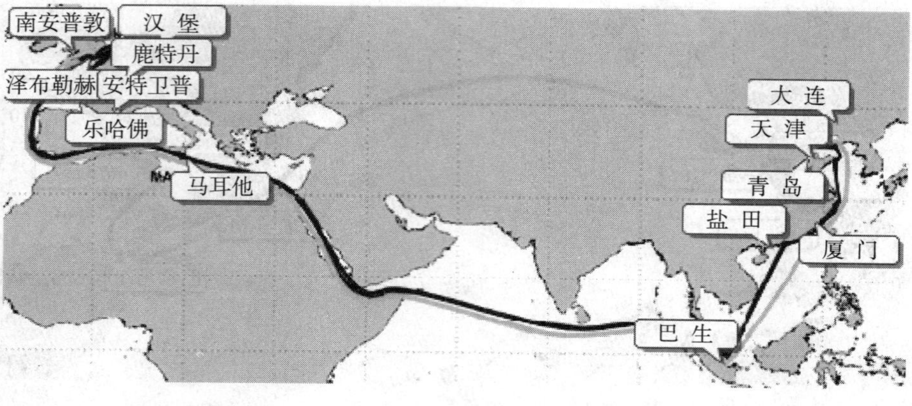

图 3－1－11　中国—欧洲航线示意图

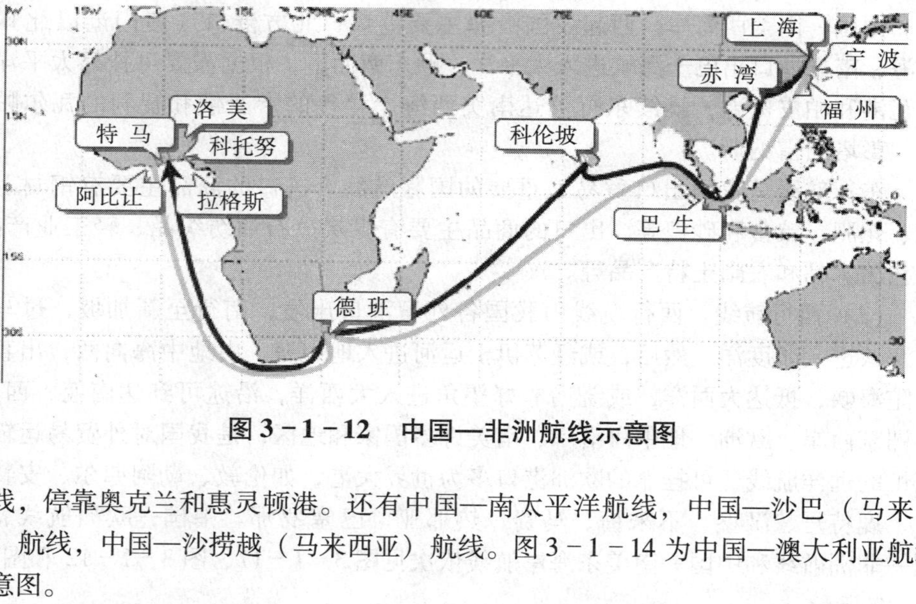

图 3－1－12　中国—非洲航线示意图

航线，停靠奥克兰和惠灵顿港。还有中国—南太平洋航线，中国—沙巴（马来西亚）航线，中国—沙捞越（马来西亚）航线。图 3－1－14 为中国—澳大利亚航线示意图。

南行航线输出商品主要是石油、土特产品、钢材、纺织品和轻工产品等。

（4）北行航线。北行航线由我国对外贸易港口出发，至朝鲜西部的南浦港和东部兴南、清津港，以及韩国西部的仁川港和东南部的釜山港和日本的东京、横滨港等。同时还可至俄罗斯东部海港海参崴和纳霍德卡、东方港。中国—韩国、日本航线，见图 3－1－15。

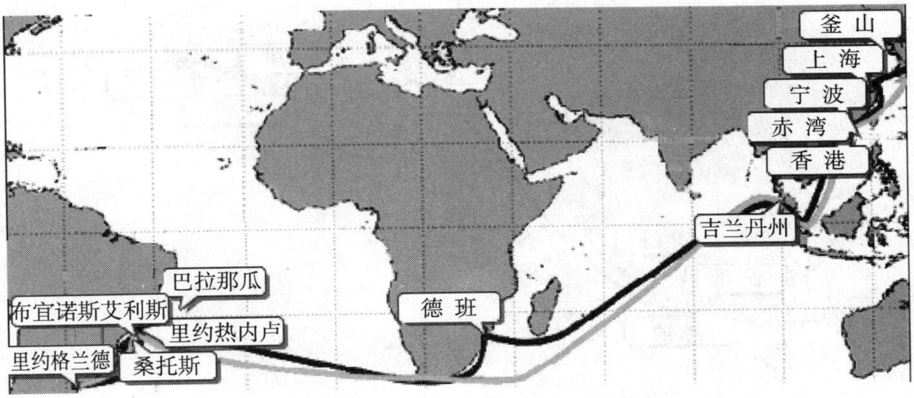

图 3-1-13　中国—南美东海岸航线示意图

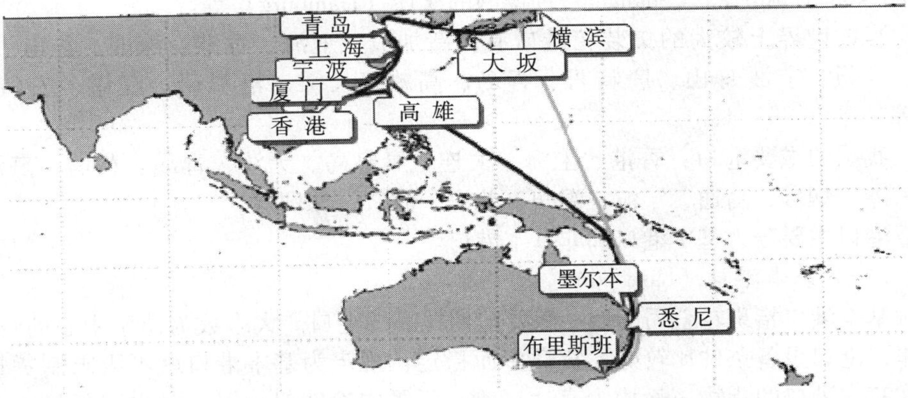

图 3-1-14　中国—澳大利亚航线示意图

四、海运港口

目前，世界上年吞吐量在千万吨以上的大港有 100 多个，80% 以上集中在发达国家，它们往往也是大工业中心。发展中国家的港口，多是原料出口港。大西洋拥有港口数量最多，约占世界 3/4，太平洋约占 1/6，印度洋约占 1/10。

世界主要港口（详见附录二）：荷兰的鹿特丹（Rotterdam）；美国的纽约（New York），新奥尔良（New Orleans）和休斯敦（Huston）；日本的神户（Kobe）和横滨（Yokohama）；比利时的安特卫普（Antwerp）；新加坡的新加坡（Singapore）；法国的马赛（Marseilles）；英国的伦敦（London）；中国的香港

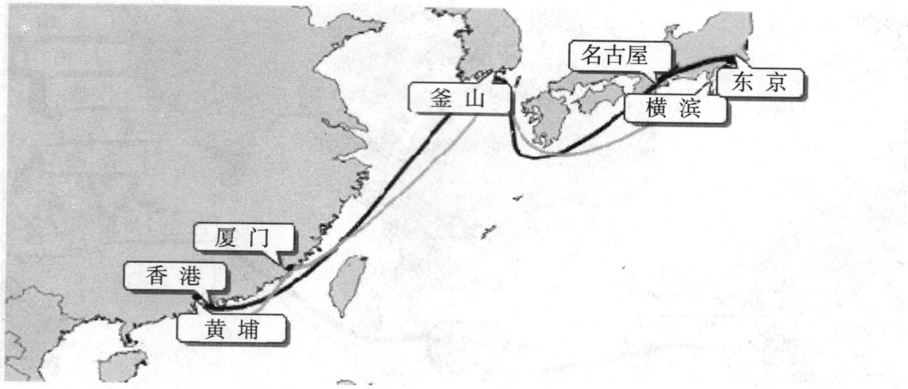

图 3-1-15　中国—韩国、日本航线示意图

（Hongkong）和上海（Shanghai）；德国的汉堡（Hamburg）等。

目前世界上较大的集装箱港口有：新加坡、上海、香港、深圳、釜山、迪拜、广州、宁波舟山、鹿特丹、青岛、高雄、长滩、洛杉矶、汉堡、安特卫普等。

我国的主要港口：香港、上海、大连、秦皇岛、天津、青岛、黄埔、湛江、连云港、烟台、南通、宁波、温州、北海、海口、深圳等。

港口主要分为基本港口和非基本港口。

（一）基本港口（base port）

基本港口指班轮公司的船一般要定期挂靠的港口。大多数为位于中心的较大口岸，港口设备条件比较好，货载多而稳定，规定为基本港口就不再限制货量。运往基本港口的货物一般均为直达运输，无需中途转船，但有时也因货量太少，船方决定中途转运，由船方自行安排，承担转船费用。按基本港口运费率向货方收取运费，不得加收转船附加费或直航附加费，并应签发直达提单。

（二）非基本港口（non-base port）

凡基本港口以外的港口都称为非基本港口。非基本港口一般除按基本港口收费外，还需另外加收转船附加费，达到一定货量时则改为加收直航附加费。例如新几内亚航线的侯尼阿腊港（HONIARA），便是所罗门群岛的基本港口；而基埃塔港（KIETA），则是非基本港口。运往基埃塔港口的货物运费率要在侯尼阿腊运费率的基础上增加转船附加费 43.00 美元（USD）/FT（运费吨）。

五、海运经营方式

海洋货运业务主要是指从世界主要运输大宗散杂货的港口进口到中国港口

（如天津、广东、青岛港等）的货物，及中国港口（天津、营口、秦皇岛港等）出口货物。大宗散杂货进口的商品主要有：煤炭、矿砂、谷物、化肥、饲料、大麦等产品，出口主要有焦炭、矾土等产品。当前国际上普遍采用的远洋船舶的运营方式可分为两大类，即租船运输和班轮运输。租船业务涉及的商品价值都偏低。根据货物贸易的 CIF 和 FOB 的价格条款，确定租船方，租船运输方式有三种：定程租船、定期租船和光船租船，货运公司涉及的租船业务主要以航次租船为主。向船东支付约定的运费。运输常用整船分为：巴拿马型和好望角型。

（一）租船运输

租船运输又称不定期船运输，是指包租整船或部分舱位进行运输。租船方式主要有定程租船、定期租船和光船租船三种。定程租船与定期租船的责任划分见表 3－1－3。

表 3－1－3　定程租船与定期租船责任划分

定程租船	定期租船
（1）船舶的经营管理由船方负责	（1）船舶的经营管理由租船人负责
（2）规定一定航线、装运货种、名称、数量以及装卸港口	（2）不规定船舶航线装卸港，只规定船舶航行区域、装运合法货物
（3）船方除对船舶航行驾驶管理负责外，还对货物运输负责	（3）船方只负责船舶维护修理和机器正常运输
（4）运费按所运货物数量计算	（4）租金按每月若干金额计算
（5）规定一定装卸期限或装卸率并计算滞期、速遣费	（5）不规定装卸率和滞期速遣费
（6）双方责任义务以定程合同为准	（6）双方责任义务以定期合同为准

1. 定程租船（voyage charter；trip charter），又称程租船或航次租船，是指按航程租赁的方式。它是船舶所有人按双方事先议定的运价与条件向租船人提供船舶全部或部分舱位，在指定的港口之间进行一个或多个航次运输指定货物的租船业务。定程租船又可为：

（1）单航次租船，只租一个航次的租船。船舶所有人负责将指定货物由一港口运往另一港口，货物运到目的港卸货完毕后，合同即告终止。

（2）来回航次租船，它是洽租往返航次的租船。一艘船在完成一个单航次后，紧接着在上一航次的卸货港（或其附近港口）装货，驶返原装货港（或其附近港口）卸货，货物卸毕合同即告终止。

（3）连续航次租船，即洽租连续完成几个单航次或几个往返航次的租船。在这种方式下，同一艘船舶，在同方向，同航线上，连续完成规定的两个或两个以上的单航次，合同才告结束。

（4）包运合同租船，包运合同租船这种租船方式是在连续单航次程租船的运营方式的基础上发展而来的，和连续单航次程租船相比，包运租船不要求一艘固定的船舶完成运输，也不要求船舶一个接着一个航次完成运输，即只确定承运货物的数量及完成期限，不具体规定航次数和船舶艘数的一种租船方式。包运租船是指船舶所有人以一定的运力，在确定的港口之间，按事先约定的时间，航次周期，每航次以较均等的运量，完成全部货运量的租船方式。包运租船的特点有：

① 包运租船合同中不确定船舶的船名及国籍，仅规定船舶的船级、船龄和船舶的技术规范等，船舶所有人只需比照这些要求提供能够完成合同规定每航次货运量的运力即可，这对船舶所有人在调度和安排船舶方面是十分灵活、方便的。

② 租期的长短取决于货物的总量及船舶航次周期所需的时间。

③ 船舶所承运的货物主要是运量特别大的干散货或液体散装货物，承租人往往是业务量大和实力强的综合性工矿企业、贸易机构、生产加工集团或大石油公司。

④ 船舶航次中所产生的时间延误的损失风险由船舶所有人承担，而对于船舶在港装、卸货物期间所产生的延误，则通过合同中订有的“延滞条款”的办法来处理，通常是由承租人承担船舶在港的时间损失。

⑤ 运费按船舶实际装运货物的数量及商定的费率计收，通常按航次结算。从上述特点可见，包运租船在很大程度上具有“连续航次租船”的基本特点。

定程租船的特点是：无固定航线、固定装卸港口和固定航行船期，是根据租船人（货主）的需要和船东的可能，经双方协商，在程租船合同中规定；程租船合同需规定装卸率和滞期、速遣费条款；运价受租船市场供需情况的影响较大，租船人和船东双方的其他权利、义务一并在程租船合同中规定。定程租船以运输货值较低的粮食、煤炭、木材、矿石等大宗货物为主。

2．定期租船（time charter），定期租船又称期租船，是指按一定期限租赁船舶的方式，即由船东（船舶出租人）将船舶出租给租船人在规定期限内使用，在此期限内由租船人自行调度和经营管理。租期可长可短，短则数月，长则数年。定期租船的特点是：在租赁期内，船舶由租船人负责经营和管理；一般只规定船舶航行区域而不规定航线和装卸港；除另有规定外，可以装运各种合法货物；船东负责船舶的维修和机械的正常运转；不规定装卸率和滞期速遣条款；租金按租期每月（或30天）每载重吨计算；船东和租船人双方的权利和义务以期租船合同为依据。

3．光船租船，是一种比较特殊的租船方式，也是按一定的期限租船，但与期租不同的是船东不提供船员，仅一条船交租船人使用，由租船人自行配备船员，负责船舶的经营管理和航行各项事宜。在租赁其间，租船人实际上对船舶有着支配权和占有权。光船租船的特点是：

（1）船舶所有人只提供一艘空船。

（2）全部船员由承租人配备并听从承租人的指挥。

（3）承租人负责船舶的经营及营运调度工作，并承担在租期内的时间损失，即承租人不能“停租”。

（4）除船舶的资本费用外，承租人承担船舶的全部固定的及变动的费用。

（5）租金按船舶的装载能力、租期及商定的租金率计算。

（二）班轮运输

班轮运输（liner transport）又称定期船运输，简称班轮（liner），是指船舶在固定航线上和固定港口之间按事先公布的船期表和运费率往返航行，从事货物运输业务的一种运输方式。班轮运输比较适合于运输小批量的货物。

1．班轮运输的特点

（1）“四定”。“四定”即固定航线、固定港口、固定船期和相对固定的运费率。

（2）“一负责”。“一负责”即货物由班轮公司负责配载和装卸，运费内已包括装卸费用，班轮公司和托运人双方不计滞期费和速遣费。所谓滞期费，是指不是由于船东的原因，租船人未能在合同规定的装卸时间之内完成装卸作业，对因此产生的船期延误，按合同规定向船东支付的款项。速遣费，即在合同规定的装卸时间届满之前，租船人提前完成货物装卸作业，使船舶可以提前离港并使船东节省在港费用和获得船期利益，船东按合同规定向租船人支付一定金额作为奖励。

班轮公司和货主双方的权利、义务和责任豁免均以班轮公司签发的提单条款为依据。

2. 班轮运费（liner freight）

班轮运费是班轮公司为运输货物而向货主收取的费用。其中包括货物在装运港的装货费、在目的港的卸货费以及从装运港至目的港的运输费用和附加费用。

第二节 国际海运代理实务

一、海运单证及流转

海洋运输中，从办理托运手续、装船、直到卸货和交付货物的整个过程中，需要编制各种单证。这些单证是货方、船方、港方联系工作的凭证，又是划分货方、船方、港方责任的法律文件。现将主要单证介绍如下。

（一）装货港主要单证

1. 海运出口托运单（booking note）

海运出口托运单是出口企业向外运公司提供出口货物的必要资料，是外运公司向船公司订舱配载的依据。托运单是由托运人根据贸易合同条款以及信用证条款的内容填制签章后，凭此向承运人或其代理人作为办理货物托运的依据，托运单也就是订舱委托书。

海运出口托运单一式数份。主要内容有：托运人、目的港、标记及号码、件数、货名、毛净重、尺码。

第一联　由船务代理公司留存。

第二、三联　是运输通知。其中一联向出口单位收取运费，另一联外代（或外运）留底。

第四联　装货单亦称关单。装货单须经船代理盖章有效。装货单是船公司或其代理人在接受托运人提出托运申请后，发给托运人或货运代理人的单证。海关完成验关手续后，在装货单上加盖海关放行章，船方方能收货装船，并在收货后留存。

装货单主要作用有三：

一是托运人确认承运货物的证明。

二是海关对出口货物进行监管的单证，因此其又称为“关单”。

三是船公司命令船长将单上货物装船的单证。

第五联　收货单。收货单是货物装船后，承运船舶的大副签发给托运人，表示已收到货物的货物收据。习惯上又叫大副收据。

在货运单证流转过程中，它与装货单内容相同，形影不离，直到装货完毕后才告分离。收货单经船方大副签收后交货方，凭以向船代理换取装船提单。如果大副在此单上有任何不良批注，例如批注货物包装有残损等事项，这些批注将全部转移到提单上，使之成为不清洁提单。不清洁提单在结汇时将不被银行接受。据此按惯例货方只能出具保函请船代理签发清洁提单而承担其可能产生一切争议的后果。

第六联　外运留底。

第七联　配舱回单。外运公司订好舱，将船名、关单号填入后退回出口公司。出口公司凭此制作船卡、缮制提单预送外代（外运）公司。一俟货装上船，大副收据签发后，外代（外运）即签发正本提单，供结汇用。

第八联　是缴纳出口货物港务费申请书。在货进栈时作码头存仓记录，货上船后即凭以收取港务费用。

此外再附空白格式的两联，由码头作桩脚标记和码头仓库存查之用。海运出口托运单为一式十联。

2. 海运提单（bill of lading）

（1）含义。海运提单是承运人、船长、或他们的代表或代理人在收到货物或货已装船后签发给托运人的，保证将货物运往指定目的地并交付给提单持有人的一种单据。

（2）海运提单的性质。① 提单是承运人接收货物或货物装船的收据。一般来说，货物装船后才由承运人或其代理人签发提单，表明货物已由承运人接收或者装船。但是在实际业务中，货物装船后，根据负有监督装货责任的船上大副签发的大副收据；而海上集装箱运输是由港站签发的场站收据正本，作为承运人接管货物或货物装船的收据。提单是根据大副收据或场站收据而来，记载了大副收据或场站收据的内容，所以提单也具有承运人接收货物或货物装船的收据的作用。虽然大副收据或场站收据是承运人收到货物的原始收据，但它们仅作为船务单证或称为运输单证；而托运人最终所要取得的不是船务单证，而是能够用于结汇、收货人凭以提取货物和商业流通的提单。因此，提单既属船务（或运输）单证，又属商务（业）单证。

提单作为货物收据，不仅证明收到货物的名称、种类、数量、标志、外表状况，而且证明收到货物的时间。由于国际贸易中习惯地将货物装船象征卖方将货物交付给买方，于是签发已装船提单的时间就意味着卖方的交货时间。实际操作中，托运人取得已装船提单，即可到银行结汇而获得货款。因此，用提单来证明货物的装船时间是非常必要的。

② 提单是海上货物运输合同成立的证明。班轮货物运输合同的成立，首先是由托运人持托运单或订舱委托书（单）到船公司或其代理人（船代）处订舱，可称谓“要约”。如果承运人可以满足托运人的要求，接受订舱，确定船名、航次、提单号，并在装货单上签章，可谓“承诺”，即认为海上货物运输合同成立。承、托双方就是根据此约定来安排货物运输的，如果发生争议，当然也应以这种约定作为解决争议的依据。

如果托运人与承运人订有运输合同，承、托双方的权利、义务应以合同为依据，但收货人或提单持有人与承运人之间的权利、义务却按提单条款办理，此时提单就是收货人与承运人之间的运输合同。我国《海商法》第七十八条规定：“承运人与收货人、提单持有人之间的权利、义务关系，依据提单规定确定”。

③ 提单是承运人保证凭以交付货物和可以转让的物权凭证。根据提单的定义，承运人要按提单的规定凭提单交货，谁持有提单，谁就可以提货；提单持有人，不论是谁，只要他能递交提单，承运人保证凭以交付货物。因此，提单的持有人就是物权的所有人，充分体现出提单是一张物权凭证，除法律有规定外，提单可以转让和抵押。

（3）海运提单的种类。① 已装船提单和备用提单。根据货物是否已装船，可分为已装船提单（SHIPPED ON BORAD B/L）和备用提单（RECEIVED FOR SHIPMENT B/L）。

前者是指货物已装上船后签发的提单，而后者是指承运人已接管货物并准备装运时所签发的提单，所以又称收讫待运提单。在贸易合同中，买方一般要求卖方提供已装船提单，因为已装船提单上有船名和装船日期，对收货人按时收货有保障。

② 清洁提单和不清洁提单。根据货物外表状况有无不良批注，提单可分为清洁提单（CLEAN B/L）和不清洁提单（UNCLEAN OR FOUL B/L）。

前者是指货物装船时表面状况良好，一般未经加添明显表示货物或包装有缺陷批注的提单。在对外贸易中，银行为安全起见，在议付货款时均要求提供清洁提单。后者是指承运人在提单上已加注货物或包装状况不良或存在缺陷等批注的提单。

③ 直达提单、转船提单、联运提单和多式样联运提单。根据不同运输方式，提单可分为直达提单（DIRECT B/L）、转船提单（TRANSHIPMENT

B/L）、联运提单（THROUGH B/L）和多式联运提单（COMBINED TRANSPORT B/L）等。

直达提单是承运人签发的由起运港以船舶直接运达目的港的提单。如起运港的载货船舶不直接驶往目的港，须在转船港换装另一船舶运达目的港时所签发的提单，称为转船提单。如果货物需经两段或两段以上运输运达目的港，而其中有一段是海运时，如海陆、海空联运或海海联运所签发的提单称为联运提单。所以转船提单实际上也是联运提单的一种。而多式联运则必须是两种或两种以上不同的运输方式的连贯运输时，承运人所签发的货物提单。联运提单、多式联运提单之间的联系和区别见表3－2－1所示。

表3－2－1　联运提单、多式联运提单之间的联系和区别

比较项目	联运提单	多式联运提单
英文名称	THROUGH B/L	CTB/L、MTB/L、ITB/L
运输方式	海—海、海—其他方式	两种以上不同方式
责任期间	船到船	交货到交货
提单类型	已装船提单	收货待运提单
签发人	海上承运人	多式联运经营人
签发时间	装船后	收货后
签发地点	装港或承运人所在地	收货人或经营人所在地
责任界限	责任人仅对自己完成的区段承担责任	经营人对全程承担责任

④记名提单、不记名提单和指示提单。根据提单抬头不同，提单可分为记名提单（STRAIGHT B/L）、不记名提单（BEARER B/L）和指示提单（ORDER B/L）。

记名提单在收货人一栏内列明收货人名称，所以又称为收货人抬头提单，这种提单不能用背书方式转让，而货物只能交与列明的收货人。

不记名提单是在提单上不列明收货人名称的提单，谁持有提单，谁就可凭提单向承运人提取货物，承运人交货是认单不认人。

指示提单上不列明收货人，可凭背书进行转让，有利于资金的周转，在国际贸易中应用较普遍。

提单背书有空白背书和记名背书两种。空白背书是由背书人（即提单转让人）在提单背面签上背书人单位名称及负责人签章，但不注明被背书人的名称，也不需取得原提单签发人的认可。指示提单一经背书即可转让，意味着背书人确认该提单的所有权转让。记名背书除同空白背书需由背书人签章外，还要注明被背书人的名称。如被背书人再进行转让，必须再加背书。指示提单有凭托运人的指示，凭收货人指示和凭进口方银行指示等，则分别需托运人、收货人或进口方银行背书后方可转让或提货。

此外，提单还分为有全式提单和简式提单；运费预付提单和运费到付提单；正本提单和副本提单；租船合同下的提单，舱面提单，倒签提单，预借提单等。

案例3－2－1　倒签提单卖方承担什么法律后果？

在大量的进出口贸易的实践中，倒签提单现象并不少见。在近洋贸易运输实践中，正确把握好签单日期，是保证结汇安全十分重要的一环。对倒签提单所造成的严重的法律后果应给予充分的认识。

2007年3月20日，某外国公司（卖方）与我国某进出口公司（买方）签订一项货物购销合同，合同规定交货期为6月10日，付款方式原为信用证，之后卖方擅自变更为托收形式付款。买方于6月8日收到装船电报通知，注明货物已于6月7日载往中国大连港，并注明合约号和信用证号。6月14日买方接到提货通知和随船提单一份，提单上的装船日期为6月11日。为此，买方以外方擅自变更支付方式和迟期交货为由拒绝提货并拒绝付款，同时提出合同作废。外方（卖方）不服，双方协商无效，外方依据仲裁条款提起仲裁。那么，中方以卖方违约为由提出的要求受法律保护吗？如果中方以上述理由提出的要求不受法律保护，那么应以什么事实为由才能使其合法权益获得保障？

案例分析：

根据《联合国国际货物销售合同公约》规定，买方只有在卖方“不履行其在合同后本公约中的应尽义务，等于根本违反合同”时，才有权宣告合同无效或解除合同。

本案中卖方交货时间仅仅迟延一天，并不构成“根本违反合同”，所以，买方如果以迟延交货一天为由，则无权要求解除合同、拒收货物，只能要求卖方赔偿损失。既然中方以卖方违约为由提出的拒付与拒收要求不受法律保护，那么应提出何种理由才能保障其合法权益呢？

倒签提单是卖方串通船方来欺骗买方的一种违法行为。根据国际惯例，买方一旦有证据证明提单上说明的装船日期是伪造的，就有权拒绝接受货物、支付货款，即使货款已经支付，买方也可以要求卖方退还。据本案提供的材料表明，该货轮通常航行于香港—大连航线，该船曾于6月5日进大连港，10日出大连港，不可能于6月7日在香港码头装船并签发提单，因此随船提单上的装船日期是不真实的。

由此证据可以表明，外方串通船方以倒签提单装船日期的欺骗行为对买方进行欺诈，依据国际惯例，中方有充分理由拒收货物、拒付货款并要求卖方赔偿损失。

案例 3-2-2

2006年10月，原告Z公司委托被告美商Y公司将一批机翼壁板由美国长滩运至中国上海。实际承运人M公司签发给被告的提单上载明“货装舱面，风险和费用由托运人承担”。而被告向原告签发的自己抬头的提单上则无此项记载，同时签单处表明被告代理实际承运人M公司签单。货抵上海港后，商检结果确认部分货物遭受不同程度的损坏及被水湿。

原告遂向法院提起诉讼，请求判令被告赔偿货损68.2万美元，并承担诉讼费。被告辩称，其身份是货运代理人，不应承担承运人的义务。原告遭受货损系由其未购买足够保险而产生，且货损发生与货装甲板无因果关系，据此请求法院驳回原告诉讼请求。

问题：

(1) 根据提单，如何区别货运代理人和货物承运人

案例分析：一般来说，提单上用于确认承运人身份的记载有三处：提单抬头、提单签单章以及提单背面的“承运人识别条款”。对于提单背面的“承运人识别条款”，鉴于其有可能使承运人有机会规避最低限度的义务，因而否认其效力是大势所趋，故审判实践中一般根据前两者来认定，且尤以签单章为优先。本案中提单上的签单章表明被告是作为实际承运人的代理而代签提单，但提单抬头却是被告本身的。法院不可能凭其在提单上的单方表述即认定其代理身份。如果被告欲主张自己为货代，则必须证明两点：一是证明其与实际承运人之间存在代理签单协议；二是证明实际承运人在该分提单签发时是合法存在的。而本案被告没有完成对上述内容的举证。鉴于被告是有资格在美国签发提单的运输行，出具自己抬头的提单，并且还收取了部分运费差价，且其未对代理签单的身份进行举证，因此最终被认定为契约承运人。

（2）本案中，被告的身份是货运代理人还是货物承运人

案例分析：本案被告所签发的提单经美国商业登记注册，其系列操作过程，完全符合契约承运人的操作方式，而原告与实际承运人并未发生任何法律关系，故被告身份应为契约承运人。承运人在舱面装载货物，应当同托运人达成协议，违规装载舱面货致损的，承运人应承担赔偿责任。原告投保与否不影响承运人义务的承担。当然，该案判决并不妨碍被告向实际过错方行使追偿权利。据此，被告应赔偿原告货损 68.2 万美元以及商检费用和案件受理费。

3. 海运单（sea bill）

（1）海运提单与海运单的区别。第一，提单是货物收据、运输合同，也是物权凭证；海运单只具有货物收据和运输合同这两种性质，它不是物权凭证。第二，提单可以是指示抬头形式，通过背书流通转让；海运单是一种非流通性单据，海运单上标明了确定的收货人，不能转让流通。第三，海运单和提单都可以作成“已装船”（shipped on board）形式，也可以是“收妥备运”（received for shipment）形式。海运单的正面及各栏目格式和缮制方法与海运提单基本相同，只是海运单收货人栏不能做成指示性抬头，应缮制确定的具体收货人。第四，提单的合法持有人和承运人凭提单提货和交货，海运单上的收货人并不出示海运单，仅凭提货通知或其身份证明提货，承运人凭收货人出示适当身份证明交付货物。第五，提单有全式和简式之分，而海运单是简式单证，背面不列详细货运条款，但载有一条可援用海运提单背面内容的条款。第六，海运单和记名提单（straight B/L），虽然都具名收货人，不作背书转让，但它们有着本质的不同，记名提单属于提单的一种，是物权凭证。持记名提单，收货人可以提货却不能凭海运单提货。

（2）海运单的优点。海运单仅涉及托运人、承运人、收货人三方，程序简单，操作方便，有利于货物的转移。

首先，海运单是一种安全凭证，它不具有转让流通性，可避免单据遗失和伪造提单所产生的后果。

其次，提货便捷、及时、节省费用，收货人提货无须出示海运单，这既解决了近距离海运货到而提单未到的常见问题，又避免了延期提货所产生的滞期费、仓储费等。

再次，海运单不是物权凭证，扩大海运单的使用，可以为今后推行 EDI 电子提单提供实践的依据和可能。

4. 装货清单（loading list）

装货清单是承运人根据装货单留底，将全船待装货物按目的港和货物性质归类，依航次、靠港顺序排列编制的装货单汇总清单，是船上大副编制配载计划的主要依据，又是供现场理货人员进行理货、港方安排驳运、进出库场以及承运人掌握情况的业务单据。

5. 载货清单（manifest，M/F）

载货清单是按卸货港逐票罗列全船载运货物的汇总清单。它是在货物装船完毕后，由船公司的代理人根据提单编制的，编妥后再送交船长签认。

载货清单记载的事项包括：装船货物的明细情况、装货港、卸货港、提单号、船名、托运人和通知人或收货人的姓名等。

载货清单是船舶办理出口（进口）报关手续时的必备单证，也是海关对海运货物进出国境监管的单证之一。

6. 运费清单（freight manifest，F/M）

运费清单是由装货地的船公司或其代理人根据提单副本编制的与货物和运费有关事项的一览表。船公司或其代理人编制运费清单后，可以直接寄交或由本船带交给卸货地的船公司代理人，供收取运费（在到付运费时）或处理有关业务之用。

运费清单是按卸货港和提单编号顺序编制的。其内容除载货清单记载的事项外，还包括运费率、运费、预付或到付、提单的批注等。运费清单可在载货清单中增加“运费”一栏，使两个清单合二为一。

7. 危险货物清单（dangerous cargo list）

危险货物清单是为了运输危险品而编制的，它的内容主要包括船名、航次、装货港、卸货港、提单号、货名、数量、货物性质、装舱位置等。

船舶装运危险货物时，应按照规定，申请有关部门监督装卸。危险货物按照规定装船完毕后，监装部门即发给船方一份“危险货物安全装载”（dangerous cargo safe stowage certificate）。这也是船舶装运危险货物时的必备单证之一。

8. 分舱单（hatch list）

分舱单是根据装货单和理货单（tally sheet）编制的分舱记载各个积载的货物种类和数量的分舱载货一览表。它可供卸货港据以制定卸货计划，也可以用于确定理货单所记载的舱口号码是否正确。

9. 配载图和积载图（cargo plan）

货物配载图又称为货物配载计划，是以图示形式表明拟装货物的计划装舱位置的货物受载计划图。

货物配载图是大副在开始装船前，按照船公司或其代理人交来的装货清单编制的，它是向现场理货员和装卸公司指明货物计划装舱位置的。根据这个配载计划，可以使港口和装卸公司等各个方面按照配载计划的要求来安排船舶的装船工作，使装船工作能按照既定顺序，有条不紊地进行。因此，它是装船作业中一份十分重要的资料。

积载图既是船方进行货物运输、保管和卸货必备的资料，也是卸货港安排卸货作业和现场理货的依据。它还是货方核查承运人是否妥善履行管理货物的依据。

（二）卸货港主要单证

1. 卸货报告（outturn report）

卸货报告是按照出口载货清单和卸货港实际卸下的全部货物编制的详细的进口载货清单。它比出口载货清单增加了卸货方式、实交数量、残损数量和备注栏等项目。

对货物的外表状况、内容、残损、溢短等，均应在卸货报告的备注栏内批注。有的港口使用卸货记录和货物收据作为卸货证明单据。虽然其记载内容有所不同，但其作用都是相似的。我国是以溢短单和货物残损单作为卸货证明单据的。

2. 货物溢短单（overlanded and shortlanded cargo list）

货物溢短单是当某票货物所卸货物与提单（或载货清单）所记载的数字不同时，由理货员对溢卸或短卸情况予以记录的单据。

货物溢短单是船公司处理索赔的原始资料，也是向有关港口发出货物查询单的依据。货物溢短单须会同船方签认。如果船方对溢短数字持有不同意见，应将船方意见在溢短单上加以批注后签字。

3. 货物残损单（broken and damaged cargo list）

货物残损单是卸货完毕后，现场理货人员根据卸货过程中发现的货物破损、水湿、油渍等情况，随时作出的记录汇总编写的表明货物残损情况的单证。在一般情况下，货物残损单必须经过船方签认后才有效。它是日后收货人向船公司提出索赔的依据，所以船方在签字时必须查清情况，确属船方责任时，才给予签字。如残损单内所记载残损情况与事实不符，则应将实际情况在残损单上加以批注。

4. 提货单（delivery order）

提货单又称小提单。收货人凭正本提单或副本提单随同有效的担保向承运人或其代理人换取的，可向港口装卸部门提取货物的凭证。发放小提单时应做到：

(1) 正本提单为合法持有人所持有；(2) 提单上的非清洁批注应转上小提单；(3) 当发生溢短残损情况时，收货人有权向承运人或其代理获得相应的签证；(4) 运费未付的，应在收货人付清运费及有关费用后，方可放小提单。

（三）海运主要单证的流转程序（如图 3-2-1 所示）

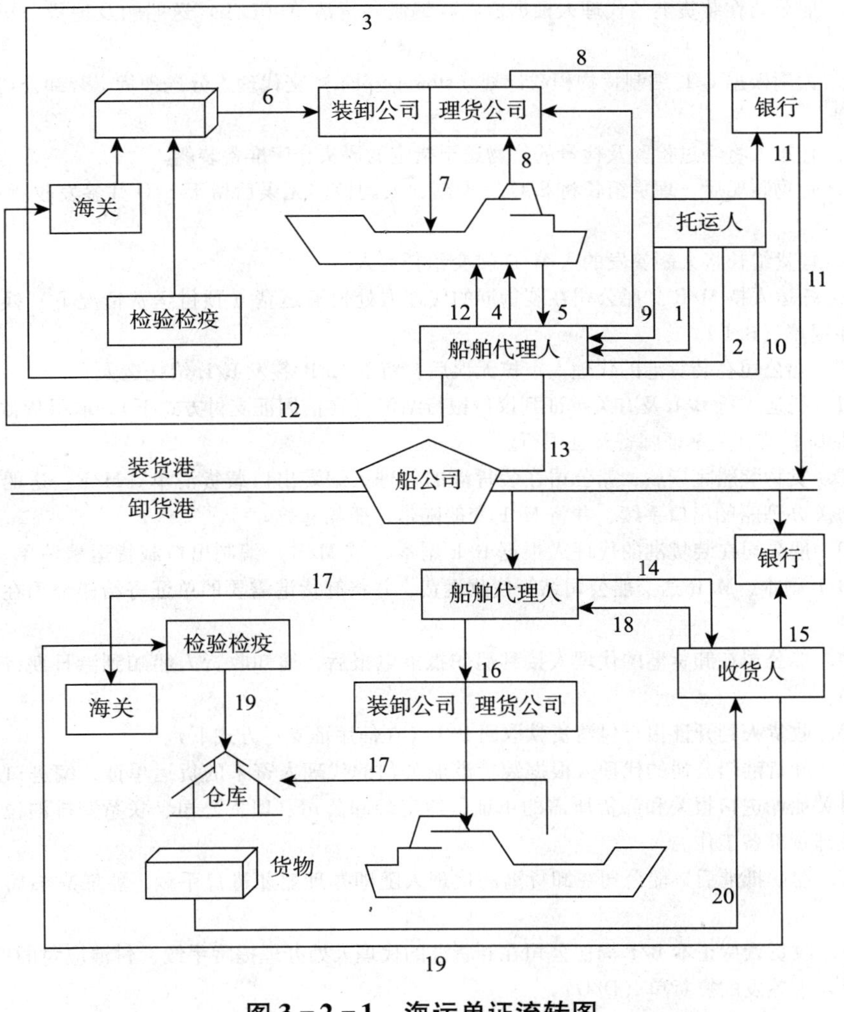

图 3-2-1　海运单证流转图

图注：

1. 托运人向船公司在装货港的代理人（也可直接向船公司或其营业所）提出货物装运申

请，递交托运单（booking note），填写装货联单。

2. 船公司同意承运后，其代理人指定船名，核对装货单 S/O 与托运单上的内容无误后，签发 S/O，将留底联留下后退还给托运人，要求托运人将货物及时送至指定的码头仓库。

3. 托运人持 S/O 及有关单证向海关办理货物出口报关、验货放行手续，海关在 S/O 上加盖放行图章后，货物准予装船出口。

4. 船公司在装货港的代理人根据留底联编制装货清单（L/L）送船舶及理货公司、装卸公司。

5. 大副根据 L/L 编制货物积载计划（stowage plan）交代理人分送理货、装卸公司等按计划装船。

6. 托运人将经过检验及检量的货物送至指定的码头仓库准备装船。

7. 货物装船后，理货组长将 S/O 交大副，大副核实无误后留下 S/O 并签发收货单（M/R）。

8. 理货组长将大副签发的人 M/R 转交给托运人。

9. 托运人持 M/R 到船公司在装货港的代理人处付清运费（预付运费情况下）换取正本已装船提单（B/L）。

10. 船公司在装货港的代理人审核无误后，留下 M/R 签发 B/L 给托运人。

11. 托运人持 B/L 及有关单证到议付银行结汇（在信用证支付方式下），取得货款，议付银行将 B/L 及有关单证邮寄开证银行。

12. 货物装船完毕后，船公司在装货港的代理人编妥出口载货清单（M/F）送船长签字后向海关办理船舶出口手续，并将 M/F 交船随带，船舶起航。

13. 船公司在装货港的代理人根据 B/L 副本（或 M/R）编制出口载货运费清单（F/M）连同 B/L 副本、M/R 送交船公司结算代收运费，并将卸货港需要的单证寄给船公司在卸货港的代理人。

14. 船公司在卸货港的代理人接到船舶抵港电报后，通知收货人船舶到港日期，做好提货准备。

15. 收货人到开证银行付清货款取回 B/L（在信用证支付方式下）。

16. 卸货港船公司的代理人根据装货港船公司的代理人寄来的货运单证，编进口载货清单及有关船舶进口报关和卸货所需的单证，约定装卸公司、理货公司、联系安排泊位，做好接船及卸货准备工作。

17. 船舶抵港后，船公司在卸货港的代理人随即办理船舶进口手续，船舶靠泊后即开始卸货。

18. 收货人持正本 B/L 向船公司在卸货港的代理人处办理提货手续，付清应付的费用后，换取代理人签发的提货单（D/O）。

19. 收货人办理货物进口手续，支付进口关税。

20. 收货人持 D/O 到码头仓库或船边提取货物。

二、海洋货运及代理业务

（一）海运出口货物运输业务

普通海运出口运输工作，在以 CIF 或 CFR 条件成交，由卖方安排运输时，其工作流程如下：

1. 审核信用证中的装运条款：为使出运工作顺利进行，在收到信用证后，必须审核证中有关的装运条款，如装运期、结汇期、装运港、目的港、是否能转运或分批装运以及是否指定船公司、船名、船籍和船级等。有的来证要求提供各种证明，如航线证明书、船籍证等。对这些条款和规定，我方应根据我国政策、国际惯例，要求是否合理和或是否能办到等来考虑接受或提出修改要求。

2. 备货报验：备货报验就是根据出口成交合同及信用证中有关货物的品种，规格，数量，包装等的规定，按时、按质、按量地准备好应交的出口货物，并做好申请报验和领证工作。冷藏货要做好降温工作，以保证装船时符合规定温度要求。在我国，凡列入商检机构规定的“种类表”中的商品以及根据信用证，贸易合同规定由商检机构出具证书的商品，均需在出口报关前，填写“出口检验申请书”申请商检。有的出口商品需鉴定重量，有的需进行动植物检疫或卫生，安全检验的，都要事先办妥，取得合格的检验证书。做好出运前的准备工作，货证都已齐全，即可办理托运工作。

3. 托运订舱：编制出口托运单，即可向货运代理办理委托订舱手续。货运代理根据货主的具体要求按航线分类整理后，及时向船公司或其代理订舱。货主也可直接向船公司或其代理订舱。当船公司或其代理签出装货单，订舱工作即告完成，就意味着托运人和承运人之间的运输合同已经缔结。

4. 保险：货物订妥舱位后，属卖方保险的，即可办理货物运输险的投保手续。保险金额通常是以发票的 CIF 价加成投保（加成数根据买卖双方约定，如未约定，一般加 10% 投保）。

5. 货物集中港区：当船舶到港装货计划确定后，按照港区进货通知并在规定的期限内，由托运人办妥集运手续，将出口货物及时运至港区集中，等待装船，做到批次清、件数清、标志清。要特别注意与港区、船公司以及有关的运输公司或铁路等单位保持密切联系，按时完成进货，防止工作脱节而影响装船进度。

6. 报关工作：货物集中港区后，把编制好的出口货物报关单连同装货单、发票、装箱单、商检证、外销合同、外汇核销单等有关单证向海关申报出口，经海关关员查验合格放行后方可装船。

7. 装船工作：在装船前，理货员代表船方，收集经海关放行货物的装货单和收货单，经过整理后，按照积载图和舱单，分批接货装船。装船过程中，托运人委托的货运代理应有人在现场监装，随时掌握装船进度并处理临时发生的问题。装货完毕，理货组长要与船方大副共同签署收货单，交与托运人。理货员如发现某批有缺陷或包装不良，即在收货单上批注，并由大副签署，以确定船货双方的责任。但作为托运人，应尽量争取不在收货单上批注以取得清洁提单。

8. 装船完毕：托运人除向收货人发出装船通知外，即可凭收货单向船公司或其代理换取已装船提单，这时运输工作即告一段落。

9. 制单结汇：将合同或信用证规定的结汇单证备齐后，在合同或信用证规定的议付有效期限内，向银行交单，办理结汇手续。

（二）海运进口货物运输业务

进口货物成交后，如属信用证支付方式，买方则须通过银行向卖方开证，开证后履行合同阶段就要安排好运输工作。普通海运进口运输工作，按 CIF 或 CFR 条件成交，由卖方安排运输时，现将买方应做的工作流程说明如下。

1. 掌握进程工作：要做好督促卖方如期交货工作，必须有完整的登记制度，随时了解工作的进度。

2. 催装工作：进口合同所订购的物资，都是市场供应需要的，必须按期交货。因此，要做好催装工作。

3. 掌握运输动态：为了正确掌握到货时间，要经常收集船舶动态资料。资料包括船公司的船期广告、轮船代理公司的船期表和国外厂商的装船通知单等。

4. 单证审核和复制：单证主要包括商务单证和船务单证。商务单证有合同、发票、提单、装箱单、品质证明书和保险单等。船务单证主要有货物舱单、船舶积载图、租船合同或提单副本、大件超重货物清单和危险货物清单等。收到单证后，要进行审核，与进口合同核对。进口货物的各项单证，是到港进行卸货、报关、报验、接交和疏运等工作所不可缺少的，如份数不够，还要进行复制，使各有关单位工作时有据可凭，共同协作搞好进口卸交工作。

5. 报关工作：进口货物均需向海关报关，填制进口货物报关单，向海关申报进口。经海关查验放行、缴纳进口关税后，才可提运。

6. 报验工作：根据《中华人民共和国商品检验法》规定，凡列入《现行实施商品检验进出口商品种类表》内的进出口商品和其他法律、行政法规规定须经商检机构检验的进出口商品，必须经过商检机构检验。

7. 监卸和交接工作：一般是船方按计划申请的理货人员，负责把进口货物按提单，点清件数，验看包装情况，分批拨交收货人。监卸人员一般是收货人的代表，履行现场监卸任务。监卸人员要和理货人员密切配合，把好货物数量和质量关，做好货物的交接工作。

（三）海运出口货运代理业务

1. 接受货主委托

签订委托代理合同或接受货主委托书。附带的单据有：信用证和贸易合同副本，出口货物明细单、商检初验证、出口许可证、出口收汇核销单和进料加工登记手册、来料加工和补偿贸易登记手册等。如果是危险品需要有危险品说明书，并提供齐全的单证。

（1）接到客户询价：当客户咨询租船运输时，应向客户了解下列问题。

运输方式；发运港和卸货港；货物的品名和数量；装率和卸率；装港和卸港的吃水线；预计运输的时间；客户单位名称、联系人、电话、电传、电子邮件、传真等。了解这些信息后告知客户，货运公司会尽快给报出租船的运费以及在港口报关和代运的费用。

（2）了解用户装港和卸港的时间

在用户与货运公司鉴定运输代理及报关协议书后，根据船到达卸港的时间提前通知用户提供所需的全套报关单据复印件。

2. 审核单证

接受委托后，对代办出口手续所需要的一切单证都要认真审核，其内容是否齐全、准确、符合要求，凡发现单证有错、漏、不齐全或无效的应及时通知货主补齐。审证要着重注意以下四点。

（1）提单份数，是否要求随船带证，提单上要填的收货人名称和通知方。

（2）有无贸易合同、信用证和出口许可证。

（3）信用证下要求出具的文件和证明：如产地证明、品质证、量证（商检初验单和装箱单、重量单、磅码单等）、商业发票、检疫证、熏蒸证明等；对 FOB 条款，还要有船名、船期等。

（4）第一次从该口岸出口货物的货主，应同时携带本公司营业执照（副本）及出口批文。

3. 托运订舱

单证齐全后，根据装船期和目的港以及船期表，缮制托运单、装货单和收货单；按要求的份数，去本公司海运出口部或船公司及其代理订舱，取得船名、航次和提单号，并在装货单上签章，以便报关。若船期或目的港与委托要求不符时，应及时通知货主。

4. 报关、报验及危险品申报

(1) 缮制出口货物报关单、报验单及危险品申报单等有关单证。

(2) 法定商检的货物，或要商检出具商检证的货物，一定要在装船前提前报验。报验前要按委托或信用证的要求填制商品检验单（报验单），然后再由商检人员进行验货检验（包括动植物检）。商检放行或检验合格方可装运；并出具商检证书或放行单，或在报关单上加盖印章。

(3) 携带报关单、装货单和收货单、委托单等到海关申报。如果该出口商是第一次在此出口口岸报关，还需货主提供营业执照和商务部的批文、合同；如需要许可证的货物，还需提供出口许可证，法定检验的商品需提供商检证书、放行单或在报关单上加盖的商检放行章以及海关需要的其他单证和证件。

(4) 危险品的申报。应按照《国际海上危险货物运输规则》规定的品名进行申报，填写《危险货物申报单》向港监申报，送船舶代理、港口港务公司的商检科，同时要附带危险品说明书，需要港监检验的货物，要带领检验人员到仓库检验。这项检验要在装船3天前完成。

5. 货物集中港区

(1) 散杂货应根据港务局每天的调度会和港务公司调度室碰头会通知的时间、仓库和场地，安排车辆把货物运到港内指定地点。

(2) 集装箱货要在船舶开航前规定的天数（一般为5天）以前，货物报关、报验后，安排车辆把货物送集装箱场地装箱，在港口规定的时间入港。

6. 货物装船

散杂货装船，由货运代理的港口办公室的现场人员负责监装。单证由监装人员交船上理货人员，负责与仓库交接，和外轮理货公司理货人员与船方交接后取得大副签收的收货单，转回出口代运业务员。

7. 换取提单

(1) 根据货主提供的信用证和委托，参照货物实际装船情况，缮制海运提单，按要求份数制成后，对照信用证要求核对准确，经复核后，按船舶代理规定的时间内送船代。

（2）货物装船后，从港内监装理货人员取得经大副签章后的收货单到船舶代理换取签署后的清洁提单。

（3）将签署的提单，同商检证、动植检证等有关结汇单证一起交货主，对外地货主应以特快专递寄去，保证货主及早结汇。

8. 费用结算

（1）在代运手续办理完毕船舶开航后，应在30天内填制代运费结算账单，转交本公司财务部门。

（2）在与货主建立委托代理合同时应向货主收取备用金，备用金的结算要足够，并及时向有关方面结算各项费用。

（3）每票货物代运结束后，及时按要求记入台账，按船名、航次、开航日期及一些单证副本进行整理，归档备查。

（四）海运进口货运代理业务

1. 接受租船订舱委托，签订委托代理合同

根据《进口订舱联系单》的要求，货运代理人落实船舶后，签订委托代理合同。

2. 货运代理人租船订舱

根据进口货物的数量和性质、装货港、装期以及班轮航班和航运市场租船行情，确定班轮订舱还是租船运输。订舱或租船后，由货运代理人通知卖方和装港代理人，准备装船。

3. 代办保险

货物在装港装船后，装船代理人发出《装船通知》，货运代理人除准备接卸外，对买方保险的条件（FOB、CFR），要尽快对货物办理海运货物保险。

4. 掌握船舶动态，收集整理单证

货运代理人通过多种渠道掌握船舶动态，关心运输中的货物，重点掌握转船二程船的到港时间。同时从国外发货人、装货港代理人、银行、到港船务代理人收集各种商务和船务单证，准备进口货物的接交。

5. 报关报验

货运代理人接到《进口通知单》后，属法定商检货物，需动植物检疫的或药检的货物，先申请检验，取得检验合格证书或商检在进口货物报关单上盖放行章后，凭进口货物报关单，并随发票、提单等有关单据申请报关。海关查验、征税后，海关放行。

6. 卸船接交

货运代理人在卸船过程中派人现场监卸，组织好衔接运输工具，对特殊货物的运输尽量组织船边接运，对入库货物做好接交，对卸船过程中的残损和溢短货物做好记录，作为索赔的依据。

7. 代运交货

货物到港经海关验放，并在提货单上加盖海关放行章，将该提货单交给货主，即为交货完毕。货主可以在卸货船船边提货，对入库货物可从港口库场提货。

对港口没有转运机构的进口商，可委托货运代理人办理接交，并安排运力，将货物转运到收货人指定地点，就是进口代运。代理人将货物发放后，以《提货通知》通知委托人提货。

8. 费用结算

货运代理人将货物发运后，审核账单，对委托人租船订舱的海运费账单进行审核无误，对港口费用进行计算，按委托代理合同的规定委托人结算。

航次结束后，及时记入台账，按船名、航次将委托代理合同副本，有关单证副本进行整理，归档备查。

三、海运运费计算

班轮运费是承运人为承运货物而收取的报酬。计算运费的单价（或费率）则称班轮运价。班轮运价包括货物从起运港到目的港的运输费用以及货物在起运港和目的港的装、卸费用。班轮运价一般以运价表形式公布的，比较固定。它由基本运费和各种附加费构成。

（一）班轮运费计算

1. 基本费率（basic rate）。基本费率是指每一计费单位（如一运费吨）货物收取的基本运费。基本费率有等级费率、货种费率、从价费率、特殊费率和均一费率之分。班轮运费是由基本运费和附加费两部分组成。

2. 附加费（surcharges）。为了保持在一定时期内基本费率的稳定，又能正确反映出各港的各种货物的航运成本，班轮公司在基本费率之外，又规定了各种费用。附加费主要有：

（1）燃油附加费（bunker surcharge or bunker adjustment factor—B. A. F.）。在燃油价格突然上涨时加收。

（2）货币贬值附加费（devaluation surcharge or currency adjustment factor—C. A. F.）。在货币贬值时，船方为实际收入不致减少，按基本运价的一定百分比加收的附加费。

（3）转船附加费（transhipment surcharge）。凡运往非基本港的货物，需转船运往目的港，船方收取的附加费，其中包括转船费和二程运费。

（4）直航附加费（direct additional）。当运往非基本港的货物达到一定的货量，船公司可安排直航该港而不转船时所加收的附加费。

（5）超重附加费（heavy lift additional）、超长附加费（long length additional）和超大附加费（surcharge of bulky cargo）。当一件货物的毛重或长度或体积超过或达到运价本规定的数值时加收的附加费。

（6）港口附加费（port additional or port surcharge）。有些港口由于设备条件差或装卸效率低以及其他原因，船公司加收的附加费。

（7）港口拥挤附加费（port congestion surcharge）。有些港口由于拥挤，船舶停泊时间增加而加收的附加费。

（8）选港附加费（optional surcharge）。货方托运时尚不能确定具体卸货港，要求在预先提出的两个或两个以上港口中选择一港卸货，船方加收的附加费。

（9）变更卸货港附加费（alternational of destination charge）。货主要求改变货物原来规定的卸货港，在有关当局（如海关）准许，船方又同意的情况下所加收的附加费。

（10）绕航附加费（deviation surcharge）。由于正常航道受阻不能通行，船舶必须绕道才能将货物运至目的港时，船方所加收的附加费。

3. 运费计算标准（basis/unit for freight calculation）：

（1）按货物重量（weight）计算，以“W”表示。如1公吨（1000千克）、1长吨（1016千克）或1短吨（907.2千克）为一个计算单位，也称重量吨。

（2）按货物尺码或体积（measurement）计算，以“M”表示。如1立方米（约合35.3147立方英尺）或40立方英尺为一个计算单位，也称尺码吨或容积吨。

（3）按货物重量或尺码，选择其中收取运费较高者计算运费，以“W/M”表示。

（4）按货物FOB价收取一定的百分比作为运费，称从价运费，以“AD VALOREM”或“ad. val.”表示。这原是拉丁文，按英文是按照价值的意思（according to value）。

（5）按货物重量或尺码或价值，选择其中一种收费较高者计算运费，用“W/M or ad. val.”表示。

（6）按货物重量或尺码选择其高者，再加上从价运费计算，以“W/M plus ad. val.”表示。

（7）按每件为一单位计收，如活牲畜和活动物，按“每头”（per head）计收；车辆有时按“每辆”（per unit）计收；起码运费按“每提单”（per B/L）计收。

（8）临时议定的价格（open rate）。由承、托运双方临时议定的价格收取运费，一般多用于低价货物。

4. 班轮运价表的内容：

（1）说明及有关规定，这部分内容主要是该运价表的适用范围、计价货币、计价单位及其他的有关规定。

（2）港口规定及条款：主要是将一些国家或地区的港口规定列入运价表内。

（3）货物分级表：列明各种货物所属的运价等级和计费标准。

（4）航线费率表：列明不同的航线及不同等级货物的基本运费率。

（5）附加费率表：列明各种附加费及其计收的标准。

（6）冷藏货费率表及活牲畜费率表：列明各种冷藏货物和活牲畜的计费标准及费率。

5. 运费计算步骤：

（1）选择相关的运价本；

（2）根据货物名称，在货物分级表中查到运费计算标准（basis）和等级（class）；

（3）在等级费率表的基本费率部分，找到相应的航线、启运港、目的港，按等级查到基本运价；

（4）再从附加费率表查出所有应收（付）的附加费项目和数额（或百分比）及货币种类；

（5）根据基本运价和附加费算出实际运价；

（6）运费 = 运价 × 运费吨

6. 运费计算公式

$$F = Fb + \sum_{S}$$

在公式中：F 表示运费总额；Fb 表示基本运费；S 表示某一项附加费。基本运费是所运货物的数量（重量或体积）与规定的基本费率的乘积。即：

$Fb = f \times Q$

在公式中：f 表示基本费率；Q 表示货运量（运费吨）。

附加费是指各项附加费的总和。在多数情况下，附加费按基本运费的一定百分比计算，其公式为：

$$\sum_{S} = (S_1 + S_2 + \cdots S_n) \times Fb = (S_1 + S_2 + \cdots S_n) \times f \times Q$$

其中 S_1、S_2、S_3、S_n 为各项附加费，用 Fb 的百分数表示。

【例 1】

班轮运费的计算方法是：

（1）先根据商品的英文名称在货物分级表中查出该商品所属等级及其计费标准。货物分级表是班轮运价表（liner's freight tariff）的组成部分，它有"货名"、"计算标准"和"等级"三个项目，见货物分级表 3－2－2：

表 3－2－2　商品所属等级及其计费标准

货　名	计算标准	等　级
农业机械（包括拖拉机）	W/M	9
棉布及棉织品	M	10
小五金及工具	W/M	10
玩具	M	20

例如，棉布及棉织品的货物等级为 10 级，计算标准为 M。

（2）根据商品的等级和计费标准，在航线费率中查出这一商品的基本费率，例 1 中棉布及棉织品到东非港口的费率为 443.00 港元。（见表 3－2－3：中国—东非航线等级费率表）。

表 3－2－3　中国—东非航线等级费率表（港币：元）

等级（Class）	费率（Rates）	等级（Class）	费率（Rates）
1	243.00	8	367.00
2	254.00	9	404.00
3	264.00	10	443.00
4	280.00	11	477.00

续表 3-2-3

等级（Class）	费率（Rates）	等级（Class）	费率（Rates）
5	299.00	20	1，120.00
6	314.00	Ad Val	290.00
7	341.00		

基本港口：路易港（毛里求斯）、达累斯萨拉姆（坦桑尼亚）、蒙巴萨（肯尼亚）等。

（3）查出该商品本身所经航线和港口的有关附加费率。

（4）商品的基本费率和附加费率之和即为该商品每一运费吨的单位运价。

以该商品的计费重量和体积乘以单位运价即得总运费金额。

【例2】

上海运往肯尼亚蒙巴萨港口“门锁”（小五金）一批计100箱。每箱体积为20厘米×30厘米×40厘米。每箱重量为25千克。当时燃油附加费为40%。蒙巴萨港口拥挤附加费为10%，试计算该货物的运费。

计算方法为：

（1）查阅货物分级表。门锁属于小五金类，其计收标准为W/M，等级为10级。

（2）计算货物的体积和重量。

100箱的体积为：（20厘米×30厘米×40厘米）×100箱＝2.4（立方米）

100箱的重量为：25×100＝2.5（公吨）

由于2.4立方米小于2.5公吨，因此计算标准为按重量计算。

（3）查阅“中国—东非航线等级费率表”，10级费率为443港元，则基本运费为：

443×2.5＝1107.5（港元）

（4）附加运费为：

1107.5×（40%＋10%）＝553.75（港元）

（5）上海运往肯尼亚蒙巴萨港100箱门锁，其应付运费为：

1107.50＋553.75＝1661.25（港元）

（二）租船运费计算

程租船费用主要包括程租船运费和装卸费，另外还有速遣费、滞期费等。

1. 程租船运费

程租合同中有的规定运费率，按货物每单位重量或体积若干金额计算；有的规定整船包价（lumpsum freight）。费率的高低主要决定于租船市场的供求关系，但也与运输距离，货物种类，装卸率，港口使用，装卸费用划分和佣金高低有关。合同中对运费按装船重量（intaken quantity）或卸船重量（delivered quantity）计算，运费是预付或到付，均须订明。特别要注意的是应付运费时间是指船东收到的日期，而不是租船人付出的日期。通常预付运费的预付时间有：装货完毕时支付、签发提单时支付、装货完毕后若干天后支付等。运费到付也有三种情况：船舶到达卸货港时支付、卸货完毕时支付或交付货物后支付等。

2. 装卸费用的划分法

（1）船方负担装卸费（gross or liner or bert terms）又称“班轮条件”。

（2）船方不负担装卸费（free in and out—FIO）采用这一条件时，还要明确理舱费和平舱费由谁负担。一般都规定租船人负担，即船方不负担装卸、理舱和平舱费条件（free in and out ，stowed，trimmed—F. I. O. S. T. ）。

（3）船方管装不管卸（free out—F. O. ）条件。

（4）船方管卸不管装（free in—F. I. ）条件。

3. 滞期费和速遣费

滞期费是当承租人不能在合同约定的许可装运时间内将货物全部装完或卸完，承租人必须按合同规定向船东支付的罚款。如果承租人在约定的装卸时间之前完成装卸作业，船东给承租人的奖励叫速遣费。一般速遣费是滞期费的一半，但有时也相同。在租船合同中，一般滞期时间是连续计算的，如无相反规定则遵循“一旦滞期，永远滞期”的原则，也就是只要发生滞期，原本可以扣除的星期日、节假日和坏天气等均不能扣除。

装卸时间、滞期费和速遣费一定是在程租船的运输方式下才采用的。在班轮运输方式下，不需要这三方面的规定；负责运输的进出口商与船方订立租船合同时，必须注意租船合同与进出口合同有关装运时间的一致性。

四、海运单据填写

（一）海运托运单

托运单（booking note of export cargo/shipping order）是出口商（发货人/托运人）在报关前向船方或其代理人（承运人）申请租船订舱的单据。它是缮制提单的主要背景资料，是船公司制做提单的依据，如果托运单缮制有差错、延误等，就会影响到其他单证的流转。因此，正确、快速制单，才能保证安全收汇。是海运托运单样本见表 3－2－4 所示。

表 3－2－4　托运单样本

1. Shipper 托运人 Tel　　Fax		Shipping Order 海运托运单
2. Consignee 收货人		
3. Notify Party 通知人		
Pre-carriage by 前程运输	Place of Receipt 收货地	
5. Ocean Vessel 船名 Voyage No. 航次号	6. Place of Loading 装货港	4. S/O No. 托运单号
7. Port of Discharge 卸货港	8. Place of Delivery 交货地	

9. Marks/Nos 标记/号码	10. Quantity & Kind of package 件数及包装	11. Description of Goods 货物品名及规格		12. Gross Weight/Net Weight (KGS) 毛重/净重	13. Measurment (CBM) 尺码
Freight Confirm 费用确认	Ocean Freight 海运费	DOC 文件费	Other 其他	14. Prepaid 预付	Collect 到付
EX. RATE 兑换率	PREPAID AT 预付地点	PAYABLE AT 到付地点	15. DATE &PLACE OF ISSUE 提单签发地点、日期		
	TOTAL PREPAID 预付总额	16. NO. OF ORIGINAL B/L THREE 提单正本份数			
17. 可否转船		18. 可否分批			
19. 装期		效期			
20. 制单日期					
21. 特殊要求（special requirements）					
如客户自拖自报，请注明： 拖车公司及联系方式、报关行及电话				22. Signature & Chop by Shipper 托运人签名及盖章	
如需要我司安排拖车，请填写此栏：拖柜地点、时间、 联系人及电话					

1. 托运人，即 SHIPPER。一般情况下，填写出口公司的名称和地址、电话号码和传真号码。

2. 收货人，即 CONSIGNEE。在信用证支付的条件下，对收货人的规定常有两种表示方法：A. 记名收货人；B. 指示收货人。

A. 记名收货人是直接将收货人的名称、地址完整地表示出来。这时，收货人即是合同买方。但是记名收货人的单据不能直接转让，这给单据的买卖流通设下了障碍。故记名收货人的表示方法不常使用。

B. 指示收货人是将收货人以广义的形式表示出来。常用空白指示和记名指示两种表达法。指示收货人掩饰了具体的收货人的名称和地址，使单据可以转让。在空白指示（不记名指示、空白指示）的情况下，单据的持有人可以自由转单据。在记名指示情况下，记名人有权控制和转让单据。指示收货人的方法补充了记名收货人方法的缺陷，但也给船方通知货方提货带来了麻烦。对此被通知人栏目做出补充。

3. 被通知人（NOTIFY PARTY），此栏填写信用证中规定的被通知人。被通知人的职责是及时接受船方发出的到货通知并将该通知转告真实收货人，被通知人无权提货。

4. 托运单编号（NUMBER），一般填写商业发票的号码。

5. 船名（VESSEL，VOYAGE NO.），由船方或其代理人填写，填写将运载货物的船舶名称。

6. 装运港（PORT OF LOADING），即船公司收货的港口。一般按合同和信用证规定的填写，注意不能用国名或地名代替，若遇重名港口，应加注国名或地名。

7. 卸货港（PORT OF DISCHARGE），即货物最终送达的港口。一般按合同和信用证规定的填写，注意不能用国名或地名代替，若遇重名港口，应加注国名或地名。

8. 交货地或目的地（PLACE OF DELIVERY），此栏目按信用证的目的港填写。填写时注意重名港口的现象，一般将目的地所在国家名称填写在这一栏目中。如果目的地是一内陆城市，这一栏目填写卸下最后一艘海轮时的港口名称。在计算运费时，是根据托运单的本项内容计算航程的。

9. 标记及号码（MARKS AND NUMBERS），此栏填写信用证或合同所规定的唛头，买卖合同或信用证中没有规定唛头，可填写 N/M。

10. 包装种类及件数（QUANTITY AND KIND OF PACKAGE），填货物最大包装的名称及件数。

11. 货物品名及规格（DESCRIPTION OF GOODS），对这一栏的内容允许只写大类名称或统称。

12. 重量（GOSS WEIGHT/NET WEIGHT），重量应分别计算毛重和净重。

13. 尺码（MEASUREMENT），该栏目填写一批货的尺码总数，一般单位为立方米。

14. 运费（FREIGHT）缴付方式及地点，一般不显示具体运费，只填写“运费到付”或“运费预付/已付”，CIF 术语填运费预付或已付，FOB、CFR 术语填运费到付。

15. 要求签发的提单日期和地点（DATE AND PLACE OF ISSUE），提单签发的地点原则上是装运港所在地。提单签发的日期表示货物实际装运的时间或已经接受船方、船代理等有关方面监管的时间，应不迟于信用证或合同规定的最迟装运日期。

16. 提单正本份数，一般一式三份，三份正本提单同时有效（THREE ORIGINAL BILL OF LADING）或者 ORIGINAL BILL OF LADING IN THREE、FULL SET OF BILL OF LADING，指全套正本提单。按照习惯，一般是指二份以上正本提单。

17. 可否转船（TRANSSHIPMENT），填要求与分批一致，只能在“允许”或“不允许”两者取一。

18. 可否分批（PARTIAL SHIPMENT），按照合同或信用证条款填写。只能在“允许”或“不允许”两者中取一。

19. 装运期、有效期，这两个项目往往先后在同一张单据中出现，以引起各环节经办人员的高度重视和严格执行。因此本栏应严格按信用证规定的最迟装运期和有效期填写。

20. 制单日期，按实际开立托运单的日期填写，也可填写发票的开立日期，或早于发票日期。

21. 特殊要求，根据信用证要求或合同要求有关运输方面的特殊条款。

22. 签字，经办人签字，出口企业盖章。其他项目如船名、提单号码等由船方或其代理人填写。

（二）集装箱货物托运单

集装箱货物托运单的缮制与海运出口托运单的缮制制基本相同，见表 3-2-5 集装箱货物托运单样本，只是增加了托运货物的交接方式，如 CY—CY、CFS—CFS，还有集装箱货物的种类，如普通、冷藏、液体等。集装箱货物托运单的流转程序。

表 3－2－5　集装箱托运单样本

Shipper (发货人)		D/R No. (编号)
Consignee (收货人)		**集装箱货物托运单**
Notify Party (通知人)		
Pre-carriage by (前程运输)	Place of Receipt(收货地点)	
Ocean Vessel(船名)Voy No.(航次)	Port of Loading(装货港)	
Port of Discharge (卸货港)	Place of Delivery (交货地点)	Final Destination (目的地)

Container No. (集装箱号)	Seal No. (封志号)Marks & No. (标记与号码)	No.of containers Or P’kgs, (箱数或件数)	Kind of Packages; Description of Goods (包装种类与货名)	Gross Weight (毛重/千克)	Measurement (尺码/立方米)
Total Number of containers or Packages (IN WORDS) 集装箱数或件数合计（大写）					

Freight & Charges (运费与附加费)	Revenue Tons (运费吨)	Rate(运费率)	Per (每)	Prepaid (运费预付)	Collect (到付)

Ex Tate (兑换率)	Prepaid at (预付地点)	Payable at (到付地点)	Place of Issue (签发地点)
	Total Prepaid (预付总额)	No. of Original B(S)/L (正本提单份数)	

Service Type on Receiving 口—CY 口—CFS 口—DOOR	Service Type on Delivery 口—CY 口—CFS 口—DOOR	Reefer-Temperature Required (冷藏温度)	F	C

Type of Goods (种类)	口Ordinary, 口Reefer, 口Dangerous, 口Auto. (普通) (冷藏) (危险品) (裸装车辆)	危险品	Class:Property: IMDG Code Page: UN No.
	口Liquid, 口Live Animal, 口Bulk 口________ (液体) (活动物) (散货)		
可否转船	可否分批		
装　期	有 效 期		
金　额			
制单日期			托运人签字及盖章

1. 托运人填写托运单；

2. 留下货主留存联；

3. 外轮代理公司加注编号和所配船名；

4. 海关审核认可后，加盖海关放行章；

5. 货运代理安排将集装箱号/封箱号/件数填入托运单，在集装箱进入指定的港区、场站完毕后，在24小时内交场站签收；

6. 场站的业务员在集装箱进场后，加批实际收箱数并签收；

7. 场站业务员在装船前24小时分批送外轮理货员，理货员于装船时交大副。然后第一联收据由场站业务员交还托运人，作为向外轮代理公司换取收货待运提单的凭证，或装船后换取装船提单。

五、海运提单

1. 海运提单正面填写注意事项（见表3－2－6）

（1）托运人（shipper）。托运人一般为信用证中的受益人，非信用证项下可以是任何人。如果开证人是为了贸易上的需要，要求做第三者提单（third party b/l），也可照办。

（2）收货人（consignee）。如要求记名提单，则在收货人栏填具体的收货公司或收货人名称；如属指示提单，则在收货人栏填"指示"（order）或"凭指示"（to order）；如需在提单上列明指示人，则可根据不同要求，做成"凭托运人指示"（to order of shipper），"凭收货人指示"（to order of consignee）或"凭银行指示"（to order of xx bank）。

（3）被通知人（notify party）。被通知人是船公司在货物到达目的港时发送到货通知的收件人，有时即为进口人。在信用证项下的提单，如信用证上对提单被通知人有权具体规定时，则必须严格按信用证要求填写。如果是记名提单或收货人指示提单，且收货人又有详细地址的，则此栏可以不填。如果是空白指示提单或托运人指示提单则此栏必须填列被通知人名称及详细地址，否则船方就无法与收货人联系，收货人也不能及时报关提货，甚至会因超过海关规定申报时间而被没收。

（4）提单号码（B/Lno）。提单号码一般列在提单右上角，以便于工作联系和查核。发货人向收货人发送装船通知（shipment advice）时，也要列明船名和提单号码。

（5）船名（name of vessel）。船名应填列货物所装的船名及航次。

（6）装货港（port of loading）。装货港应填列实际装船港口的具体名称。

（7）卸货港（port of discharge）。卸货港填列货物实际卸下的港口名称。如

表 3－2－6 海运提单正面样本

1.SHIPPER: PT. SURABAYA AGUNG INDUSTRI PULP N KERTAS BONGKARAN STREET 68, SURABAYA 60161 INDONESIA.		4.B/L NO.SBY/HPU-01	
2.CONSIGNEE or order: TO ORDER		PT. ARPENI PARTAMA OCEAN LINE BILL OF LADING DIRECT OR WITH TRANSHIPMENT	
3.Notify address (carsicr not to be resoonxible for failure to notify): CHINA NATIONAL FOREIGN TRADE TRANSPORTATION CORP. HUANGPU			
Pre-carriege by:	Place of rceeipt by pre-carrier:		
5.Ocean. Vessel: MV. GAYATRI V.11	6.Port of loading: SURABAYA, INDONESIA		
7.Port of discharge: HUANGPU NEW PORT, CHINA	Final destination (if on-carriage)	Freight payable at;	Number of origithal B/L 3(THREE)
10.Marks & No.:	9.Number and kind of package; 8.Description of goods:	11.Gross weight (KG)	Mearurement (M^3)
C-DL-194 HUANGPU No.1-285	285 ROLLS "GOLDEN FISH" COATED DUPLEX BOARD WITH GREY 250 GSM; CORE: 6", O/D: 1.2M, WIDTH: 787MM (31") COUTRY OF ORIGIN: INDONESIA PACKING: IN STANDARD EXPORT PACKING ABOVE PARTICULARS FURNISHED BY SHIPPER	G.W.: 202,375.00KG N.W.: 196,675.00KG:	436.05M^3
Freight details, charges etc. "FREIGHT PREPAID"		SHIPPED ON BOARD SURABAYA, NOVEMBER 18, 2001 Dated in __________ Signed (for the Master) by, PT. ARPENI IRATAMA OCEAN LINE AS CARRIER	

属转船，第一程提单上的卸货港填转船港，收货人填二程船公司；第二程提单装货港填上述转船港，卸货港填最后目的港如由第一程船公司出联运提单（through

B/L），则卸货港即可填最后目的港，提单上列明第一和第二程船名。如经某港转运，要显示“VIA××”字样。在运用集装箱运输方式时，目前使用“联合运输提单”（combined transport b/l），提单上除列明装货港，卸货港外，还要列明“收货地”（place of receipt），“交货地”（place of delivery）以及“第一程运输工具”（pre-carriage by），“海运船名和航次”（ocean vessel，voy No.）。填写卸货港，还要注意同名港口问题，如属选择港提单，就要在这栏中注明。

（8）货名（discription of goods）。货名在信用证项下货名必须与信用证上规定的一致。

（9）件数和包装种类（number and kind of packages）。件数和包装种类要按箱子实际包装情况填列。

（10）唛头（shipping marks）。唛头信用证有规定的，必须按规定填列，否则按发票上的唛头填列。

（11）毛重，尺码（gross veight，measuement）。毛重，尺码除信用证另有规定者外，一般以千克为单位列出货物的毛重，以立方米列出货物体积。

2. 提单的背面条款及其依据

在全式（longterm）正本提单的背面，列有许多条款，其中主要有：

（1）定义条款（definition clause）。定义条款主要对“承运人”、“托运人”等关系人加以限定。

（2）管辖权条款（jurisdiction clause）。管辖权条款指出当提单发生争执时，按照法律，某法院有审理和解决案件的权利。

（3）责任期限条款（duration of liability）。一般海运提单规定承运人的责任期限从货物装上船舶起至卸离船舶为止。集装箱提单则从承运人接受货物至交付指定收货人为止。

（4）包装和标志（packages and marks）。要求托运人对货物提供妥善包装和正确清晰的标志。如因标志不清或包装不良所产生的一切费用由货方负责。

（5）运费和其他费用（freight and other charges）。运费规定为预付的，应在装船时一并支付，到付的应在交货时一并支付。当船舶和货物遭受任何灭失或损失时，运费仍应照付，否则，承运人可对货物及单证行使留置权。

（6）自由转船条款（transhipment clause）。承运人虽签发了直达提单，但由于客观需要仍可自由转船，并不须经托运人的同意。转船费由承运人负担，但风险由托运人承担，而承运人的责任也仅限于其本身经营的船舶所完成的那段运输。

（7）错误申报（inaccuracy in particulars furnished by shipper）。承运人有权在装运港和目的港查核托运人申报的货物数量、重量、尺码与内容，如发现与实际不符，承运人可收取运费罚款。

（8）承运人责任限额（limit of liability）。承运人责任限额即规定承运人对货物灭失或损坏所造成的损失所负的赔偿限额，即每一件或每计算单位货物赔偿金额最多不超过若干金额。

（9）共同海损（general average - G. A.）。共同海损，规定若发生共同海损，按照什么规则理算。国际上一般采用1974年约克-安特卫普规则理算。在我国，一些提单常规定按照1975年北京理算规则理算。

（10）美国条款（American clause）。规定来往美国港口的货物运输只能适用美国1936年海上货运法（carriage of goods by sea act，1936），运费按联邦海事委员会（FMC）登记的费率本执行，如提单条款与上述法则有抵触时，则以美国法为准。此条款也称“地区条款”（local clause）。

（11）舱面货、活动物和植物（on deck cargo，live animal sand plants）。对这三种货物的接受、搬运、运输、保管和卸货规定，风险由托运人承担，承运人对其灭失或损坏不负责任。

【案例回放和分析】

一是，要选择那些信誉及知名度较高的国外船舶代理公司，这些公司往往服务周到，效率高，收费合理，处事公平。

二是，在选择国外船舶代理公司时不仅要注意货物在整个运输过程中的相互衔接，而且要注意货物的安全性。

三是，选择能够提供高效的通关服务，而且能够进行多式联运服务的货代或船公司。

四是，对国外船舶代理公司进行等级优选式分类管理，通过竞争淘汰弃用那些服务差、收费高的船舶代理公司，形成稳定的服务渠道，这样做既安全又高效。

本 章 小 结

海洋运输又称“国际海洋货物运输”，是国际货物运输中最主要的运输方式。它是指使用船舶通过海上航道在不同国家和地区的港口之间运送货物的一种方式，在国际货物运输中使用最广泛。目前，国际贸易总运量中的2/3以上，中国进出口货运总量的约90%都是利用海上运输。海上运输的经营方式主要有班轮运输和租船运输两大类。海运航线的分类和世界重要港口、海运代理业务及其单证的流转程序、海运运费的计算以及海运托运单、提单的填写是本章的重点内容。

关键名词或概念

海洋运输（ocean shipping）
班轮运输（liner transport）
提单（bill of lading）
定程租船（voyage charter）
定期租船（time charter）
船籍（ship's nationality）
船级（ship's classification）

课后练习

■ 复习思考题

1. 国际货物海上运输在国际贸易中有哪些作用？其特点是什么？
2. 海洋运输经营方式主要有哪些？它们有何区别？
3. 简要概述船舶的类型。
4. 世界大洋航线有哪些？
5. 海运提单与海运单有什么区别？
6. 什么是基本港口和非基本港口？
7. 简述国际海运代理业务流程与主要出口货运单证。
8. 简述班轮运费的计算标准。

■ 技能训练

1. 依据海运提单样本，回答下列问题：

（1）该提单应由谁首先背书？
（2）作为收货人的代理人，如何知道找谁提货？
（3）收货人提货时应交出几份提单？
（4）收货人提货时是否应支付海运费？
（5）卸货港是哪里？
（6）谁是承运人？
（7）该提单下有几个集装箱？

（8）XYZ Co.，Ltd 是否一定是收货人？

（9）提单是否一定要经过 XYZ Co.，Ltd 背书？

（10）该提单由谁签署？

海运提单样本

<table>
<tr><td colspan="3">SHIPPER
SILVER SAND TRADING CORP.
6TH FLOOR，JINDU BUILDING,
135WUXING ROAD,
GUANGZHOU，P.R.CHINA</td><td colspan="3">B/L NO. JH-FLSBL06</td></tr>
<tr><td colspan="3">CONSIGNEE

TO ORDER</td><td colspan="3" rowspan="6">（ ）

CHINA OCEAN SHIPPING （GROUP）CO.

ORIGINAL

Combined Transport BILL OF LADING</td></tr>
<tr><td colspan="3">NOTIFY PARTY
F.L.SMIDTH & CO. A/S
77，VIGERSLEV ALLE，
DK—2500 VALBY
COPENHAGEN，DENMARK</td></tr>
<tr><td colspan="2">PLACE OF RECEIPT
GUANGZHOU CY</td><td>OCEAN VESSEL
YI XIANG</td></tr>
<tr><td colspan="2">VOYAGE NO.

V307</td><td>PORT OF LOADING
GUANGZHOU</td></tr>
<tr><td colspan="2">PORT OF DISCHARGE
COPENHAGEN</td><td>PLACE OF DELIVERY</td></tr>
<tr><td colspan="3"></td></tr>
<tr><td>MARKS</td><td>NOS. & KINDS OF PKGS.</td><td>DESCRIPTION OF GOODS</td><td colspan="2">G.W.（kg）</td><td>MEAS（m³）</td></tr>
<tr><td>FLS
9711
COPENHAGEN
NO.1-1200</td><td>1200CARTONS

FREIGHT PREPAID
L/C NO. JH—FLSBL06</td><td>FOREVER
BRAND BICYCLE</td><td colspan="2">39600

55483</td><td>547, 200

149, 855</td></tr>
<tr><td colspan="2">TOTAL NUMBER OF CONTAINERS OR PACKAGES (IN WORDS)</td><td colspan="4">SAY ONE THOUSAND AND TWO HUNDRED CARTONS ONLY</td></tr>
<tr><td>FREIGHT & CHARGES</td><td>REVENUE TONS</td><td>RATE</td><td>PER</td><td>PREPAID</td><td>COLLECT</td></tr>
<tr><td>PREPAID AT</td><td colspan="2">PAYABLE AT</td><td colspan="3" rowspan="2">PLACE AND DATE OF ISSUE
GUANGZHOU 20-MAY-2004</td></tr>
<tr><td>TOTAL PREPAID</td><td colspan="2">NUMBER OF ORIGINAL B/L
THREE</td></tr>
<tr><td colspan="3">LOADING ON BOARD THE VESSEL
DATE 20-MAY-2004 BY 李立

COSCO GUANGZHOU SHIPPING CO.，LTD.</td><td colspan="3">李立
COSCO GUANGZHOU SHIPPING CO.，LTD.</td></tr>
</table>

2. 填写海运提单

我国龙江贸易公司向日本大诚贸易公司出口东北大豆100吨，2000年产，每吨210美元CIF大阪，单层麻袋包装，每袋净重100千克，运输标志为：

JDA

OSAKA JAPAN

CT—2001—321

NOS：1000

货物于2001年3月15日在大连装“长江号”轮运往日本大阪。根据上列条件填制一份“已装船、清洁、空白抬头提单”并注明“运费已付”。

提单

托运人（1）

收货人（2）

通知（3）

船名（4）航次 315 装货单号 866 提单号 678

装运港：中国大连

卸货港：日本大阪

运费在中国大连支付

托运人所提供的详细情况

标志和号数	件数	货名	毛重	尺码
（5）	（6）	东北大豆	100吨	
合计件数（英文大写）（7）				

运费和其他费用：（8）

签单日期：（9） 在大连

DATED ________________ AT ________________

船长签名

3. 计算海运运费

（1）我国海运出口到贝鲁特油漆一批，重10公吨，总体积为12立方米，按运价表规定该货为W/M10级，每运费吨基本费率为100美元，另外每运费吨加收附加费7美元，问该批油漆应付多少运费？

（2）某公司出口茶叶100箱，每箱重25千克，每箱尺码为0.075立方米，费率表规定为 M8 级，基本运费为 80 美元，另加港口拥挤附加费为 15%，问该批货物应付运费多少美元？

（3）某公司对外报价某产品每箱 50.00 美元 FOB 青岛，后外商要求改报 CIF 鹿特丹价，此货物按 W/M 计费，基本运费为 60.00 美元每运费吨，燃油附加费 10%，体积每箱 48cm × 25cm × 20cm，毛重每箱 27 千克，保险费率为 2‰，计算我方应报的 CIF 鹿特丹价。

4. 航线判断

（1）填空

航线方位	通往的国家和地区
东行航线	东到________，横渡太平洋到________洲各国港口
南行航线	至________亚、________洲各港口
西行航线	可达东南亚、______亚、______亚、______洲和______洲各港口
北行航线	至________国以及俄罗斯远东沿海港口

（2）我国某出口商托运一票货物通过海运去西雅图（Seattle，WA，USA），走下列哪条航线？

（远东—北美西岸航线 、远东—北美东岸航线 、远东—欧洲航线 、远东—地中海航线）

5. 根据下列所提供的信用证条款的主要内容及有关制单资料，填制集装箱海运提单中（1）至（15）项内容。

Irrevocable documentary credit

Number：LC123 – 258866

Date：August 24，2003

Date and place of expiry ：October 30，2003，Qingdao，China

Advising bank：Bank of China

Beneficiary：China XYZ import and export corp.

Applicant：UVW corporation.

Total amount：USD9000（SAY US DOLLARS NINE THOUSAND ONLY）

Shipment from：Qingdao China

To：Osaka Japan

At the latest：October 15，2003

Description of goods: 100% Cotton Towel as per S/C No. CH200

Total quantity: 8000 pieces packing: 800 Cartons

Total gross weight: 20000 KGS

Total measurement: 30CBM

Price term: CIF Osaka

Following documents required:

+ Signed commercial invoice in three copies.

+ Full set of clean on board ocean bill of lading made out to order and endorsed in blank and marked "freight prepaid" and notify applicant.

+ Insurance policy for 110 PCT of the invoice value covering the Institute Cargo Clauses (A), the Institute War Clauses.

Ocean Vessel: "Golden Star" Voy. No. : 018E

Container No. : GSTU3156712/20'

Marks & Nos : ITOCHU OSAKA NO. 1 – 800

Laden on board the vessel : October 14, 2003

B/L date: October 14, 2003

B/L signed by BBB shipping agency

Carrier: AAA Shipping Co.

Shipper
(1)

Consignee
(2)

Notify Party
(3)

B/L NO.

AAA Shipping Co.
Bill of Lading

Pre-carriage by	Place of Receipt
Ocean Vessel Voy. No. (4)	Port of Loading (5)
Port of Discharge (6)	Place of Delivery

Container No. (7)	Seal No. Marks & Nos. (8)	No. of Containers or P kgs (9)	Kinds of Packages; Description of Goods (10)	Gross Weight kgs (11)	Measurement

TOTAL NUMBER OF CONTAINER OR PACKAGES （IN WORD） SAY ONE CONTAINER ONLY

Freight & Charge (12)	Revenue Tons	Rate	Per	Prepaid	Collect

Ex. Rate.	Prepaid at	Payable at	Place and date of lssue(13)
	Total Prepaid	No. of Original B（s）/L (14)	Signed for Carrier, (15)

LADEN ON BOARD THE VESSEL

DATE

(TERMS PLEASE FIND ON BACK OF ORI GINAL B/L)

第四章 国际陆运代理理论与实务

【开篇导读】

1825 年，英国从斯托克顿（Stockton）至惠灵顿（Darlington）铁路成为第一条成功的蒸汽火车铁路，很快铁路便在世界各地通行起来，并成为世界最主要的交通方式之一。20 世纪 60 年代以来世界铁路运输业发生了巨大变化，修建高速铁路成为某些国家完善基础建设的基本任务。公路运输是 19 世纪末随着现代汽车业的诞生而产生的，第二次世界大战结束后公路运输得到了空前的发展，各国公路网的建设及汽车工业提供的雄厚的物质基础，促使公路运输在现代运输业中发挥着越来越大的作用。

【学习目标】

知识目标：了解铁路、公路运输的基本知识；掌握世界及我国主要的铁路、公路干线；掌握国际铁路货物联运的概念和特点；掌握中国内地对港、澳地区的铁路货物运输的特殊做法。

技能目标：掌握国际铁路货物联运进出口货物运输流程，铁路和公路运输费用及运输责任范围运费计算，国际铁路联运运单及索赔实务。

【引导案例】

铁路运输货物是否需保价

铁路运输，托运人托运货物时，是否需要拟办理保价或保险，铁路完全以托运人自愿为原则，不以任何方式强迫办理保价运输或者货物运输保险。那么我们是否应该办理货物保价运输？如果从托运人、收货人利益立场出发，应办理保价运输。因为托运人一方面要求铁路运输企业能安全、迅速、经济地将货物送到达站；另一方面，当发生货损货差时，总希望得到与货物价格最为接近的赔偿额。请分析：为什么保价运输较能解决以上问题？

第一节　铁路运输基础知识

目前，世界铁路总长约 140 万千米，其中美国约 20 万千米，俄国约 10 万千米，中国突破 7 万千米，印度、加拿大均约 6 万千米，法国、德国均约4 万千米，阿根廷约 3 万千米。

从地理分布来看，美洲铁路约占世界铁路总长的 2/5，欧洲约占 1/3，而非洲、亚洲和大洋洲三者之和约占世界铁路总长的 1/5。可以看出，世界铁路的发展和分布是不平衡的（参见图 4 －1 －1）。

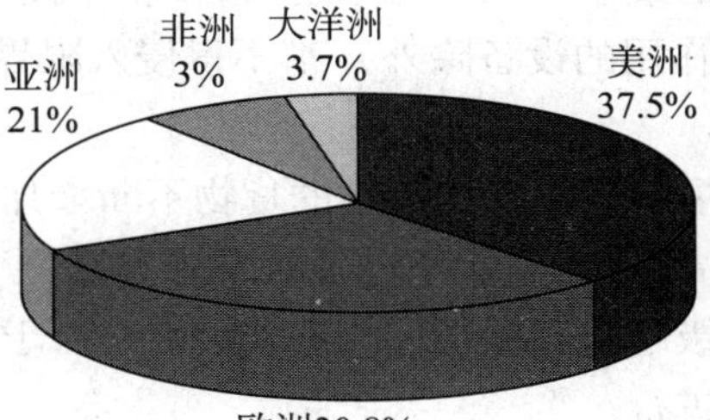

图 4 －1 －1　2007 年各大洲铁路长度占世界铁路总长度比例示意图

一、铁路线路与铁路机车

（一）铁路线路

铁路线路是由路基、桥隧建筑物和轨道组成的一个整体的工程结构，是机车车辆和列车运行的基础。铁路线路应当经常保持完好状态，使列车能按规定的最高速度安全、平稳和不间断的运行，以保证铁路运输部门能够质量良好的完成客、货运输任务。

1. 铁路轨距

铁路轨距是指铁路上两股钢筋头部的内侧距离。世界各国的轨距各不相同，欧亚大铁路轨距按其大小不同，就可分为宽轨、标准轨和窄轨三种。标准轨的轨距为 1435 毫米；大于标准轨的为宽轨，小于标准轨的为窄轨。由于轨距不同，列车在不同轨距交接的地方必须进行换装或更换轮对。

我国铁路基本采用标准轨距，但我国台湾和海南岛的铁路轨距为 1067 毫米，昆明铁路局的部分轨距为 1000 毫米。

2. 铁路限界和超限货物

（1）铁路限界。

为确保机车车辆在铁路线路上运行的安全，防止机车车辆撞击邻近线路的建筑物和设备，而对机车车辆和接近线路的建筑物、设备所规定的不允许超越的轮廓尺寸线，称为限界。

铁路基本限界分为机车车辆限界和建筑接近限界两种。

机车车辆限界是机车车辆横断面的最大极限，它规定了机车车辆不同部位的宽度、高度的最大尺寸和底部零件至轨面的最小距离。

建筑接近限界是一个和线路中心线垂直的横断面，它规定了保证机车车辆安全通行所必需的横断面的最小尺寸。凡靠近铁路线路的建筑物及设备，其任何部分（和机车车辆有相互作用的设备除外）都不得侵入限界之内。

（2）超限货物。

随着经济建设的发展，经由铁路运输的货物不断增加。当货物装车后，货物任何部分的高度和宽度超过机车车辆限界时，称为超限货物。按货物超限的程度，分为一级超限、二级超限和超级超限三个级别。对于超限货物的运输，则要采取特殊的组织方法来进行。

我国超限货物的超限等级的划分是以《超规》采用的建筑接近限界为依据的。超限等级是确定超限货物运输条件和核算运费的依据。

（二）铁路机车

1. 铁路机车分类

铁路机车，亦称火车头，是铁路中专门提供动力的车辆。铁路上使用的机车种类很多，按照机车原动力，可分为蒸汽机车、内燃机车、电力机车、磁悬浮机车四种。参见图 4－1－2（a－d）所示。

（1）蒸汽机车。

蒸汽机车是以蒸汽为原动力的机车。其优点是：结构比较简单，制造成本低，使用年限长，驾驶和维修技术易掌握，对燃料的要求不高。随着铁路运量的增加和行车速度的提高，蒸汽机车已不适应现代运输的要求。蒸汽机车基本被世界各国淘汰。

（2）内燃机车。

内燃机车是以内燃机为原动力的机车。与蒸汽机车相比，它的热效率高，一般可以达到20%～30%。内燃机车加足一次燃料后，持续工作时间长，机车利用效率高，特别适用于在缺水或水质不良地区运行，便于多机牵引，乘务员的劳动条件较好。但其缺点是：机车构造复杂，制造、维修和运营费用都较大，对环境有较大的污染。

（3）电力机车。

电力机车是从铁路沿线的接触网获取电能产生牵引动力的机车，所以电力机车是非自带能源的机车。它的热效率比蒸汽机车高一倍以上。它启动快、速度高、善于爬坡。可以制成大功率机车，运输能力大、运营费用低，当利用水力发电时，更为经济。电力机车不用水，不污染空气、劳动条件好，运行中噪音也小，便于多机牵引。但电气化铁路需要建设一套完整的供电系统，在基建投资上要比采用蒸汽机车或内燃机车大得多。

（4）磁悬浮机车。

磁悬浮机车是一种没有车轮的陆上无接触式有轨交通工具，时速可达500千米。它的结合能，是利用常导或超导电磁铁与感应磁场之间产生相互吸引或排斥力，使列车“悬浮”在轨道后或上面，作无摩擦的运行，从而克服了传统列车车轨黏着限制、机械噪声和磨损等问题，并且具有启动快、停车快和爬坡能力强等优点。

图4－1－2（a）　蒸汽机车

图4－1－2（b）　内燃机车

图4－1－2（c）　电力机车

图4－1－2（d）　磁悬浮机车

（三）车辆及标志

1. 车辆

铁路车辆是运送旅客和货物的工具，它本身没有动力装置，需要把车辆连挂在一起由机车牵引，才能在线路上运行。铁路车辆可分为客车和货车两大类。货车按用途可分为通用货车和专用货车两大类，其中通用货车又分为棚车、敞车和平车三类；专用货车又可分为罐车、保温车、长大货车、通风车和家畜车等。各种铁路货车所适用的用途见表4－1－1。

表4－1－1　各种铁路货车用途

种　类	用　途
棚车	适合装运比较贵重的怕潮湿的货物
敞车	适合装运不怕潮湿的散装货或包装货
平车	适合装运载重量、体积或长度较大的货物
罐车	适合装运汽油、粘油、酒精、水和酸类等液体货物
保温车	适合装运新鲜蔬菜、鱼、肉等易腐货物
长大货车	适合装运长大货物及笨重货物
通风车	适合装运水果、蔬菜等货物
家畜车	适合装运家畜、家禽等货物

2. 标志

标志在铁路机车和车辆的一定位置上，用以表示产权、型别、车号、基本性能、配属及使用中的注意事项等的符号，一般常见的标志主要有。

（1）路徽。

铁路企业的标志，涂画在机车车辆上时表示其产权所属。各国铁路不论其为国有企业还是私营企业，都有自己的路徽。拥有机车车辆的非铁路企业也各有自己的标记。中华人民共和国铁路路徽上部的是人字，表示人民，下面是钢轨截面图形，代表铁路。整个图形不仅具有机车的形象，而且表达了人民铁路的含义。中国用于国际联运的客车在车体两侧中部挂路徽。如图4－1－3所示。

（2）配属标记。

配属标记表示机车车辆配属关系的标记。中国铁路规定所有机车、客车和部分货车分别配属给各铁路局及其所属机务段或车辆段负责管理、使用和维修，并在车上涂刷所配属的铁路局段的简称，如“京局京段”表示北京铁路局北京机务段（或北京车辆段）。部属车以部字表示。

（3）制造标记。

制造标记表示机车车辆的制造工厂名称和制造年月的标记。又称工厂铭牌，一般安装在机车车辆指定位置上。

（4）车种标记。

车种标记表明客车、特种用途车车辆种类的标记，以汉字方式表示，标在车体两侧板端部。机车和货车上没有单独的车种标记。

（5）车号。

车号由机车车辆型号及其出厂号码组成，通常标在机车车辆两侧明显处所。型号包括基本型号和辅助型号，表示机车车辆的类型。中国铁路国产机车的基本型号用汉字表示，如“前进”、“东风”、“韶山”等；进口机车和客货车辆的基本型号用汉语拼音方式表示，如 ND 表示电力传动内燃机车。车号表示方法参见图 4－1－4。

图 4－1－3　中华人民共和国铁路路徽

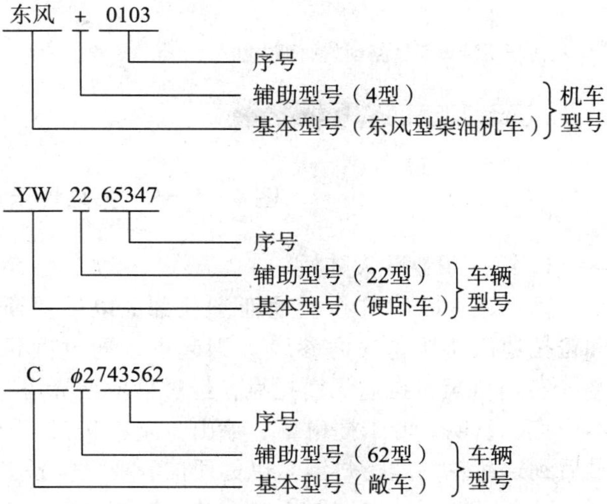

图 4－1－4　车号表示方法示意图

二、铁路干线概况

（一）世界主要的铁路干线概况

人们习惯把横贯大陆东西两岸，连接两大洋之间的铁路交通干线称为“大陆桥”。它们就像在两大洋之间架起的一座陆上桥梁，故而得名。这些大陆桥遍布亚欧、北美、南美、非洲四块大陆，是陆路货物运输的重要手段，也是内陆邻国之间进行联系的主要运输方式。世界上具有国际意义的铁路干线，大陆桥共有以下几条（大陆桥示意图见图 4－1－5）。

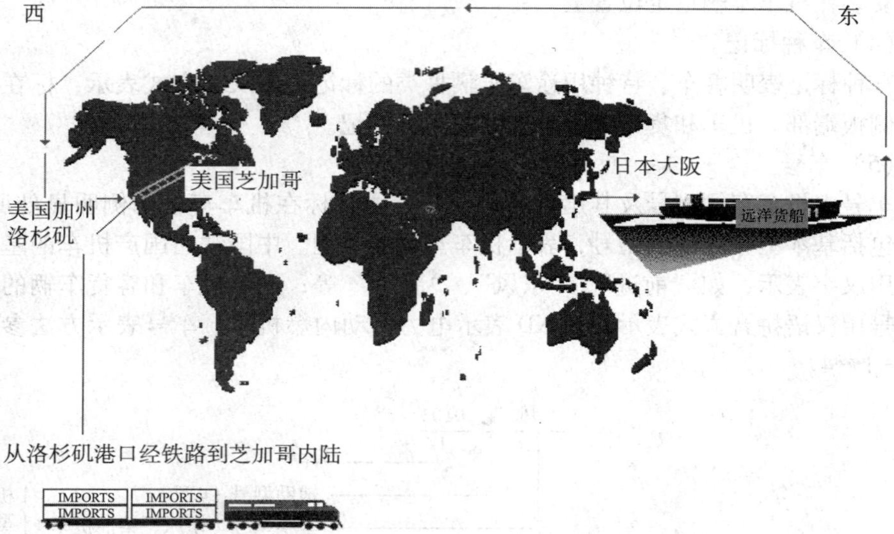

图 4－1－5　大陆桥示意图

1. 第一条亚欧大陆桥

第一条亚欧大陆桥贯通亚洲北部，以俄罗斯东部的哈巴罗夫斯克（伯力）和符拉迪沃斯托克（海参崴）为起点，通过世界上最长铁路——西伯利亚大铁路（莫斯科至符拉迪沃斯托克，经过俄罗斯赤塔、伊尔库茨克到新西伯利亚、鄂本斯克、秋明、叶卡捷琳堡、喀山，全长 9332 千米），穿越明斯克、华沙、柏林最后到达荷兰的鹿特丹港，也称西伯利亚大陆桥。整个大陆桥共经过俄罗斯、中国、哈萨克斯坦、白俄罗斯、波兰、德国、荷兰 7 个国家，全长 13000 千米。通过大陆桥把货物从太平洋西部运到大西洋沿岸欧洲国家，比经过印度洋、苏伊士运河或横穿太平洋、通过巴拿马运河的两条海上运输航线缩短 7000 多千米，行程时间减少一个月，运费减少20%～25%。这条铁路是亚洲东部国家与欧洲各国及西亚连接的铁路运输干线，我国有滨绥线、滨洲线与之相连。如图4－1－6所示。

图4－1－6　亚欧大陆桥示意图

2. 第二条亚欧大陆桥

第二条亚欧大陆桥亦称“新亚欧大陆桥”。是从中国连云港到荷兰鹿特丹的铁路联运线（如图4－1－6）。它东起中国江苏连云港和山东日照市，西到荷兰鹿特丹、比利时的安特卫普，途经江苏、山东、河南、安徽、陕西、甘肃、山西、四川、宁夏、青海、新疆11个省、区，89个地、市、州的570多个县、市，到中哈边界的阿拉山口出国境。

出国境后可经3条线路抵达荷兰的鹿特丹港。

中线与哈萨克斯坦铁路友谊站接轨，进入中亚铁路网，途经阿克斗亚、切利诺格勒、古比雪夫、斯摩棱斯克、布列斯特、华沙、柏林达荷兰的鹿特丹港，全长10900千米，辐射世界30多个国家和地区。它比北线大陆桥减少行程3000千米，比走海路费用节约20%，时间减少一半。

北线经阿克斗亚、切利诺格勒，到彼罗巴甫洛夫斯克纳，再经莫斯科、布列斯特、华沙、柏林到达鹿特丹港。

南线经过阿雷斯、伊列茨克、布良斯克，再经过布列斯特、华沙、柏林到达鹿特丹港。也可从阿雷斯分路，通过伊朗的马什哈德到德黑兰，还可从布良斯克分岔至乔普到达匈牙利的布达佩斯。欧亚大陆桥中国段全长4213千米，由陇海铁路和兰新铁路组成。

第二条亚欧大陆桥是太平洋西岸港口与欧洲最大港口鹿特丹之间的陆上最近

通道，比第一条亚欧大陆桥缩短了2000多千米。北线全长10800千米，在我国境内有4143千米。南路还可以从塔什干继续南下，经德黑兰到安卡拉，从而把西亚诸国和非洲连接起来。

3. 构想中的第三亚欧大陆桥

目前构想中的第三亚欧大陆桥以深圳港为代表的广东沿海港口群为起点，由昆明经缅甸、孟加拉国、印度、巴基斯坦、伊朗，从土耳其进入欧洲，最终抵达荷兰鹿特丹港，横贯亚欧21个国家（含非洲支线4个国家：叙利亚、黎巴嫩、以色列和埃及），全长约15157千米，比目前经东南沿海通过马六甲海峡进入印度洋行程要短3000千米左右（见图4-1-7）。第三亚欧大陆桥通过AMBDC机制（东盟—湄公河流域开发合作机制）下的泛亚铁路西线，把亚洲南部和东南部连接起来，使整个亚洲从东到西、从南到北的广大地区第一次通过铁路网完整地联系起来，成为我国继北部、中部之后，由南部沟通东亚、东南亚、南亚、中亚、西亚以及欧洲、非洲的最便捷和安全的陆路国际大通道。

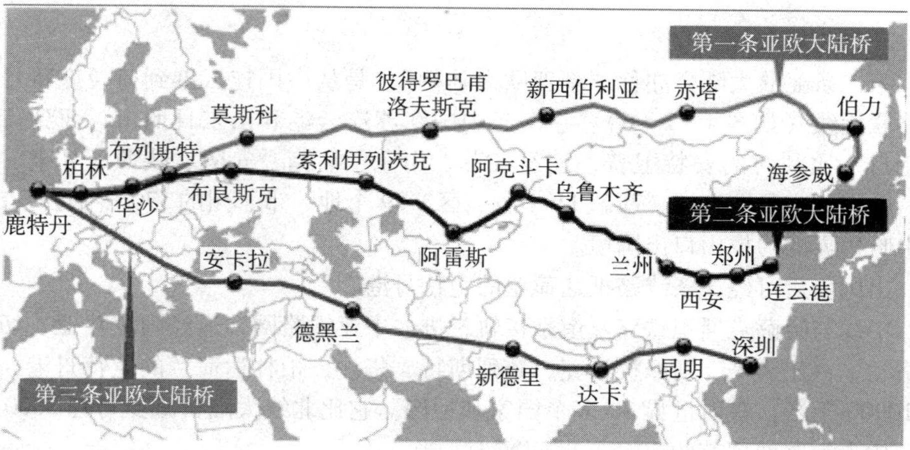

图4-1-7 第三亚欧大陆桥区位图

4. 北美大陆桥

北美大陆桥运输指从日本东向，利用海路运输到北美西海岸，再经由横贯北美大陆的铁路线，陆运到北美东海岸，再经海路运箱到欧洲的“海—陆—海”运输结构（见图4-1-8）。

北美大陆桥包括美国大陆桥运输和加拿大大陆桥运输。美国大陆桥有两条运输线路：一条是从西部太平洋沿岸至东部大西洋沿岸的铁路和公路运输线；另一条是从西部太平洋沿岸至东南部墨西哥湾沿岸的铁路和公路运输线。

北美大陆桥运输对巴拿马运河的冲击很大，由于陆桥运输可以避开巴拿马运河宽度的限制，许多海运承运人开始建造超巴拿马型集装箱船，增加单艘集装箱船的载运箱量，放弃使用巴拿马运河，使集装箱国际海上运输的效率更为提高。

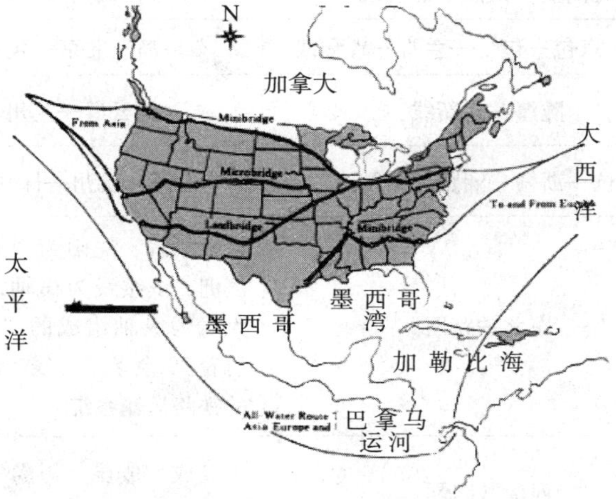

图4－1－8　北美大陆桥示意图

5. 南美大陆桥

南美大陆桥横贯南美大陆桥，东起阿根廷的首都布宜诺斯艾利斯，西至智利首都圣地亚哥，铁路虽然很短，但比绕道南美南端麦哲伦海峡更节省路程，对两国间的经济交流有重要作用，对于将来开展国际水陆集装箱联运，其意义重大。

6. 非洲南部的大陆桥

非洲南部的大陆桥纵贯东南非的大陆桥从坦桑尼亚首都达累斯萨拉姆，经赞比亚、津巴布韦、博茨瓦纳等国家，向西南至南非要港开普敦。这条铁路沿线铜、铬、金等有色金属和贵重金属资源丰富，运输繁忙。这条铁路北段为坦赞铁路，是中国援建的，是中非友谊的象征。

（二）我国主要的铁路干线概况

我国铁路已形成以北京为中心，以四纵、三横、三网和关内外三线为骨架，连接着众多的支线、辅助线、专用线，可通达全国各省市区的铁路网。参见表4－1－2和图4－1－9。

表 4-1-2　我国铁路网构成

四纵	京广线	北京—广州
	京九线	北京—深圳—九龙
	京沪线	北京—上海
	北同蒲—太焦—焦柳线	大同—焦作—柳州
三横	京秦—京包—包兰—兰青—青藏线	秦皇岛—北京—包头—兰州—拉萨
	陇海—兰新线	连云港—兰州—乌鲁木齐
	沪杭—浙赣—湘黔—贵昆线	上海—杭州—株洲—贵阳—昆明
三网	东北铁路网	以哈尔滨、沈阳为中心，以东西延伸的滨洲、滨绥线为横轴，以南北走向的哈大线为纵轴组成的“T”字形骨架，吸引着70余条干支线，组成了东北区庞大的铁路运输系统
	西南铁路网	由宝成、成昆、川黔等铁路组成，覆盖川、黔、贵、渝等省市
	台湾铁路网	由东部干线、西部干线和南回线组成
关内外三线	京沈线	北京—沈阳
	京通线	北京—通辽
	京承—锦承线	北京—承德—锦州

1. 四纵

（1）京广线。北起首都北京市，南到广东省广州市，途经河北、河南、湖北、湖南4省。全长2294千米，共有车站248个。京广铁路，建于1897～1936年，是纵贯我国南北的一条主要铁路干线，自北向南贯穿于华北大平原，遥望于太行山麓，横跨黄河、长江，傍行于洞庭湖畔，翻过南岭山脉，抵临珠江之滨，北接京包、京哈、京通、京承等干线，通向北国；南通广深线可达南海海疆；中部与陇海线相交于中原大地，是目前我国南北交通的大动脉。

（2）京沪线。京沪铁路是中国一条从北京通往上海的铁路，于1968年建成，

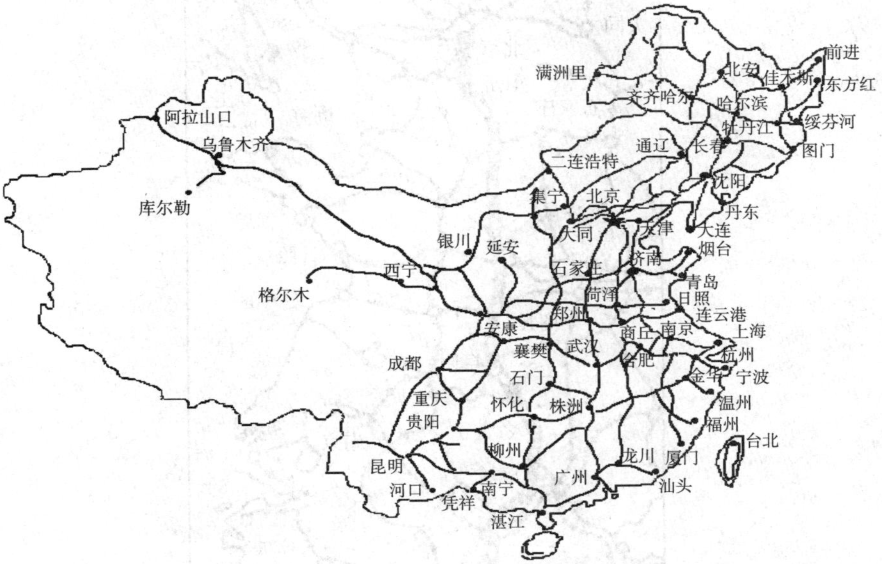

图 4－1－9　我国主要铁路干线

全长 1463 千米。原分为北中南三段。北段为京山铁路的北京至天津段，建于 1897～1900 年。中段从天津到江苏南京的浦口，称为津浦铁路，于 1908 年动工，1912 年建成。南段从上海到江苏南京，称为沪宁铁路，于 1905 年动工，1908 年建成。1968 年南京长江大桥通车后，两条铁路接轨，并改名为京沪铁路，是中国又一南北纵贯的铁路大干线。

（3）京九线。京九线于 1996 年 9 月 1 日通车，北起北京西客站，跨越京、津、冀、鲁、豫、皖、鄂、赣、粤九省市的 98 个市县，南至深圳，连接香港九龙，包括同期建成的天津至霸州和麻城至武汉的两条联络线在内，全长 2553 千米。京九铁路作为南北主要铁路大通道，处于京沪、京广两大铁路干线之间，是贯穿我国南北的第三大通道，在全国铁路网中处于十分重要的地位（如图 4－1－10 所示）。

（4）北同蒲—太焦—焦柳线。北同蒲—太焦—焦柳线北起大同，南到柳州，是一条与京广线平行的南北向的交通大动脉，全长 2395 千米。其中北同蒲线是指大同到太原这一段铁路；太焦线从太原经长治到焦作；焦柳线自焦作经襄樊、枝城、怀化到柳州。

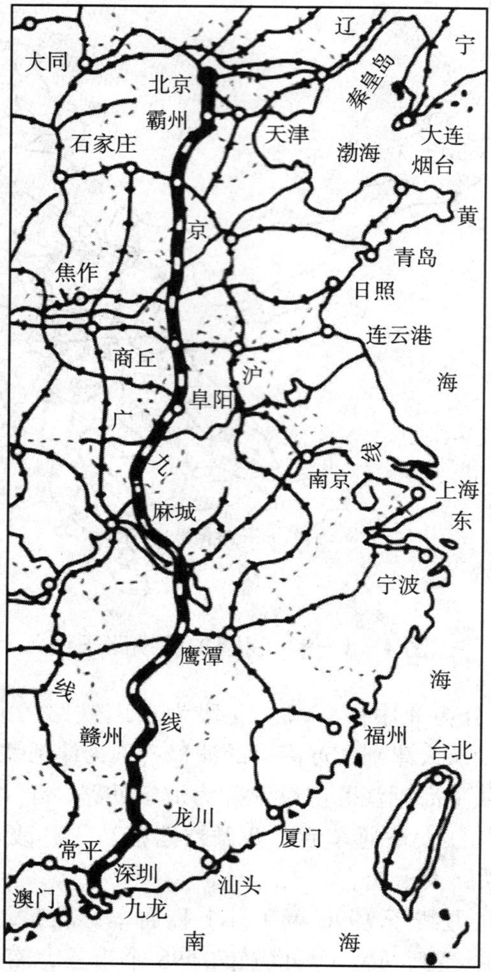

图 4－1－10　京九铁路

2. 三横

（1）京秦—京包—包兰—兰青—青藏线。

①京秦线。京秦铁路，全线于 1983 年 12 月铺通接轨，是国家“六五”计划重点建设项目之一。西与北京铁路枢纽与晋煤外运的北路通道封沙铁路、京原铁路相通，东达我国华北沿海港口城市秦皇岛市，线路全长 293 千米。

②京包—宝兰线。京包—宝兰线起自北京，途径张家口、集宁、呼和浩特、

包头、银川，直抵兰州，全长1813千米，是沟通华北、西北的铁路干线。

③兰青—青藏线。兰青—青藏线铁路起自兰州，途径西宁、格尔木到达西藏拉萨，全长2172千米，是内地通往西部边陲、青藏高原的重要通道。其中青藏铁路北起青海省西宁市，南至西藏自治区拉萨市，全长约1956千米，是中国第一条高原铁路，也是目前世界上海拔最高的铁路，其中，西宁至格尔木约846千米已于1984年建成。青藏铁路格尔木至拉萨段，从青海省西部重镇格尔木市火车站引出，过南山口后，上青藏高原腹地，途经纳赤台、五道梁、沱沱河、雁石坪，翻越唐古拉山进入西藏自治区，再经安多、那曲、当雄、羊八井，至西藏自治区拉萨市。线路走向与青藏公路基本并行。青藏铁路穿越了可可西里、三江源、羌塘等自然保护区，因其独具特色的环保设计和建设，也被称之为中国第一条“环保铁路”。如图4－1－11所示：

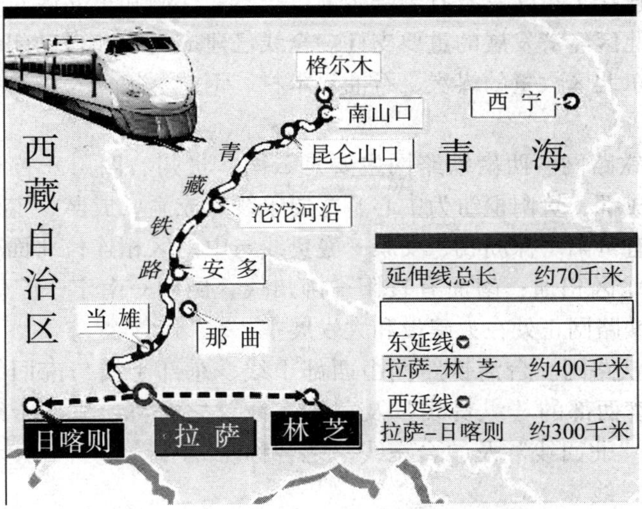

图4－1－11　青藏铁路

（2）陇海—兰新线。陇海—兰新线铁路东起连云港，经郑州、西安、兰州进抵乌鲁木齐，途径六省区，横贯黄淮平原、豫中平原、关中平原、黄土高原，穿过河西走廊、吐鲁番盆地，翻越天山山脉到达北疆，全长3652千米，是我国最长的一条铁路干线，沿线有丰富的煤炭、石油等矿产和棉花、畜产品等。这条铁路的修建，对于沟通经济发达的东部地区和正在发展的西北地区的经济联系，促进西部地区经济和旅游事业发展，巩固边防有重大意义。

（3）沪杭—浙赣—湘黔—贵昆线。沪杭—浙赣—湘黔—贵昆线，全线东起上海，经浙江、江西、湖南、贵州、云南等六省市，连接长江三角洲，江南丘陵和云贵高原，全长2677千米，是横贯江南的东西大动脉。该线东段人口密集、工农业发达，西段煤、铁等资源丰富。东运的货物主要有粮食、木材、有色金属等，西运的货物主要有钢铁、机械、水泥、日用百货等。这是一条与陇海线和长江航线平行的密切联系东西部的铁路主干线，对加快赣、湘、贵、滇的经济建设有重要意义。

3. 三网

（1）东北铁路网。东北区铁路网独具一格，自成体系，成为全国铁路网的一个分网，总长度达1.3万千米，占全国铁路长度的24%；铁路密度1.04千米/100平方千米，相当于全国铁路网密度的2倍。其中，哈大线全长946千米，纵贯东北全区，连接了东北三省省会哈尔滨、长春、沈阳和东北区对外开放的窗口大连，成为东北区经济发展的重要支柱。全线已建成复线和自动闭塞，运输能力巨大，承担着东北区大量的煤炭、石油、木材、钢铁、粮食及进出口物资的运输任务。

（2）西南铁路网。西南铁路网主要是云南、贵州、四川三省和重庆市的铁路。该地区以成都、贵阳枢纽为中心，主要干线有成渝、成昆、宝成、川黔诸线为骨干，东西有贵阳—株洲线、安康—襄樊线与中南区相连；北面有成都—宝鸡线与西北、华北区相通；南面有贵阳—柳州线、昆明—南宁—广州线与两广沟通。该地区的铁路网正处在大建设和大发展中。

（3）台湾铁路网。台湾铁路网由西部干线、东部干线与南回线组成，其中西部干线为台湾西部的“纵贯线”及“屏东线”之合称；东部干线为台湾东部的“宜兰线”、“北回线”及“台东线”之合称。

4. 关内外三线

（1）京沈线。京沈线自北京经天津、唐山，过山海关到沈阳，全长841千米，是联系中国东北和关内铁路网的主要干线。

（2）京通线。京通线自北京经河北隆化、内蒙古赤峰、抵达通辽，长870千米，是沟通华北和东北的第二条干线。

（3）京承—锦承线。京承—锦承线自北京经承德到锦州，全长693千米，是京沈线的辅助线。

（三）我国通往邻国的铁路干线

与我国开办铁路联运的邻国有独联体各国、蒙古、朝鲜和越南。我国同这些国家的铁路联运是从20世纪50年代开始的，至今已有50多年的历史。亚洲铁路网见图4-1-12。铁路联运为各国开辟了一条对外贸易联系的重要渠道，为发展国际贸易创造了有利条件。我国通往邻国的铁路干线主要有以下几条：

1. 中俄间

（1）滨洲线。滨洲铁路，系原东清铁路的西部干线，故亦称之为西部线，建于1898～1901年。线路自哈尔滨起，向西偏北行进，经肇东、安达、大庆、泰康、让胡路、昂昂溪，由成吉思汗站进入内蒙古自治区呼伦贝尔市，再经扎兰屯、博克图、牙克石、免渡河、海拉尔、扎赉诺尔，到达满洲里站。从满洲里向西出国境与俄罗斯西伯利亚大铁路接轨。

（2）滨绥线。东北地区东西向铁路干线组成部分，也是通往俄罗斯远东地区的铁路，1903年通车。自哈尔滨向东，经牡丹江市到达边境城市绥芬河，全长548千米。近年来部分地区建成复线，途中与图（门江）佳（木斯）铁路交会于牡丹江市，沿线为东北重要的农业基地和煤炭、木材生产基地，主要承担煤炭、木材、纸张、食糖等产品的运输任务。

2. 中蒙间

集二线。集二铁路自内蒙古集宁至中蒙边境的二连浩特，全长331千米，是连接乌兰巴托、莫斯科的国际联运干线，1955年建成，使北京到莫斯科的距离比经满洲里的运程缩短了1141千米。由京包线的集宁南站出岔至国境站二连北站，与蒙古人民共和国铁路相连，为中国通往欧洲的另一条通道。

3. 中朝间

（1）沈丹线。从沈阳经本溪市到达丹东，全长277千米，是我国通往朝鲜的一条重要的国际通道，它在沈阳与京哈、哈大、沈吉等铁路连接。在丹东鸭绿江大桥上与朝鲜铁路相接，1974年建成复线。

（2）长图线。1933年，线路自长春站向东引出，越饮马河后折向东南，到吉林市。跨松花江后转向东北，过老爷岭、威虎岭，经延边朝鲜族自治州首府延吉市，直达我国东部边陲城市图们市。沿线既有平原沃野的产粮区，又有崇山峻岭的林区；既有新兴的工业城市，也有古镇驿站。资源富饶，物产丰富，名贵的山珍和土特产品极多。

（3）梅集线。梅集铁路，原称梅辑铁路。建于1936～1939年。线路自沈吉线上的梅河口站岔出，是沟通我国东北地区通往朝鲜的一大干线。沿线山高林密，江河纵横，矿藏资源及林木资源极为丰富；气候温和，风光绮丽，古迹繁多；土特产品种类多、产量大、质量好，久负盛名。

4. 中越间

（1）湘桂线。湘桂线，北起湖南省衡阳市，南到广西壮族自治区凭祥市，全长 1013 千米，共有车站 112 个。线路自京广线上的衡阳站向西南引出，经黎家坪、冷水滩，在越城岭东侧进入广西壮族自治区境内，经全州、桂林，在柳州越柳江，过来宾跨红水河，经黎塘、南宁，前跨郁江、明江，中经崇善、宁明而达凭祥，再向南延伸，到我国与越南的边境友谊关。

（2）昆河线。昆河线是从昆明至越南国界河口（468 千米）的铁路，是云南窄轨铁路的干线。这条线是依据 1903 年清朝政府和法国签订的滇越铁路章程，法国政府指定的滇越铁路公司修筑和经营的。1910 年完工通车。

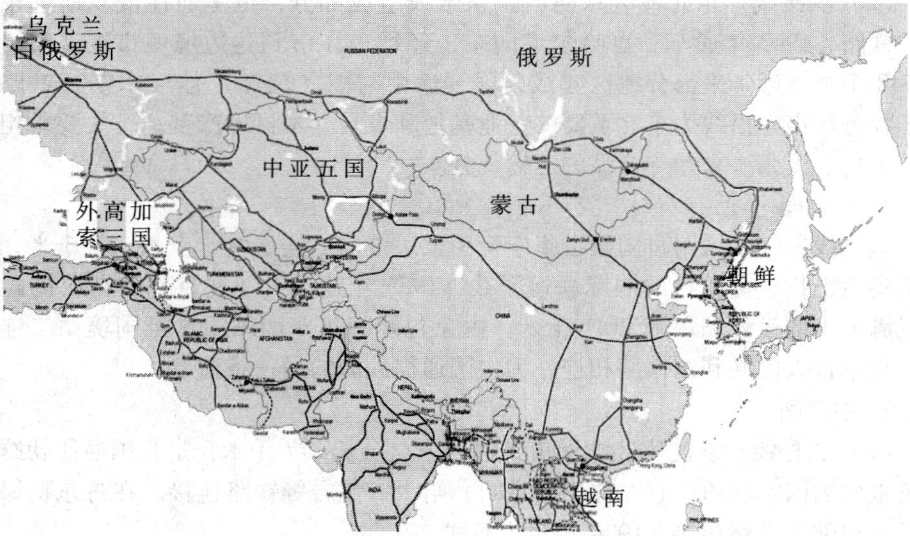

图 4－1－12　亚洲铁路网示意图

（四）我国与邻国国境车站概况

过境车站的工作，除办理一般车站的运转、货运、装卸及机车整备业务外，主要以办理两相邻国家铁路间车（机车车辆）、货（国际联运货物）、票（国际联运运送票据）、证（随附单证）的交接作业为主。目前我国主要与以下几个国家设立国境站（见表 4－1－3）：

表 4－1－3　我国与邻国过境站及换装地点　（毫米）

我国与邻国	我国铁路干线	我国国境站站名	邻国国境站站名	我国轨距	邻国轨距	交接换装地点	
						出口	进口
中俄间	滨洲线	满洲里	后贝加尔	1435	1520	后贝加尔	满洲里
	滨绥线	绥芬河	格罗迭科沃	1435	1520	格罗迭科沃	绥芬河
中蒙间	集二线	二连	扎门乌德	1435	1524	扎门乌德	二连
中朝间	沈丹线	丹东	新义州	1435	1435	新义州	丹东
	长图线	图们	南阳	1435	1435	南阳	图们
	梅集线	集安	满浦	1435	1435	满浦	集安
中越间	湘桂线	凭祥	同登	1435①	1435 /1000②	同登	凭祥
	昆河线	老街	新铺	1000	1000	新铺	老街

注：①我国昆明铁路局昆河线为米轨铁路。

②越南铁路连接我国铁路凭祥一段线路，为准轨和米轨的混合轨，我国铁路同越南铁路间经由凭祥的联运货车可以相互过轨。

第二节　国际铁路货运代理实务

一、国际铁路货物联运概述

（一）国际铁路货物联运概念和分类

1. 国际铁路联运概念

国际铁路货物联运，是指使用一份统一的国际铁路联运票据，在跨及两个及两个以上国家铁路的货物运送中，由参加铁路负责办理两个或两个以上国家铁路全程运送货物过程，由托运人支付全程费用的铁路货物运输组织形式。

2. 国际铁路联运分类

目前，国际铁路货物联运有以下两种方式：

（1）“货协国”之间的运输。

“货协国”之间的运输是指签署了《国际铁路货物联运协定》（简称《国际货协》）成员之间的货物运输。《国际货协》是1951年签订的，当时参加的国家有前苏联、原民主德国、前捷克斯洛伐克、阿尔巴尼亚、保加利亚、罗马尼亚、波兰、匈牙利、中国、朝鲜、越南、蒙古。尽管“货协”中的东欧、前苏联于20世纪80年代末90年代初相继解体，但铁路货物联运并未终止，原“货协”之间的货运仍然袭用。目前《国际货协》签约国主要有：阿塞拜疆、阿尔巴尼亚、白俄罗斯、保加利亚、越南、格鲁吉亚、伊朗、哈萨克斯坦、中国、朝鲜、吉尔吉斯斯坦、拉脱维亚、立陶宛、摩尔多瓦、蒙古、俄罗斯、塔吉克斯坦、土库曼斯坦、乌兹别克斯坦、乌克兰和爱沙尼亚。

我国与《国际货协》20个成员以及匈铁、捷铁、德铁之间货运全程采用《国际货协》运单办理运输。除朝鲜外各国的所有车站，都办理国际铁路货物联运。

(2)“货协国”与“货约国”之间的运输。

“货协国”与“货约国”之间的运输，是指参加了《国际货协》的国家与参加《国际铁路货物运输公约》(简称《国际货约》)的国家之间的运输。《国际货约》是在1890年《国际铁路运输规则》基础上发展起来的。1961年2月25日由奥地利、法国、联邦德国、比利时等国在瑞士伯尔尼签订，又于1970年修订，修订后的《国际货约》于1975年1月1日生效。目前该公约的参加国有：德国、奥地利、瑞士、法国、意大利、比利时、荷兰、西班牙、葡萄牙、土耳其、芬兰、瑞典、丹麦、波兰、匈牙利、保加利亚、罗马尼亚、捷克、斯洛伐克等。

(二) 国际铁路联运办理种别

铁路货物联运的办理种别分为整车、零担和集装箱三种。它是根据托运货物的数量、性质、包装、体积、形状和运送条件等确定的。

1. 整车货物运输

整车货物运输是指按一份运单托运的一批货物的重量、体积或形状需要单独一辆及其以上车辆装载的运输组织形式。整车货物运输具有费用较低、运输速度快、运量较大的特点，是铁路货物运输的主要种类之一。

2. 零担货物运输

铁路零担货物运输是指一批托运的货物，其重量或体积不需要单独一辆货车装载的运输组织形式。《国际货协》规定，一批货物重量小于5000千克，按其体积又不需要单独一辆火车运送的货物，即为零担货物。

3. 大吨位集装箱货物运输

大吨位集装箱为20英尺、30英尺、40英尺的集装箱，大吨位集装箱货物运输是按一张运单办理的、用大吨位集装箱运送货物的运输方式。

（三）国际铁路联运进出口货物运输流程

1. 国际铁路联运出口货物运输流程

发货人如果采用国际铁路联运方式出口货物，应在贸易合同中约定采用国际铁路联运条款，具体流程如图 4－2－1 所示：

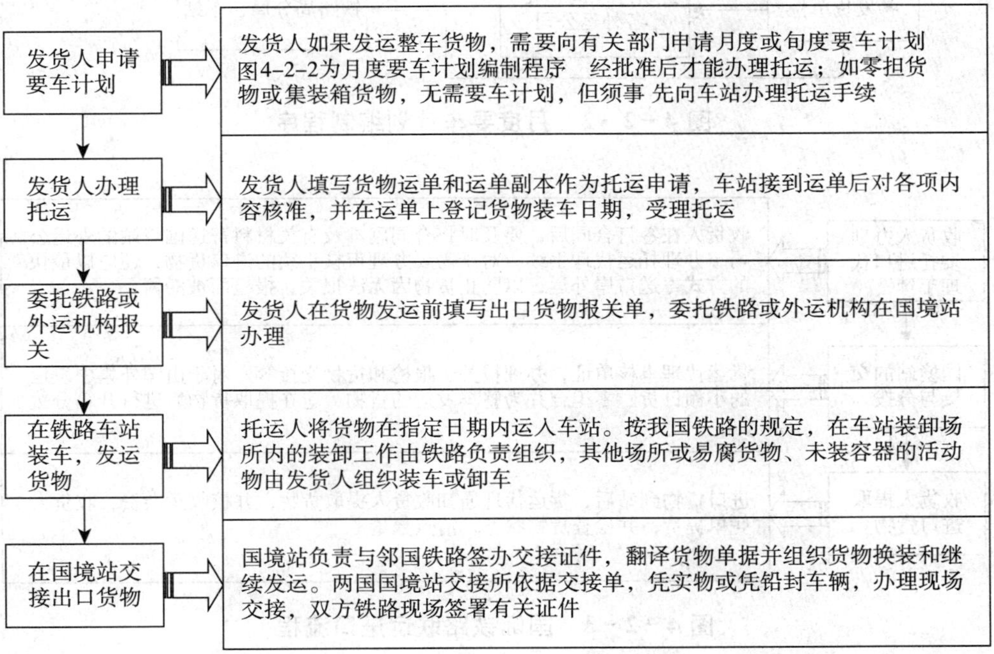

图 4－2－1　国际铁路联运出口流程

2. 国际铁路联运进口货物运输流程

国际铁路联运进口货物运输业务流程如图 4－2－3 所示。

（四）国际铁路联运代理业务流程

1. 出口代理业务流程如图 4－2－4 所示。

2. 进口代理业务流程如图 4－2－5 所示。

（五）国际铁路联运费用的计算

1. 计算费用适用的规章

计算运送费用适用的规章主要是《统一货价》、《国际货协》和中华人民共和国的《国内价规》的规定。

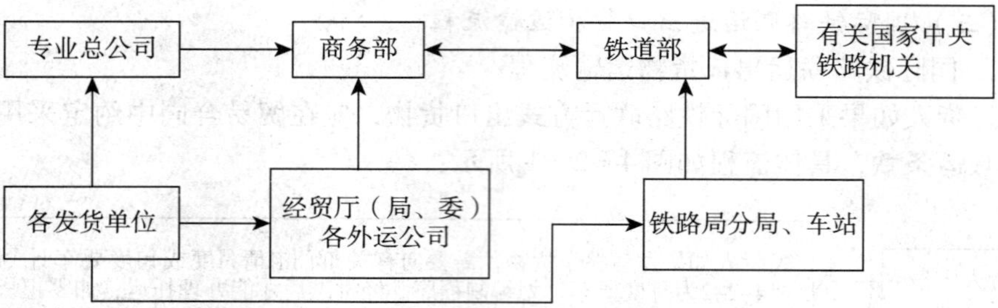

图 4－2－2　月度要车计划编制程序

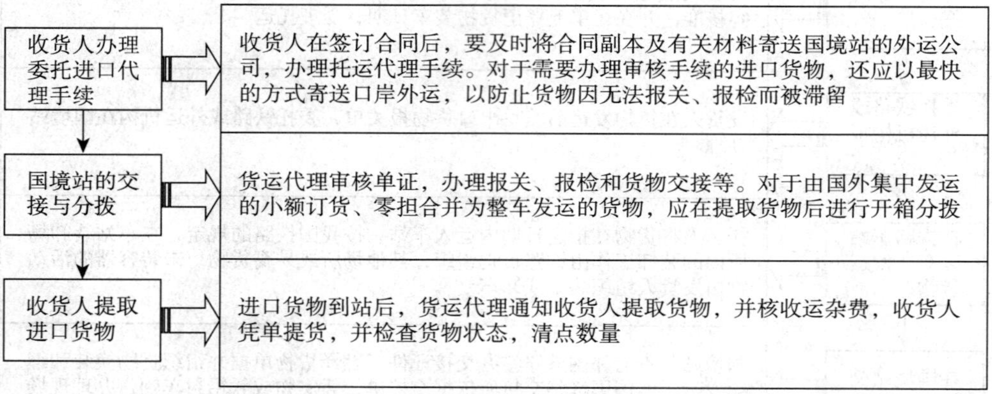

图 4－2－3　国际铁路联运进口流程

2. 运送费用的核收方法

（1）参加国际货协各铁路间运送费用核收的原则。

①发送路的运送费用。发送路指的是在国际铁路联运中，货物发送国家铁路的简称。发送路运送费用按承运当日发送路国内规章规定计算，以发送国货币，在发站向发货人核收。

②到达路的运送费用。到达路是指在国际铁路联运中，货物到达国家铁路的简称。到达路运送费用按承运当日（我国进口货物，按进口国境站在运单上加盖日期戳当日）到达路国内规章规定，以到达国货币，在到站向收货人核收。

③过境路的运送费用。过境路是指在国际联运中，货物发送路和到达路以外的途径铁路。过境路运送费用按承运当日《统一货价》规定计费。

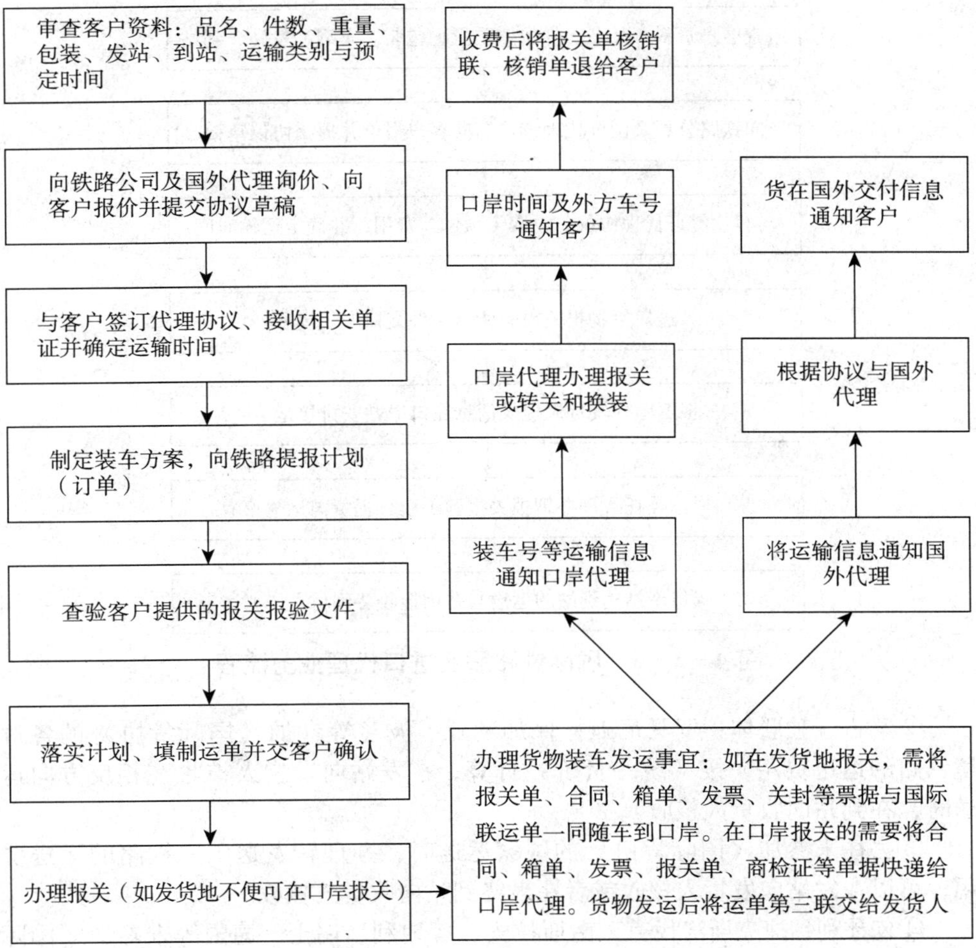

图 4－2－4　国际铁路联运出口代理业务流程

（2）国际货协参加路与非国际货协参加路间运送费用的核收方法。

我国通过蒙古、独联体、罗马尼亚、保加利亚、波兰等参加《国际货协》铁路去往未参加《国际货协》的原南斯拉夫、奥地利、瑞士、德国、法国、芬兰、瑞典、伊朗和阿富汗等国家（和相反方向）运送货物时，运送费用按下列规定核收：

①我国铁路的运送费用按我国国内规章规定计算，在发站向发货人核收（相反方向运送时，在到站向收货人核收）。

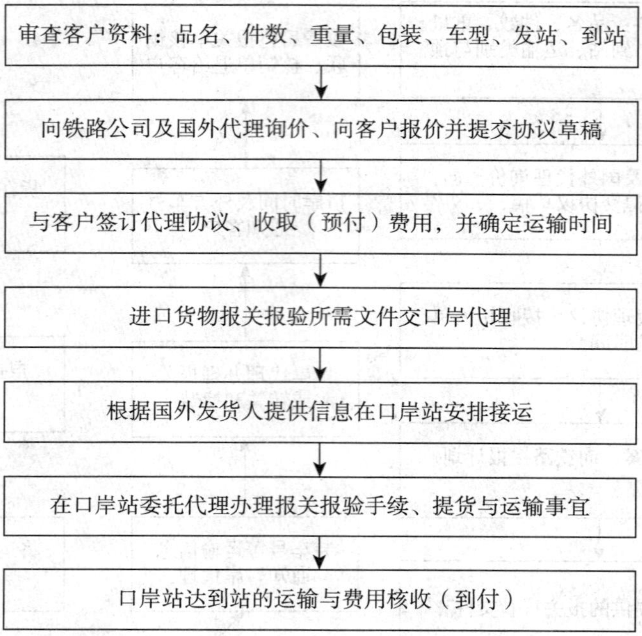
审查客户资料：品名、件数、重量、包装、车型、发站、到站
向铁路公司及国外代理询价、向客户报价并提交协议草稿
与客户签订代理协议、收取（预付）费用，并确定运输时间
进口货物报关报验所需文件交口岸代理
根据国外发货人提供信息在口岸站安排接运
在口岸站委托代理办理报关报验手续、提货与运输事宜
口岸站达到站的运输与费用核收（到付）

图 4-2-5　国际铁路联运进口代理业务流程

②蒙古、独联体、罗马尼亚、保加利亚、波兰等参加《国际货协》的各过境铁路的运送费用，按《统一货价》计算，在发站向发货人核收（相反方向运送时，在到站向收货人核收）。

③去往未参加《国际货协》的国家运送时，办理转发送国家铁路的运送费用，可以在发站向发货人核收或者在最终到站向收货人核收。

④匈牙利、捷克斯洛伐克、南斯拉夫、奥地利、瑞士、德国等未参加《国际货协》的过境铁路、波兰铁路和到达铁路的运送费用，按这些铁路所参加的另一种国际联运协定计算，在到站向收货人核收（相反方向运送时，在发站向发货人核收）。

（3）通过国境铁路港口站货物运送费用核收的规定

我国通过参加《国际货协》的港口站往其他国家（和相反方向）运送时，我国铁路的运送费用按我国国内的规章规定计算，在发站向发货人核收（相反方向运送时，在到站向收货人核收），蒙古、独联体、罗马尼亚、保加利亚、波兰等参加《国际货协》等各过境铁路的运送费用，按《统一货价》计算，并根据发货人在运单中的记载向发货人或收货人核收。

参加《国际货协》铁路的国家通过我国铁路港口站往其他国家运送时，过境我国的运送费用按《统一货价》规定计算，并且必须在发站向发货人核收；相反方向运送时，则必须在这些铁路到站向收货人核收。只有在港口站发生的杂费和其他费用，可在该港口站向发货人核收。

（4）国际铁路联运货物国内段运送费用的计算。

国际铁路联运货物国内段运送费用，按照我国《国内价规》的相应规定进行计算。

①根据货物运价里程表确定从发站至到站的运价里程。

②根据运单上填写的货物品名查找货物品名检查表，确定适用的运价号。

③根据运价里程表和运价号在货物运价率中查出相应的运价率。

④按《铁路货物运价规则》确定的计费重量与该货物适用的运价率相乘，算出该批货物的运费。运费计算公式如下：

$$\left.\begin{array}{l}\text{运价里程}\\ \text{货物运价号}\end{array}\right\}\longrightarrow\left.\begin{array}{r}\text{货物运价率}\\ \times\text{计费计量}\end{array}\right\}=\text{运费}$$

运费 =［（发到基价 + 运行基价）×运价里程］×计费重量

（5）国际铁路货物联运过境运费是按照《统一货价》的规定计算的。其运费计算的程序及公式如下：

①根据运单记载的应通过的过境站，在《统一货价》过境里程表中分别找出货物所通过的各个国家的过境里程。

②根据货物品名，查阅《统一货价》中的通用货物品名表，确定所运货物应适用的运价等级。

③根据货物运价等级和各过境路的运送的里程，在《统一货价》中找出符合该批货物的运价表。

④《统一货价》对过境货物运费的计算是经慢运整车货物的运费额为基础的（即基本运费额），其他种别的货物运费，则在基本运费额的基础上分别乘以不同的加成率。

过境运费的计算公式：

$$\left.\begin{array}{l}\text{过境里程}\\ \text{运价等级}\end{array}\right\}\longrightarrow\left.\begin{array}{r}\text{货特运价率}\\ \times\text{计费重量}\end{array}\right\}=\left.\begin{array}{c}\text{基本运费率}\\ \times\text{加成率}\end{array}\right\}=\text{运费}$$

《统一货价》对过境货物运费的计算，是以慢运整车货物的运费额为基础的，慢运货物运费，应按照100千克的费率，乘以百千克倍数的方法计算。而对其他货物，则分别规定不同的加成率，如快运货物加成率系为100%，即快运货物运费等于基本运费额乘以（1 + 100%）。另外几种加成率分别为：零担慢运货物加 50%；零担快运货物加 50% 后再加 100%；随旅客列车挂运整车费，加 200%；超限货物另加 100%。

运费计算办法：

整车货物每吨运价 = 基价 1 + 基价 2 × 运价千米

零担货物每 10 千克运价 = 基价 1 + 基价 2 × 运价千米

集装箱货物每箱运价 = 基价 1 + 基价 2 × 运价千米

（＊整车农用化肥基价 1 为 4.20 元/吨千米、基价 2 为 0.0213 元/吨千米）

相关知识

中国铁路货物运价率表示例

办理类别	运价号	基价 1		基价 2	
		单位	标准	单位	标准
整车	1	元/吨	5.4	元/吨千米	0.0276
	2	元/吨	6.1	元/吨千米	0.0310
	3	元/吨	7	元/吨千米	0.0352
	4	元/吨	8.6	元/吨千米	0.0395
	5	元/吨	9.2	元/吨千米	0.0459
	6	元/吨	13.1	元/吨千米	0.0655
	7			元/轴千米	0.2055
	加冰冷藏车	元/吨	8.3	元/吨千米	0.0466
	机械冷藏车	元/吨	9.8	元/吨千米	0.0686
零担	21	元/10 千克	0.105	元/10 千克千米	0.00045
	22	元/10 千克	0.155	元/10 千克千米	0.00065
集装箱	1 吨箱	元/箱	7.4	元/箱千米	0.03356
	10 吨箱	元/箱	86.2	元/箱千米	0.39104
	20 英尺箱	元/箱	161	元/箱千米	0.73046
	40 英尺箱	元/箱	314.7	元/箱千米	1.43090

（六）国际铁路联运运单

国际铁路运单包括《国际货协》运单和《国际货约》运单。目前，《国际货协》和《国际货约》各自制定了在各自业务片区内统一使用的“法定”运输单据——《国际货约》运单和《国际货协》运单。

1.《国际货协》运单的构成

《国际货协》运单由5联组成，第1联和第5联以及第2联和第4联应在左边相互连接，允许第1~5联在上边相连（见表4-2-1）。另外，根据发货人的报销需要以及铁路内部交接、清算和统计等需要，还需要在发送站和国境站填制“补充运行报单”。

表4-2-1　国际货协运单构成、用途及周转程序

联号与名称	用途	周转程序
1）运单正本	运输合同凭证	发货人—发站—到站—收货人
2）运行报单	各承运人间交接、划分责任等证明	发货人—发站—到站—到达铁路
3）运单副本	承运人接收货的证明，发货人凭此结汇	发货人—发站—发货人
4）货物交付单	承运人合同履行的证明	发货人—发站—到站—到达铁路
5）货物到达通知单	收货人存查	发货人—发站—到站—收货人

2. 运单的内容

运单的内容，运单正本见表4-2-2。

3. 运单的缮制要求

我国是《国际货协》参加国，在办理国际铁路货物托运业务时，铁路部门要求使用中俄文对照的国际货协运单作为唯一法定的运单办理托运手续。中朝、中越铁路间运送的货物，可仅用本国文字填写，其他货协国间的铁路运输则须附俄文。《国际货协》采用的运单分为慢运和快运两种，其中快运单带有红边，而慢运单则没有。托运人选择白色运单用纸或带有红线的运单用纸，则表示货物在运送全程中应按慢运或快运办理运送，两者不得互相代用。

表4-2-2　运单正本

运单正本
（给收货人）

发送路简称

1 发货人，通信地址

25（检查标签）批号

运输号码

2 合同号码

3 发站

4 发货人的特别声明

中铁

1

5 收货人，通信地址

26 海关记载

6 对铁路无约束效力的记载

27 车辆　28 标记载重（吨）　29 轴数
30 自重　31 换装后的货物重量

27	27	29	30	31

7 通过的国境站

8 到站

国际货协-运单　慢运

9 记号、标记、号码　10 包装种类　11 货物名称　50 附件第2号　12 件数　13 发货人确定的重量（千克）　32 铁路确定的重量（千克）

14 共计件数（大写）　15 共计重量（大写）　16 发货人签字

17 互换托盘
数量

集装箱/运送用具
18 种类类型　19 所属者及号码

20 发货人负担下列过境铁路的费用

21 办理种别
整车·）　零担·）　大吨位集装箱·）
·）不需要的划掉

22 由何方装车
发货人·）　铁路·）

33
34
35
36
37
38
39
40
41
42
43
44

23 发货人添附的文件

24 货物的声明价格　卢布

45 封印
个数　记号

46 发站日期戳　47 到站日期戳　48 确定重量的方法　49 过磅站戳记．签字此外，运单中记载的事项，应严格按照为其规定的各栏和各行范围填写，但第9～11栏的“一般说明”中的规定除外。

二、中国国际铁路联运货代操作实务

（一）国际铁路联运

1. 运输范围

从中国内陆运往中国周边国家（蒙古、俄罗斯、越南、朝鲜）和中亚五国（哈萨克、乌兹别克、土库曼、塔吉克、吉尔吉斯）以及以上国家运往中国内地相反方向的运输。

2. 运输形式：（1）整车。（2）集装箱。

3. 国际联运计划：根据货物运输的具体要求提前在发站提报国际联运计划，并通知国际部以便协调国际联运计划的批复工作。

4. 运输程序：

（1）接受客户询价：如有客户询问运往上述国家的业务时，应向客户了解如下问题。

①运输方式是整车或集装箱；②发送站和运往的国家及到站；③货物的品名和数量；④预计运输的时间；⑤客户单位名称、电话、联系人等；⑥其他。

（2）接受委托。客户一旦确认报价，同意各公司代理运输后，需要客户以书面形式委托货运公司。

（3）运输单证。要求客户提供以下单证：①运输委托书；②报关委托书；③报检委托书；④报关单、报检单（加盖委托单位的专用章）；⑤合同；⑥箱单；⑦发票；⑧商检放行单；⑨核销单。

（4）填写铁路国际联运大票。在当地购买铁路国际联运大票，由国际部填写好样单后传真给当地公司由相关人员填写正式国际联运大票，或由国际部制单后快递给当地公司。

（5）报关。客户可以自理报关，也可以委托某些货运公司报关，如果在发货地报关不方便，可以将上述单证备齐在口岸报关，即在满洲里、二连浩特、阿拉山口、凭祥等地报关。

在国际联运报关中海关要求一车一份核销单，同时客户需要在相应的出口口岸的海关、商检办理注册备案手续。

（6）发车。根据运输计划安排通知，客户送货发运时，在发货当地报关的货物需将报关单、合同、箱单、发票、关封等单据与国际联运单一同随车带到口岸。

在口岸报关的需将合同、箱单、发票、报关单、商检证等单据快递给货运公司的口岸代理公司。货物发运后将运单第三联交给发货人。

（7）口岸交接。货物到达口岸后需要办理转关换装手续，待货物换到外方车发运后，货运公司将口岸该货的换装时间，外方换装的车号等信息通知发货人。

（8）退客户单据。货物换装交接后，海关将核销单、报关核销联退给货运代理公司，由货运代理公司根据运费的支付情况再退给客户。

（9）收费。国际联运其运费是以美元报价，客户需向货运公司支付美元运费，如客户要以人民币支付需经国际部同意。运费支付的时间应在发车后的10天内支付完毕。

5. 对于没有进出口经营权的单位，有些货运公司可以代办进出口手续，详情可向各货运公司咨询。

（二）国际货物过境运输

1. 运输范围

从世界各主要港口海运到中国港口（如：上海、大连、青岛、天津新港、连云港等）换铁路运输，经中国铁路口岸站（二连浩特、满洲里、丹东、凭祥、阿拉山口等口岸）到蒙古、俄罗斯、朝鲜、越南、中亚五国（哈萨克、乌兹别克、土库曼、吉尔吉斯、塔吉克）的运输以及从香港经中国内地各铁路口岸站到中国周边国家的运输（包括相反方向的运输）。

2. 运输形式：（1）散杂货。（2）集装箱。

3. 国际联运计划

根据过境货物在国外港口起运的时间，提前在中国港口提报到相应国家的国联运输计划，并通知国际物流部，以便协调。

4. 运输程序

（1）接受客户询价：如有客户询问从国外运往上述国家或地区过境运输业务时，应了解如下信息。

①货物品名和数量；②运输的方式：即是散杂货运输还是集装箱运输；③起运港及所到国家和目的地车站；④预计运输时间；⑤单位名称、电话、传真、联系人；⑥我方接货地点：即是从起运港接货还是从中国的港口接货。

（2）报价：将上述情况及时告知国际物流部，待测算好运价后，即可向货主报价。

注意：①如果是运往蒙古的集装箱需告知货主最好在国外港口装运由货代公

司指定船公司的集装箱，这样货物到达中国港口后不用换箱，原箱可以运到蒙古。如果货主不同意用货代公司指定船公司的集装箱，要告知货主货物到达中国港口后船公司的集装箱租用问题由货主自行解决或同意拆箱改用中铁集装箱。②运往俄罗斯和中亚五国的集装箱到达中国港口后，除非船公司特许否则其集装箱需换成货主自备箱或中国铁路集装箱发运，船公司箱不能继续使用。

（3）承运货物：货主接受货代价格后要求货主给货代公司以书面形式正式委托。按接货地点可分境外接货和中国港口接货。

①境外接货：按货主委托贷代在起运港为货主订舱，按船期通知货主将货送到港口指定堆场，装船到中国港口后，由货代负责安排在港口的转关、装火车工作。货物到中国铁路口岸站后，安排报关、报检、换装等工作，直到将货物运到目的地通知收货人提货。

②中国港口接货：货主在国外港口装船后将提单、箱单、发票等文件，先传给货代，并将正本快递给货代，如果是近洋的起运港，要货主通知船东采取“电放”形式在中国港口提货。

（4）单证。海运提单：在收货人一栏需填写如“中铁联合物流有限公司”字样，不能写实际的收货人，否则，需要收货人在提单背面签章背书方可在港口提货。

（5）信息反馈。货运公司应在各运输环节向货主提供货物到港时间、港口发车时间、车号、集装箱号（换中铁箱）、运单号、在口岸的换装及安排时间、外方换装车号及预计到的地时间等信息。如货主另有要求，请向国际部询问。

5. 收取运费

国际货物过境运输是以美元计价收费，要求货主在货物到达中国港口10日内，向我司支付全程运输包干费，除非有特殊约定一般不接受运费到付的方式。

6. 返箱

如果是货主自行与船公司商定的集装箱使用协议，货运代理公司负责将空集装箱返回其指定的还箱站（目前只限蒙古）。

三、中国内地与港澳地区的铁路货物运输

（一）对香港铁路运输的具体做法

1. 特点

对香港的铁路运输是由大陆段和香港九龙两部分铁路运输组成，其特点为“两票运输，租车过轨”。也就是出口单位在发送地车站将货物托运至深圳北站，

收货人为深圳外运公司。货车到达深圳北站后，由深圳外运公司作为各地出口单位的代理向铁路租车过轨，交付租车费（租车从车到深圳之日起至车从香港返回深圳之日止，按车上标定的吨位，每天每吨若干元人民币）并办理出口报关手续。经海关放行过轨后，由香港的“中国旅行社有限公司”（以下简称“中旅”）作为深圳外运公司在香港代理，由其在香港段罗湖车站向香港九龙铁路另行起票托运至九龙，货到九龙后由“中旅”负责卸货并交收货人。

2．我国对香港地区货物出口的铁路运输业务流程

（1）发货人在贸易合同规定的装运期前向当地外运公司办理货物托运手续。托运时，发货人应当提供委托书以及正常出口所需的出口货物报关单、商品检验证书、出口许可证等各种文件。

（2）接受委托的外运或出口外贸公司向当地铁路局办理从发货地至深圳北站的国内铁路运输的托运手续，填写国内铁路运单。由于铁路运输的计划性强，出口公司或外运公司应当按照铁道部的规定提前办理要车计划，特别是运送大批量的货物，以保证车货平衡，按时装运。

（3）发货地外运公司或出口公司制作“联运出口货物委托书”，连同出口货物报关单及其他所需出口单证寄送深圳外运公司，委托办理接货、报关、查验、过轨等周转手续。货物发运后 24 小时内发货单位应当向深圳外运公司拍发起运电报。之后托运地外运公司即可向托运人签发“承运货物收据”，供其办理收取货款事宜。预寄的单证和装车后拍发的起运电报是深圳外运公司组织运输的依据（如发货地有条件，也可在发货地报关）。

（4）深圳外运公司接到铁路的到车预报后，核对该批货物的有关单证，然后抄送香港中旅货运有限公司，要求其做好接车准备工作。

（5）内地铁路货车到达深圳北站后，深圳外运公司与铁路进行票据交接，如单证齐全无误，则向铁路编制过轨计划；如单证不全，或者差错，则向铁路编制留站计划。准备过轨的货车，由深圳外运公司将出口货物报关单或监管货物的关封连同货物运单送海关申报，经海关审查无误，即会同联检单位对过轨货车进行联检。联检通过后，海关即放行。

（6）香港中旅货运有限公司向香港海关报关，并在深圳罗湖站向广九铁路公司办理托运，香港段铁路将过轨货车运到香港九龙站交香港中旅货运有限公司安排卸货，将货物交付收货人。

目前，许多省市的货物发运工作由进出口公司直接向深圳外运公司办理托运事宜，而无需通过当地外运公司办理。

由于内地铁路运单不能在香港办理结汇。目前的做法是：各地外运分公司以运输承运人的身份向外贸单位提供经深圳中转香港的“承运货物收据”（cargo receipt），并以此作为银行办理结汇的凭证。

3. 对香港地区铁路运输的主要单证电报

单证、电报是深圳外运和香港中旅货运有限公司接受委托组织运输的依据。如果单证、电报迟到或有误，货车就不能及时过轨，造成在深圳留站压车，不仅货物不能及时运出，而且增加租车费用，有时会造成堵塞。因此，供港货物的单证、电报应做到份数齐全、填写准确、寄发及时。供港运送的主要单证和电报有以下几种：

（1）供港货物委托书。委托书也称联运出口货物委托书，它是供港铁路运送货物最基本的、必备的单证之一。它是发货人向深圳外运和香港中旅社委托办理转运、报关、接货等工作的依据，也是向发货人核算运输费用的凭证，一式五份，要求在发运前预寄。

（2）出口货物报关单。出口货物报关单是向海关申报的依据，通常为一式两份。来料加工及补偿贸易方式的单据一式三份，并随报关单附上该来料加工的合同副本、登记手册、寄发时间、方式及委托书。与此同时，根据信用证或有关规定寄发商检证、文物出口说明书、许可证等。

（3）起运电报。起运电报是货物发往深圳的电报，它使口岸和驻港机构做好接货准备。起运电报不是可有可无的资料，没有电报，深圳外运就无法抽单配证、申请报验，香港中旅货运公司也不能提前通知香港收货人到银行办理手续。因此，即使预报的单证份数齐全，准确无误，货车到达深圳后也无法过轨。

发货人必须在供港货物装车后24小时内向深圳外运公司拍发起运电报。如在广州附近或以南装车的，应以电话告深圳外运。货物发运后，如对原委托书、报关单及起运电报的内容有所更改时，发货单位应立即以急电或电话（后补书面通知）及时通知深圳外运公司。

（4）承运货物收据。承运货物收据是各地外运公司以货物代理的身份向外贸公司签发的单据，负责发站至香港的全程运输。“承运货物收据”是向银行结汇的凭证，相当于活动提单或国际联运单副本。它代表货物的所有权，是香港收货人的提货凭证。

（5）国内铁路货物运单。国内铁路货物运单是发货人与铁路部门办理由发货点至深圳北站间的国内段运输契约，仅限国内段，对外不起提单的作用。

4. 运行组织

（1）快运货物列车是以外贸供港物资为基本车组，沿途不解体，根据鲜货商品的需要，进行各项定型作业，直达深圳的列车。它的特点是定线运行、定点挂车、定型作业。运行速度快，有利均衡供应，保证了商品质量，改善了押运条件，及时提供了对港鲜活商品的供应。目前我国有自湖北江岸站、湖南长沙站发运的 82751 车次，上海龙华站发运的 82753 车次，还有由郑州北站发运的 82755 车次三趟快运列车。

（2）直达列车和成组运输。直达列车是一个或几个装车站运往深圳的货车挂在一起，沿途不解体，直达深圳的货物列车。它和快运货物列车的区别是：快运列车沿途有挂车上水、加冰等作业，而直达列车没有这些作业；快运列车以外贸物资为基辅车组，也可以挂其他物资在编组站甩挂，而直达列车是直接到。

（二）对澳门铁路运输的具体做法

由于澳门目前未通铁路，货物从起运地用火车运至广州南站换轮船转往。出口单位或货代在发送地车站将货物托运至广州，整车到广州南站新风码头 42 道专用线。零担到广州南站，危险品零担到广州吉山站，集装箱和快件到广州车站，收货人均为广东省外运公司，货到广州后由省外运公司办理水路中转将货物运往澳门，货到澳门由南光集团运输部负责接货并交付收货人。收汇也是凭外运公司的承运货物收据办理。

四、铁路运输索赔实务

在铁路运输过程中，如果货物发生灭失、短少、变质、污染、损坏，请在车站提取货物时检查货物现状，核对铁路货运记录内容相符后，在货运记录“收货人”栏内签名，领取货运记录（货主页），并自领到货运记录的次日起 180 日内向到站或发站提出赔偿。如果货物超过运到期限，请向到站铁路部门提出查询。经过 30 日（鲜活货物超过运到期限），仍不能在到站交付货物时，托运人或收货人可按货物灭失向到站或发站提出赔偿要求。

（一）三种赔偿方法

1. 办理保价运输的货物，全批货物损失时，赔偿金额最高不超过保价金额；部分损失时，赔偿金额按损失货物占全批货物的比例乘以保价金额赔偿。

2. 未办理保价运输的货物，按照实际损失赔偿，但最高不超过铁道部规定的赔偿限额。

3. 办理保险运输的货物，凭车站出具的货运记录按照保险合同的约定，到当地保险公司办理赔偿。

铁路对国际联运货物从承运起至到站交付货物时止，对货物全部、部分灭失或损坏或逾期运达所造成的损失应承担责任。

（二）索赔时必须提供的文件

发货人或收货人向铁路索赔时必须提供下列文件：

1. 货物全部灭失时，如由发货人索赔应提供运单副本；如由收货人索赔应提供运单或运单副本。

2. 货物部分灭失、毁损或腐坏时，发货人或收货人都应提供运单正本和货物到达通知单以及铁路交给收货人的商务记录。

3. 货物逾期到达时，收货人必须提出运单正本和货物到达通知单。

4. 铁路多收运送费用时，发货人或收货人都应按其已交付的运费提出索赔金额并需提供运单。在我国发货人可不提供运单，但收货人必须提供运单。

索赔时效：关于运送费用和损失的索赔应在 9 个月内提出；关于逾期运达的索赔应在 2 个月内提出。自提出索赔之日起，铁路必须在 180 日内给予审理并答复索赔人。凡超过时效的索赔则无效并不得提出诉讼。

（三）填写赔偿要求书的注意事项

1. 填写内容准确、清楚；发生涂改，须在涂改处加盖索赔人印章。

2. “提赔单位名称或姓名”、“提赔单位（公章）、姓名（名章）”栏的内容必须与货物运单记载的收货人或托运人相符。委托他人代理时应有委托书或委托证明。

3. 结算的银行名称与账号必须填写完整，领款地点与通信地址一致，并注明邮政编码。

（四）免赔条款

下列原因造成的货物损失，铁路运输企业不承担赔偿责任：不可抗力；货物本身的自然属性或者合理损耗；托运人及其押运人的过错。

案例 4-2-1：

广东省物资储运公司 4 月 19 日受宏隆公司的委托，将宏隆公司被买方拒收的 240 件铁桶包装的 TD 甘油在广州东站办理了托运手续，自装自锁装入 P632697 号 60 吨的棚车。托运人填写的货物运单记载：甘油 240 件，到站上海何家湾站，收货人上海宏隆实业有限公司。承运人缮制的货票记载，运到期限为

9天。

P632697号货车于4月20日从广州东站开出，次日到达株洲北站，5月18日编入直通货物列车开出，同日到达鹰潭站。6月14日抵达何家湾站。涉案货物后经上海市产品质量监督检验所现场外观检查，结果是抽查检验不合格。

此时，该货物已在广州滞留5个月。宏隆公司以铁路运输企业野蛮装卸致使货物包装严重破损，逾期运到47天致使货物变质，承运人对货损有重大过失为由提起诉讼，请求判令到站何家湾站赔偿货损和其他损失共计84万元。上海铁路运输中级法院追加株洲北站、鹰潭站为第三人，经审理认为：宏隆公司指控承运人有野蛮装卸和重大过失证据不足。株洲北站保留该车，致使货物逾期运到并超过保质期发生变质，对货损有一般过失，应在货物保价金额内承担赔偿责任。

第三节　公路运输基础知识

国际公路运输是指起运地点、目的地点或约定的经停地点位于不同的国家或地区的公路货物运输。在我国，只要公路货物运输的起运地点、目的地点或约定的经停地点不在我国境内均构成国际公路货物运输。目前世界各国的国际公路货物运输一般以汽车作为运输工具。因此，国际公路货物运输与国际汽车货物运输这两个概念往往可以相互代替，它在整个运输领域中占有重要的地位，并发挥着愈来愈重要的作用。目前，全世界机动车总数已达4亿多辆，全世界现代交通网中，公路线长占2/3，约达200万千米，公路运输所完成的货运量占整个货运量的80%左右，货物周转量占10%。在一些工业发达国家，公路运输的货运量、周转量在各种运输方式中都名列前茅，公路运输已成为一个不可缺少的重要组成部分。

一、世界主要的公路网

（一）泛亚公路网

泛亚公路网是亚洲各国与联合国亚太经济与社会委员会（ESCAP）改善亚洲公路系统的合作计划，是亚洲陆路交通基建发展计划（ALTID）三大工程之一。该计划由联合国于1959年倡导，借此推动该地区国与国之间的公路交通发展。《泛亚公路跨政府协定（IGA）》在2003年11月18日跨政府会议上获得通过，当中的附件一覆盖32成员国，包括55条路线，总长140000千米的路网。泛亚铁路网各路段编号及起讫点和亚洲公路网见表 4－3－1 和图 4－3－1。

表 4－3－1　泛亚铁路网各路段编号及起讫点

编号	长度（千米）	起讫点	附注
AH1	20557	东京至土保边境	在土保边境与 AH5 会合
AH2	13177	印尼登巴萨至伊朗 Khosravi	——
AH3	7331	俄罗斯乌兰乌德至中国塘沽；上海至泰国清莱、缅甸 Kyaing Tong	在清莱和 Kyaing Tong 分别与 AH2 会合
AH4	6024	俄罗斯新西伯利亚至蒙古 Yarantai；中国乌鲁木齐至巴基斯坦卡拉奇	在新西伯利亚与 AH6 会合；乌鲁木齐与 AH5 会合；在卡拉奇与 AH7 会合
AH5	10380	上海至土保边境	在上海与 AH3 会合；在土保边境与 AH1 会合
AH6	10475	韩国釜山至俄罗斯/白俄罗斯边境	——
AH7	5868	俄罗斯叶卡捷琳堡至卡拉奇	在卡拉奇与 AH4 会合
AH8	4718	俄罗斯/芬兰边境至伊朗 Bandar Emam	——

（二）泛美公路网

修建泛美公路的方案于 1923 年在第五次美洲国家国际会上被提出。1925 年在布宜诺斯艾利斯举行了第一次泛美公路会，自此，美国与拉美各国共同规划和修建这一公路系统。1936 年召开的泛美巩固和平会上签订了《泛美公路协定》。墨西哥是第一个完成境内路段修建的拉美国家。

泛美公路经过许多不同类型的气候带和自然环境，包括沙漠、热带雨林和高山。由于穿越十几个国家，因而没有统一的道路标志，并且路况差异也很大，有的路段只有在干季才能通行，不少地方行车时有危险。

泛美公路唯一未修通的一段在巴拿马运河到哥伦比亚边境之间，称为达连隘口。这一段有 87 千米，为一片茂密的原始森林所阻。许多个人、团体

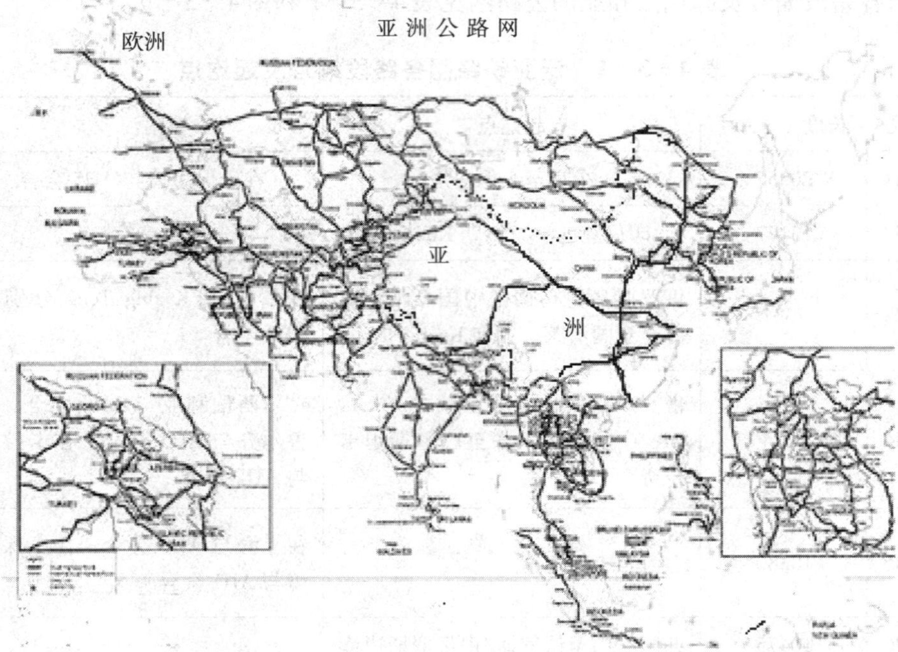

图 4－3－1　亚洲公路网

组织、原住民及当地政府都反对修通达连路段，理由各异：如，保护热带雨林；控制热带疾病的传播；保持原住民的生活环境；防止口蹄疫向北美扩散等。泛美公路著名的路段包括阿拉斯加公路和美洲际公路，后者连接美国与巴拿马运河。

（三）欧洲高速公路网

欧洲高速公路是欧洲国家的国际道路网，也被称作欧洲国际 E－公路（E－roads）。根据欧洲委员会的决定，越来越多的跨国境的欧洲高速公路被建设。因此，道路网络包括欧盟国家、欧洲委员会参加国以及中亚的哈萨克斯坦。在很多国家针对欧洲高速公路都建立了统一的道路标志，树立在高速公路上及公路附近。

二、我国对外贸易公路运输口岸分布

1. 对俄罗斯、白俄罗斯、哈萨克斯坦等公路运输口岸

新疆：吐尔戈特，霍尔果斯，巴克图，吉木乃，艾买力，塔克什肯。

东北地区：长岭子（晖春）/卡拉斯基诺；东宁（岔口）/波尔塔夫卡；绥芬河/波格拉尼契内；室韦（吉拉林）/奥洛契；黑山头/旧楚鲁海图；满洲里/后贝加尔斯克；漠河/加林达。

2. 对朝鲜公路运输口岸

中朝之间原先仅我国丹东与朝鲜新义州间偶有少量公路出口货物运输。1987年以来，吉林省开办晖春、图们江与朝鲜咸镜北道的地方贸易货物的公路运输。中国外运总公司与朝鲜于1987年签订了由我国吉林省的三合、沙坨子口岸经朝鲜的清津港转运货物的协议。

3. 对巴基斯坦公路运输口岸

对巴基斯坦公路运输口岸主要有新疆的红其拉甫和喀什市。

2006年5月1日起，新开通喀什—红其拉甫口岸—苏斯特口岸—卡拉奇港/卡西姆港、喀什—红其拉甫口岸—苏斯特口岸—卡拉奇港—瓜达尔港两条货物运输线路；2006年6月1日起，新开通塔什库尔干—红其拉甫口岸—苏斯特口岸、喀什—红其拉甫口岸—苏斯特口岸—吉尔吉特两条客运线路。

4. 对印度、尼泊尔、不丹的公路运输口岸

对印度、尼泊尔、不丹的公路运输口岸主要有西藏南部的亚东，帕里，樟木等。

5. 对越南贸易的主要公路口岸

对越南贸易的主要公路口岸主要有云南省红河哈尼族彝族自治州的河口和金水河口岸等。

6. 对缅甸公路运输口岸

云南省德宏傣族景洪自治州的畹町口岸是我国对缅甸贸易的主要出口陆运口岸，还可通过该口岸和缅甸公路转运部分与印度进行贸易。

7. 对中国香港、澳门的公路运输口岸

位于广东省深圳市的文锦渡和香港新界相接，距深圳铁路车站3千米，是全国公路口岸距离铁路进出口通道最近的一个较大公路通道。通往香港的另两口岸是位于深圳市东部的沙头角及皇岗。对澳门公路运输口岸是位于珠海市南端的拱北。

三、公路货物运输的类别

运输货物的品种繁多，性质各异，数量不等，不同货物对运输的要求不一。由于公路货运庞杂，致使基于不同目的和用途的分类方法众多。归纳起来，大致有下列分类方法（见表4-3-2所示）：

表 4-3-2　公路货物运输分类

分类依据	类别
按地域范围分类	国内货运和国际货运，国内货运可分为城市间货运和城市货运
按货物特征分类	整车货运、零担货运、大宗货运、零星货运、普通货运、特种货运等
按货物包装情况分类	包装货运、散装货运
按货物品名分类	煤炭、石油、钢铁、粮食、棉花等 17 类 21 种
按运距方向分类	短途和长途货运、去程和回程货运
按运输组织分类	多班或双班运输、定点运输、定时运输、拖挂运输、直达联合运输、集装箱运输及零担货物运输

第四节　国际公路货运代理实务

一、公路运输货运单证

国际公路货运中最重要的货运单证为公路运单，俗称托运单。我国交通运输部对出入境汽车运输企业使用的“国际汽车货物运单”的样式做了明确的规定，并配有统一的标志。

二、公路运输合同

（一）运输合同的签订

1. 公路货物运输合同的确认

（1）运输合同以签发运单来确认。

无运单、运单不正规或运单丢失则影响运输合同的成立及有效性。运单对发、收货人和承运人都有法律效力，也是贸易进出口货物通关、交接的重要凭证。

（2）发货人根据货物运输的需要与承运人签订定期或一次性运输合同。

运单均视为运输合同成立的凭证。当待装货物在不同车内，或是不同种类货物，或是数票货物，发货人或承运人有权要求对使用的每辆车、每种货物或每票货物分别签发运单。

（3）公路货物运输合同自双方当事人签字或盖章时成立。

当事人采用信件、数据电文等形式成立合同的，可以要求签订确认书，签订确认书时合同成立。

2．国际汽车联运货物运单的组成

国际汽车联运货物运单为一式三份，均应有发货人和承运人的签字或盖章。一份交付发货人；一份跟随货物同行，作为货物通关、交接的凭证；一份由承运人保留。

3．公路货物运输合同、联运运单的内容及填制

（1）国际汽车联运货物运单共计22个栏目，分别由发货人、收货人和承运人填写。

应用钢笔或圆珠笔填写，字迹清楚；或用打字机打印或加盖戳记。加盖戳记的印文必须清楚，填写文字必须正确，不得自造或使用简化字。

运单第1～12栏以及16栏由发货人填写；

运单第18和20栏由收货人填写；

运单第13、14、15、17、19、21和22栏由承运人填写。

（2）国际汽车货物运单的内容见表4－4－1

（二）运输合同的变更和解除

1．允许变更和解除的情况

（1）由于不可抗力使运输合同无法履行。

（2）由于合同当事人一方原因，在约定的期限内无法履行合同。

（3）合同当事人违约，使合同的履行成为不可能或不必要。

（4）经合同的当事人双方协商同意解除或变更，但承运人提出同意解除运输合同的，应退还已收运费。

2．发货人变更

在承运人未将货物交付收货人之前，发货人可以要求承运人终止运输、返还货物、变更到达目的地或者将货物交付给其他收货人，但应当赔偿承运人因此受到的损失。

3．不可抗力情况下的变更和解除

货物运输过程中，因不可抗力造成道路阻塞导致运输阻滞，承运人应及时与发货人联系，协商处理，发生货物装卸、接运和保管费用应如下处理：

（1）接运时，货物装卸、接运费用由发货人负担，承运人收取已完成运输里程的运费，退还未完成里程的运费。

表 4-4-1 国际汽车货物运单

CHN 国际汽车货物运单 No: 000000

1. 发货人 名称______ 国籍______	2. 收货人 名称______ 国籍______
3. 装货地点 国家______市______ 街道______	4. 卸货地点 国家______市______ 街道______

5. 货物标记和号码	6. 件数	7. 包装种类	8. 货物名称	9. 体积（m^3）	10. 毛重（kg）

11. 发货人指示				
a. 进/出口许可证号码 从 在 海关				
b. 货物声明价值				
c. 发货人随附单证				
d. 订单或合同号	包括运费交货点			
e. 其他指示	不包括运费交货点			
12. 运送特殊条件	13. 应付运费			
	发货人	运费	币别	收货人
14. 承运人意见				
15. 承运人	共计			

16. 编制日期 到达装货______时______分 离去______时______分 发货人签字盖章______ 承运人签字盖章______	17. 收到本运单货物日期______ 18. 到达卸货______时______分 离去______时______分 收货人签字盖章______
19. 汽车牌号______车辆吨位______ 司机姓名______拖挂车号______ 行车许可证号______路单号______	20. 运输里程______过境里程______ 收货人境内里程______ 共计______
21. 海关机构记载：	22. 收货人可能提出的意见：

说明：1. 本运单使用中文和相应国家文字印制。2. 本运单一般使用一式四联单。第一联：存根；第二联：始发地海关；第三联：口岸地海关；第四联：随车携带。（如是过境运输可印制 6—8 联的运单，供过境海关留存）

（2）回运时，收取已完成运输里程的运费，回程运费免收。

（3）发货人要求绕道行驶改变到达地点时，收取实际运输里程的运费。

（4）货物在受阻处存放，保管费由发货人负担。

4. 收货人逾期提货

货物运达目的地后，承运人知道收货人的应及时通知收货人，收货人逾期提货的，应当向承运人支付保管费等费用。收货人不明或收货人无正当理由拒绝受领货物的，依照《中华人民共和国合同法》第一百零一条的规定，承运人可以提存货物。

三、货物的发运、承运与交接

（一）发货人在发运货物时应做的工作

1. 发运货物的名称、性质、件数、体积、重量、包装方式等，应与运单记载的内容相符，不得夹带、隐瞒与运单记载不相符的其他货物。需办理准运货审批、检验等手续的货物，发货人应将其交承运人并随货物同行。

2. 货物的包装必须符合出口货物运输的要求，没有约定或者约定不明确的，可以协议补充。对出口货物的包装必须符合出口货物要求，并有中外文对照的标记、唛头。对包装方式不能达成协议的，按通用的方式包装；没有通用方式的，应在足以保证运输、搬运、装卸作业安全和货物完好的原则下进行包装。发货人应根据货物性质和运输要求，按国家规定及国际要求正确使用运输标志和包装储运图示标志。

3. 运输途中需要饲养、照顾的动物、植物，尖端精密产品、稀有珍贵物品、文物，等等，发货人必须派人押运。大型特型笨重货物、危险货物、贵重物品等是否派人押运，由承运人与发货人双方根据实际情况约定。除上述货物外，发货人要求押运时，需经承运人同意。

4. 押运人员的姓名及必要情况应填在运单上，不能随意换人顶替。押运人员每车一个，免费乘车，如承运人同意增加押运人员应付费乘车。押运人员必须是熟悉所运货物性质、掌握途中照料方法的人员。其责任是对货物的交接与管理，及时处理运输过程中所运货物出现的异常情况，并向汽车驾驶人员声明。有押运人员时，运输途中发生的货损、货差，承运人不负责损失赔偿责任。

（二）货物的承运与交接

1. 承运人应根据受理所承运货物的情况，合理安排运输车辆，货物的装载重量以车辆额定吨位为限，轻泡货物以折算重量装载，不得超过车辆额定吨位和有关长、宽、高的装载规定。

2. 承运人应与发货人约定路线或承运人依发货人确定的路线运输，如有变动必须提前通知发货人，并按最后确定的路线运输。承运人未按约定路线运输所增加的运输费用，发货人或收货人均可以拒绝增加的运输费用。

3. 运输期限由承运人和发货人双方共同约定后应在运单上注明，承运人应在约定的时间内将货物运达。零担货物按批准的班期时限运达，快件货物按规定的期限运达。

4. 承运货物的交接

（1）承运人在管理运输货物时，应根据运单记载货物名称、数量、包装方式等，核对无误后方可办理交接手续。发现与运单填写不符或可能危及运输安全的，不得办理交接手续。

对货物运输、交接所需的资料应核对是否齐全，与运单记载是否相符。如果货物必需的运输交接资料不全，应向发货人提出并催办补齐资料并可拒绝启运。

（2）整批货物运抵目的地前，承运人应当及时通知收货人做好接货准备，涉外运输应由发货人通知收货人运输货物抵达目的地的时间；零担货物运达目的地后，应在24小时内向收货人发出到货通知或按发货人的指示及时将货物交给收货人。

（3）承运人和发货人双方应当履行交接手续，包装货物采取件交件收；集装箱及其他施封的货物凭封志交接；散装货物原则上要磅交磅收或采取承运人和发货人协商的交接方式交接，交接后双方应在有关单证上签字。

（4）货物运达承运人和发货人双方约定的地点后，收货人应凭有效单证接受货物，无故拒收货物，应赔偿承运人因此造成的损失。涉外运输如发生上述情况，应由发货人解决并赔偿承运人的损失。

（5）货物交接时，承运人和收货人对货物的重量和内容有质疑，均可提出查验与复磅，查验和复磅的费用由责任方承担。

四、公路运费的计算

公路运费均以“吨/里”为计算单位，一般有两种计算标准：一是按货物等级规定基本运费费率；二是以路面等级规定基本运价。凡是一条运输路线包含两种或两种以上的等级公路时，则以实际行驶里程分别计算运价。特殊道路，如山岭、河床、原野地段，则由承托双方另议商定。

公路运费费率分为整车（FCL）和零担（LCL）两种，后者一般比前者高30%～50%。按我国公路运输部门规定，一次托运货物在2.5吨以上的为整车运输，适用整车费率；不满2.5吨的为零担运输，适用零担费率。凡1千克重的货物，体积超过4立方分米的为轻泡货物（或尺码货物，measurement cargo）。整车轻泡货物的运费按装载车辆核定吨位计算；零担轻泡货物，按其长、宽、高计算体积、每4立方分米折合1千克，以千克为计费单位。此外，尚有包车费率（lump sum rate），即按车辆使用时间（小时或天）计算。

（一）汽车货物运输计费重量单位，整批货物运输以吨为单位，尾数不足100千克时，四舍五入；零担货物运输以千克为单位，起码计费重量为1千克，尾数不足1千克时，四舍五入；轻泡货物每立方米折算重量333千克。

（二）按重量托运的货物一律按实际重量（含货物包装、衬垫及运输需要的附属物品）计算，以过磅为准。由托运人自理装车的，应装足车辆额定吨位，未装足的，按车辆额定吨位收费。统一规格的成包成件的货物，以一标准件重量计算全部货物重量。散装货物无过磅条件的，按体积和各省、自治区、直辖市统一规定重量折算标准计算。接运其他运输方式的货物，无过磅条件的，按前程运输方式运单上记载的重量计算。拼装分卸的货物按照最重装载量计算。

（三）汽车货物运输计费里程按下列规定确定货物运输计费里程以千米为单位，尾数不足1千米的，进为1千米。

计费里程以省、自治区、直辖市交通行政主管部门核定的营运里程为准，未经核定的里程，由承托双方商定。

同一运输区间有两条（含两条）以上营运路线可供行驶时，应按最短的路线计算计费里程或按承托双方商定的路线计算计费里程。拼装分卸从第一装货地点起至最后一个卸货地点止的载重里程计算计费里程。

（四）汽车货物运输的其他费用，按表4-4-2规定确定：

表4-4-2　汽车货物运输的其他费用一览表

费用类别	确定依据
延滞费	车辆按约定时间到达约定的装货或卸货地点，因托运人或收货人责任造成车辆和装卸延滞，计收延滞费
装货落空损失费	因托运人要求，车辆行至约定地点而装货落空造成的车辆往返空驶，计收装货落空损失费
排障费	运输大型特型笨重物件时，需对运输路线的桥涵、道路及其他设施进行必要的加固或改造所发生的费用，由托运人负担
调车费	应托运人要求，车辆调出所在地而产生的车辆往返空驶，计收调车费

续表 4-4-2

费用类别	确定依据
车辆处置费	因托运人的特殊要求，对车辆改装、拆卸、还原、清洗时，计收车辆处置费。在运输过程中国家有关检疫部门对车辆的检验费以及因检验造成的车辆停运损失，由托运人负担
装卸费	货物装卸费由托运人负担
通行费	货物运输需支付的过渡、过路、过桥、过隧道等通行费由托运人负担，承运人代收代付
保管费	货物运达后，明确由收货人自取的，从承运人向收货人发出提货通知书的次日（以邮戳或电话记录为准）起计，第四日开始核收货物保管费；应托运人的要求或托运人的责任造成的，需要保管的货物，计收货物保管费，货物保管费由托运人负担

（五）汽车货物运输的运杂费按下列规定结算

货物运杂费在货物托运、启运时一次结清，也可按合同采用预付费用的方式，随运随结或运后结清。托运人或者收货人不支付运费、保管费以及其他运输费用的，承运人对相应的运输货物享有留置权，但当事人另有约定的除外。

运费尾数以元为单位，不足 1 元时，四舍五入。

货物在运输过程中因不可抗力灭失，未收取运费的，承运人不得要求托运人支付运费；已收取运费的，托运人可以要求返还。

五、货物的保险与保价运输

货物运输有货物保险和货物保价运输两种投保方式，采取自愿投保的原则，由发货人自行确定。货物保险由发货人向保险公司投保，也可委托承运人代办。

货物保价运输是按保价货物办理承运手续，在发生货物赔偿时，按发货人声明价格及货物损坏程度予以赔偿的货物运输。发货人依仗运单发运的货物只能选择保价或不保价。发货人选择货物保价运输时，申报的货物价值不得超过货物本身的实际价值，保价运输为全程保价，按一定比例收取保价费。

【案例回放和分析】

1．不办保价运输货物：从货物安全讲，货物运输管理虽按现行的铁路货物管理有关规章办理，但未能得到与保价货物一样的特殊安全措施的保护，故发生货损货差的机会比保价货物大；从赔偿方面讲，虽然不办保价也不办保险，故不用支付保价金和投保金，但因为铁路受理货物时，不论货物的贵重与否，都按货物重量收取运费，如果发生货损货差赔偿时，则按货物价值赔偿，这对铁路运输企业讲，是不公平的，因此铁路采取限额赔偿，但这样对托运人（特别是托运贵重货物的托运人）利益影响也大。

2. 办理保价运输货物：因为保价责任的基础主要是因为铁路责任造成的货物损失，铁路为了减少事故赔偿，必然要认真对待货运事故，而且货物保价运输是运输合同的组成部分，铁路作为合同的一方直接参加货物的运输工作，并通过对事故的调查、分析、总结，有条件对保价货物采取安全管理措施，改进内部的管理工作，提高货物运输安全质量和服务质量。从这方面讲，铁路与托运人利益是一致的。从赔偿方面讲，托运人虽然支付了保价金，但铁路以货物实际价格（保价额）承运，发生铁路责任时，按不超过保价额赔偿，托运人能得到合情合理的经济利益，因此，保价运输解决了铁路限额赔偿不足的矛盾。

3. 投保货物运输险：保险责任是因自然灾害、意外事故等非人为因素造成的损失，保险公司不参与运输管理，赔偿只是一种对货物损失后的经济补偿形式。

不论货物办理保价运输或是投保运输险，都属保护措施。铁路办保价是针对铁路责任的，对于不属于铁路责任的损失，铁路不承担保价赔偿；托运人要求得到比保价运输更高的赔偿时，也可办理投保运输险。

本章小结

国际陆路运输包括铁路和公路运输两大类，这两类交通运输方式在现代国际贸易中起着越来越大的作用。国际铁路运输主要包括国际铁路联运、国际过境运输、对港澳地区的铁路运输。世界上具有国际意义的铁路干线主要是大陆桥，如欧亚大陆桥、新欧亚大陆桥、第三大陆桥、北美和南美大陆桥等。我国铁路干线已基本形成以北京为中心，以四纵、三横、三网和关内外三线为骨架，连接着众多的支线、辅助线、专用线，可通达全国各省市区的铁路网。国际公路网主要有泛亚公路、泛美公路和欧洲高速公路网。

关键名词或概念

铁路运输（rail transport）

铁路线路（ line haul ）

机车（locomotive）
国际铁路货物联运（ international railway through transport ）
国际铁路货物联运运单（ international railway through waybill ）
公路运输（ road transportation ）

课后练习

■ 复习思考题

1. 简要介绍国际铁路干线和我国铁路干线概况。
2. 什么是国际铁路货物联运？世界上有哪两大铁路联运组织？
3. 简述国际铁路联运出口货物交接的一般程序。
4. 国际铁路联运运单的性质、作用是什么？
5. 国际铁路联运办理种别有哪些？
6. 对香港地区铁路货物运输有哪些特点？
7. 承运货物收据的性质和作用有哪些？
8. 简述我国对外贸易公路运输的口岸分布。

■ 技能训练

1. 简述国际铁路进出口货物运输流程。

2. 分析案例4－2－1，简述为什么株洲北站承担损失，而鹰潭站却免于承担责任？

3. 简述国际铁路联运运单的种类及缮制要求。

4. 一批由郑州北站发往香港九龙的供港物资，在发站直接办理发往九龙的业务。运单上填写到站九龙，收货人为香港某公司。请问：这样做是否妥当？应如何改正？

5. 什么是铁路的轨距？两国之间轨距不同会在铁路运输中之中带来什么问题？应如何解决？

6. 连线

罐车	不怕潮湿的散装货或包装货物
通风车	贵重怕潮湿货物
敞车	重量、体积长度较大的货物
棚车	汽油、酒精、水等液体货物
平车	活的花草，鲜果

7. 计算

从上海发往罗马尼亚棉织品一批 48.4 吨，用一辆 50 吨棚车装运，整车慢运。计算：该批棉织品的国内运费和过境俄罗斯的过境运费。

已知：棉织品的国内整车运价等级为 3 级，从上海至满洲里的运价里程为 3513 千米，3 级货物的运价率分别为发到运价人民币 7.00 元，运行基价人民币 0.0352 元（可以在货价表中查询）；过境运费按《统一货价》计算，棉织品运价等级为 1 等，过境俄罗斯的运价里程为 8003 千米，1 等运价率为 3731 分（1 瑞士法郎 =100 分）。分别计算该批货物的国内运费和过境运费。

第五章　国际航空货运代理理论与实务

【开篇导读】

航空运输始于1871年。当时普法战争中的法国人用气球把政府官员和物资、邮件等运出被普军围困的巴黎。1918年5月5日，飞机运输首次出现，航线为"纽约—华盛顿—芝加哥"。同年6月8日，伦敦与巴黎之间开始定期邮政航班飞行。20世纪30年代有了民用运输机，各种技术性能不断改进，航空工业的发展促进航空运输的发展。第二次世界大战结束后，在世界范围内逐渐建立了航线网，以各国主要城市为起讫点的世界航线网遍及各大洲。1990年，世界定期航班完成总周转量达2356.7亿吨千米。

【学习目标】

知识目标：了解航线、航空地理与时差；熟悉航空运输组织和运载工具；熟悉航空货运代理业务的概念、种类；了解航空货运的方式及组织方法。

技能目标：掌握航空进出口业务流程；能够读懂并填写航空运单；掌握航空运费的计算方法。

【引导案例】

航空货物赔偿案

一票航空运输的货物，从新加坡经北京中转到天津，运输的是机器设备，货运单号555-89783442（Airport of departure：新加坡，Airport of destination：天津），3件货物重178千克，计费重量共206千克，从新加坡运往北京采用的是飞机运输，再从北京转运天津时，使用卡车运输，但在高速公路上，不幸发生车祸，设备全部损坏。请问：航空公司是否应赔偿？理由何在？如果赔偿，应赔偿多少？

第一节　国际航空货物运输基础知识

一、国际航空运输基础知识

（一）主要航线

从事民航运输业务的承运人在获得经营许可证后，可以在允许的一系列站点（即城市）范围内提供航空客货邮运输服务。由这些站点形成的航空运输路线，我们称之为航线（air route）。航线有多种，按飞行的区域范围划分，可以分为国际航线和国内航线。

1. 国际航线

国际航线是指飞行起点、经停点或终点超过一个国家的国境线的航线。例如，北京—莫斯科。世界上较繁忙的航线主要有：

（1）西欧—北美间的北大西洋航空线。该航线主要连接巴黎、伦敦、法兰克福、纽约、芝加哥、蒙特利亚等航空枢纽。

（2）西欧—中东—远东航空线。该航线连接西欧各主要机场至远东北京、香港、东京等机场，并途经雅典、开罗、德黑兰、卡拉奇、新德里、曼谷、新加坡等重要航空站。

（3）远东—北美间的北太平洋航线。这是北京、香港、东京等机场经经北太平洋上空至北美西海岸的温哥华、西雅图、旧金山、洛杉矶等机场的航空线，并可延伸至北美东海岸的机场。太平洋中部的火奴鲁鲁是该航线的主要中继加油站。

此外，还有北美—南美，西欧—南美，西欧—非洲，西欧—东南亚—澳、新，远东—澳、新，北美—澳、新等重要国际航空线。图 5－1－1 为国际航线和空港示意图。

2. 国内航线

国内航线是指飞行起点、经停点和终点都在同一国家境内的航线。

根据飞行起点、经停点和终点所在城市的政治、经济和文化的地位与繁荣程度，国内航线又分为干线（trunk route）、支线（regional route）和地方航线（local route）。

（1）干线。我国的骨干航线是指首都北京至全国各省会城市和大城市之间的航线，形成省际或大城市之间的空中交通干道。例如，北京—南京、北京—杭州、广州—上海等。一般来说，干线上的客货流量大，使用的机型运载能力强。

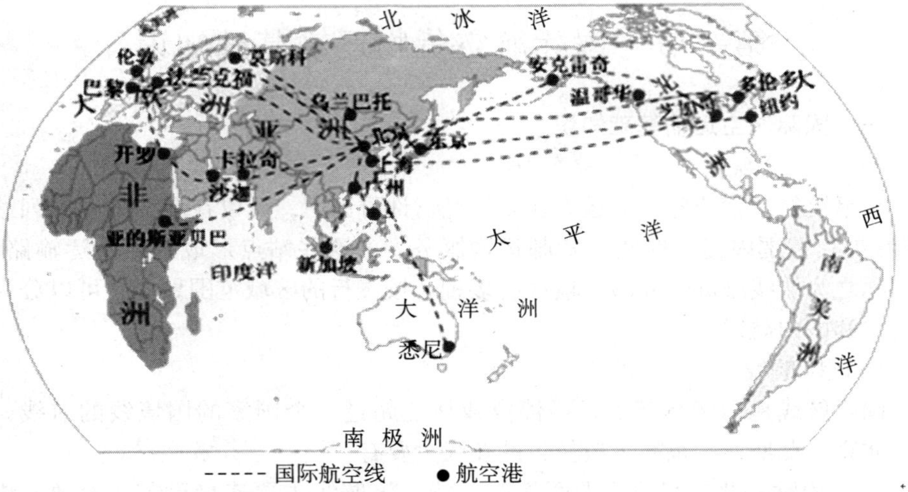

图 5-1-1　国际航线和空港示意图

(2) 支线。支线是指大城市（一般指省会）至本地区中小城市之间的航线，主要目的是汇集或疏散客货流，辅助干线运输。例如，上海—黄山，南京—杭州等。

(3) 地方航线。地方航线是指省（地区）内的航线。例如，南京—连云港。地方航线主要用于地方上地面交通不便的小城市之间的客货邮运输。

(二) 航空货运代码

在航空货运当中，由于单证的大小限制、操作的方便程度等原因，使得货运的整个流程中代码的作用非常显著。它具有简洁、节省空间、容易识别等优点。因此，在此介绍航空货运实践中一些有关的代码。

1. 国家代码

在航空运输中，国家的代码用两字代码表示。表 5-1-1 是常见的国家的两字代码。

表 5-1-1　常见的国家的两字代码

英文全称	中文全称	两字代码
China	中国	CN
United States of America	美国	US

续表 5－1－1

英文全称	中文全称	两字代码
United Kingdom	英国	GB
Germany	德国	DE
France	法国	FR
Japan	日本	JP
Korea	韩国	KR
Singapore	新加坡	SG
Canada	加拿大	CA
Australia	澳大利亚	AU

2. 城市的三字代码

城市的三字代码在航空运输中占据着重要的位置，运输本身是在空间上点与点的位移。因此，每运一票货物都涉及城市的三字代码。表 5－1－2 是常见的城市三字代码。

表 5－1－2　常见的城市三字代码

英文全称	中文全称	三字代码
BENJING	北京	BJS
GUANGZHOU	广州	CAN
SHANGHAI	上海	SHA
CHONGQING	重庆	CKG
TIANJIN	天津	TSN
SHENZHEN	深圳	SZX
HANGZHOU	杭州	HGH
KUNMING	昆明	KMG
QINGDAO	青岛	TAO
XIAMEN	厦门	XMN
DALIAN	大连	KLC
LONDON	伦敦	LON
NAGOYA	名古屋	NGO
SEOUL	首尔	SEL
PARIS	巴黎	PAR
CHICAGO	芝加哥	CHI

续表 5－1－2

英文全称	中文全称	三字代码
NEW YORK	纽约	NYC
TOKYO	东京	TYO
OSACA	大阪	OSA

3. 机场的三字代码

机场通常也用三字代码表示，在一些城市机场的三字代码同城市三字代码一样，在中国很多城市如此，例如天津等。但是，世界大多数机场三字代码同城市三字代码不一样，例如北京，城市是 BJS，首都机场是 PEK。表 5－1－3 是常见的机场三字代码。

表 5－1－3　常见的机场三字代码

机场的英文全称	中文全称	三字代码	所在国家
Capital International airport	首都国际机场	PEK	中国
Charles de Gaulle	戴高乐机场	CDG	法国
Narita	成田机场	NRT	日本
Kansai International	大阪关西国际机场	KIX	日本
Dulles International	杜勒斯国际机场	IAD	美国
Heathrow	希斯罗国际机场	LHR	英国
O'Hare International	奥黑尔国际机场	ORD	美国

4. 航空公司的二字或三字代码

航空公司既有两字代码，也有三字代码，通常使用的是两字代码。表 5－1－4 是常见的航空公司代码。

表 5－1－4　常见的航空公司代码

航空公司的英文全称	中文全称	两字或三字代码	所在国家或地区
Air China International Corp	中国国际航空公司	CA	中国
China Southern Airlines	中国南方航空公司	CZ	中国
China Eastern Airlines	中国东方航空公司	MU	中国
America Airlines	美洲航空公司	AA	美国

续表 5-1-4

航空公司的英文全称	中文全称	两字或三字代码	所在国家或地区
Air Canada	加拿大航空公司	AC	加拿大
China Airline Ltd	中华航空公司	CI	中国台湾
Cathy Pacific Airway Ltd	国泰航空公司	CX	中国香港
Korean Air	大韩航空公司	KE	韩国
Dragon Air	港龙航空公司	KA	中国香港
Japan Airlines Co., Ltd	日本航空公司	JL	日本
Japan Air Sydtem Co., Ltd	佳速航空公司	JD	日本
Lufthansa Germany Airline	汉莎航空公司	LH	德国
Northwest Airlines Inc.	美国西北航空公司	NW	美国
Asinana Airlines	韩亚航空公司	OZ	韩国
Air France	法国航空公司	AF	法国
British Airways	英国航空公司	BA	英国
Royal Dutch Airlines	荷兰皇家航空公司	KLM	荷兰
Air Macao Airlines	澳门航空公司	NX	中国澳门
Singapore Airlines Ltd.	新加坡航空公司	SQ	新加坡

5. 常见的缩写

在航空运输业务中，还有一些缩写表示为代码形式（见表 5-1-5）。

表 5-1-5　航空运输常见缩写代码形式

缩写代码	英文全称	中文全称
AWB	AIR WAYBILL	货运单
CASS	CARGOACCOUNTSSETTLEMENT SYSTEM	货运账目清算系统
CC	CHARGES COLLECT	运费到付
CCA	CARGO CHARGES CORRECTION ADVICE	货物运费更改通知书
LAR	LIVE ANIMALS REGULATIONS	活动物运输规程
NVD	NO VALUE DECLARED	无声明价值
SLI	SHIPPER'S LETTER OF INSTRUCTION	托运书
ULD	UNIT LOAD DEVIGE	集装器
HWB	MASTER AIR WAYBILL	主运单
HWB	HOUSE AIR WAYBILL	分运单
PP	CHARGES PREPAID	运费预付

二、航空运输地理与时差

（一）航空区划

随着国际贸易日趋频繁，国际的航空运输也愈加繁忙。为保证国际航空运输的安全，各国航空运输企业在技术规范、航行程序、操作规则上必须统一，同时为了便于运输公司间的合作和业务联系，国际航协将全球分成三个航空运输业务区，简称为航协区。由于航协区的划分主要从航空运输业务的角度考虑，依据的是不同地区不同的经济、社会以及商业条件。因此，和我们熟悉的世界行政区划有所不同。

1. 一区

一区（TC1）：包括北美、中美、南美、格陵兰、百慕大和夏威夷群岛。

2. 二区

二区（TC2）：由整个欧洲大陆（包括俄罗斯的欧洲部分）及毗邻岛屿，冰岛、亚速尔群岛、非洲大陆和毗邻岛屿，亚洲的伊朗及伊朗以西地区组成。本区也是和我们所熟知的政治地理区划差异最多的一个区，它主要有三个亚区。

（1）非洲区：非洲区含非洲大多数国家及地区，但北部非洲的摩洛哥、阿尔及利亚、突尼斯、埃及和苏丹不在其内。

（2）欧洲区：欧洲区包括欧洲国家和摩洛哥、阿尔及利亚、突尼斯三个非洲国家和土耳其（既包括欧洲部分，也包括亚洲部分）。俄罗斯仅包括其欧洲部分。

（3）中东区：中东区包括巴林、塞浦路斯、埃及、伊朗、伊拉克、以色列、约旦、科威特、黎巴嫩、阿曼、卡塔尔、沙特阿拉伯、苏丹、叙利亚、阿拉伯联合酋长国、也门等。

3. 三区

三区（TC3）：由整个亚洲大陆及毗邻岛屿（已包括在二区的部分除外），澳大利亚、新西兰及毗邻岛屿，太平洋岛屿（已包括在一区的部分除外）组成。其中：

（1）南亚次大陆区：包括阿富汗、印度、巴基斯坦、斯里兰卡等南亚国家。

（2）东南亚区：包括中国（含港、澳、台）、东南亚诸国、蒙古、俄罗斯亚洲部分及土库曼斯坦等独联体国家、密克罗尼西亚等群岛地区。

（3）西南太平洋洲区：包括澳大利亚、新西兰、所罗门群岛等。

（4）日本、朝鲜区：仅含日本和朝鲜。

（二）时差

由于地球自转造成了经度不同的地区时刻不同，当飞机跨域经度时，就产生时刻上的不统一，正确地掌握时差换算，对于安排航班和更好地进行航空运输都是非常重要的。

各地的标准时间为格林尼治时间（G. M. T）加上（+）或减去（-）时区中所标的小时和分钟数时差。许多国家还采用夏令时（DST），比如美国每年4 月到 9 月实行夏令时，时间提前一个小时。时区的数值大的时间早。比如中国是东八区（+8），美国东部是西五区（-5），两地的时差是 13 小时，北京比纽约要早 13 个小时；如果是美国实行夏令时的时期，相差 12 小时。

时差的计算方法为两个时区标准时间（即时区数）相减。具体计算步骤如下：

1. 从世界标准时间表中找出始发站和目的站的标准时间。
2. 将起飞和到达的当地时间换算成世界标准时（GMT）。
3. 用到达时间减去起飞时间，就是飞行时间。

【例 1】 某批货物用飞机从北京直接运往华盛顿。1 月 28 日，班机从北京启程，北京时间是 9:44。到达华盛顿时，当地时间为 1 月 28 日 15:30。计算该货物在运输过程中的飞行时间。

【分析】

第一步：从世界标准时间表中找出始发站和目的站的标准时间。

PEK = GMT + 0800（STANDARD TIME）

WAS = GMT - 0500（STANDARD TIME）

第二步：将起飞和到达的当地时间换算成世界标准时（GMT）。

因为北京提前 GMT8 个小时，把北京当地时间减去 8 换算成 GMT。

PEK9:44 - 0800（GMT） = GMT1:44

因为华盛顿落后 GMT5 个小时，把华盛顿当地时间加上 5 换算成 GMT。

WAS15:30 + 0500（GMT） = GMT20:30

第三步：用到达时间减去起飞时间。即是飞行时间。

20:30 - 1:44 = 18:46（18 小时 46 分钟）

三、航空运输的方式

（一）班机运输

1. 班机运输的定义

班机（scheduled airline）是指在固定航线上飞行的航班，它有固定的始发站、途经站和目的站。一般航空公司都使用客货混合型飞机（combination carrier），一方面搭载旅客，另一方面又运送少量货物。但一些较大的航空公司在一些航线上开辟定期的货运航班，使用全货机（all cargo carrier）运输。

2. 班机运输的特点

（1）班机由于固定航线、固定停靠港和定期开航，因此，国际货物流通多使用班机运输方式，能安全迅速地到达世界上各个通航地点。

（2）便于收、发货人确切掌握货物起运和到达的时间，这对市场上急需的商品、鲜活易腐货物以及贵重商品的运送是非常有利的。

（3）班机运输一般是客货混载，因此，舱位有限，不能使大批量的货物及时出运，往往需要分期分批运输。这是班机运输不足之处。

（二）包机运输

包机运输（chartered carrier）是指航空公司按照约定的条件和费率，将整架飞机租给一个或若干个包机人（包机人指发货人或航空货运代理公司），从一个或几个航空站装运货物至指定目的地。包机运输适合于大宗货物运输，费率低于班机，但运送时间则比班机要长些。

包机运输方式可分为整包机和部分包机两类。

1. 整包机

（1）定义。整包机即包租整架飞机，指航空公司按照与租机人事先约定的条件及费用，将整架飞机（出）租给包机人，从一个或几个航空港装运货物至目的地。包机人一般要在货物装运前一个月与航空公司联系，以便航空公司安排运载和向起降机场及有关政府部门申请、办理过境或入境的有关手续。

（2）包机的费用。整包机的收费采用一次一议的方式，随国际市场供求情况变化。原则上包机运费，是按每一飞行千米固定费率核收费用，并按每一飞行千米费用的80%收取空放费。因此，大批量货物使用包机时，均要争取来回航程都有货载，这样费用比较低。

2. 部分包机

（1）定义。部分包机即由几家航空货运公司或发货人联合包租一架飞机或者由航空公司把一架飞机的舱位分别卖给几家航空货运公司装载货物。用于托运货量较多但又不足一架整飞机舱位的货物运输。

（2）部分包机与班机运输的比较。尽管部分包机有固定时间表，往往因其他原因不能按时起飞，故时间上比班机运输长。另外，各国政府为了保护本国航空公司利益，常常对从事包机业务的外国航空公司实行各种限制。比如包机的活动范围比较狭窄，降落地点受到限制。需降落非指定地点外的其他地点时，一定要向当地政府有关部门申请，同意后才能降落（如申请入境、通过领空和降落地点）。

3. 包机运输的优点

（1）解决班机仓位不足的矛盾。

（2）货物全部由包机运出，节省时间和多次发货的手续。

（3）弥补没有直达航班的不足，且不用中转。

（4）减少货损、货差或丢失的现象。

（5）在空运旺季缓解航班紧张状况。

（6）解决海鲜、活动物的运输问题。

（三）集中托运

1. 集中托运的概念

集中托运（consolidation）是航空公司将若干票单独发运的、发往同一方向的货物集中起来作为一整批货物，填写一份总运单发运到同一到站；或者运交某一约定的代理收货，然后再报关，分拨后交给实际收货人的运输方式。集中托运方式已在世界范围内普遍开展，为促进国际贸易发展和国际科技文化交流起了良好的作用，现已成为我国进出口货物的主要运输方式之一。

2. 集中托运的特点

（1）节省运费：航空货运公司的集中托运运价一般都低于航空协会的运价。发货人可得到低于航空公司运价，从而节省费用。

（2）提供方便：将货物集中托运，可使货物发到各个地方，延伸了航空公司的服务，方便了货主。

（3）提早结汇：发货人将货物交与航空货运代理后，即可取得货物分运单，可持分运单到银行尽早办理结汇。

3. 集中托运的具体做法

（1）将每一票货物分别制定航空运输分运单，即出具货运代理的运单HAWB（House Airway Bill）。

（2）将所有货物区分方向，按照其目的地相同的同一国家、同一城市来集中，制定出航空公司的总运单MAWB（Master Airway Bill）。总运单的发货人和收货人均为航空货运代理公司。

（3）打出该总运单项下的货运清单（manifest），即此总运单有几个分运单，号码各是什么，其中件数、重量各是多少等。

（4）把该总运单和货运清单作为一整票货物交给航空公司。一个总运单可视货物具体情况随附分运单（也可以是一个分运单，也可以是多个分运单）。比如：一个MAWB内有10个HAWB，说明此总运单内有10票货，发给10个不同的收货人。

(5) 货物到达目的地站机场后，当地的货运代理公司作为总运单的收货人负责接货、分拨，按不同的分运单制定各自的报关单据并代为报关、为实际收货人办理有关接货送货事宜。

(6) 实际收货人在分运单上签收以后，目的站货运代理公司以此向发货的货运代理公司反馈到货信息。

(四) 联运方式

1. 联运方式的概念

联运方式分为三种：一是火车、飞机和卡车的联合运输方式，简称 TAT (train-air-truck)；二是火车、飞机的联合运输方式，简称 TA (train-air)；三是卡车、飞机的联合运输方式，简称 TA (truck-air)。

2. 国内出口货物的联运方式

我国空运出口货物通常采用陆空联运方式，是因为我国幅员辽阔，而国际航空港口岸主要在北京、上海、广州等地。虽然省会城市和一些地方的主要城市每天都有班机飞往上海、北京、广州，但班机所带货量有限，费用比较高。如果采用国内包机，费用更贵。因此，在货量较大的情况下，往往采用陆运至航空口岸，再与国际航班衔接。由于汽车具有机动灵活的特点，在运送时间上更可主动掌握，因此一般都采用“TAT”方式组织出运。

3. 联运方式的具体做法

我国长江以南的外运分公司，目前办理陆空联运的具体做法是用火车、卡车或船将货物运至香港，然后利用香港航班多，到欧洲美国运价较低的条件（普通货物），把货物从香港运到目的地，或运到中转地，再通过当地代理，用卡车送到目的地。长江以北的公司多采用火车或卡车将货物送至北京、上海航空口岸出运。

陆空联运货物在香港的收转人为合力空运有限公司。发运前，要事前与他们联系，满足他们对单证的要求，便于提前订舱。各地发货时，可使用外运公司的航空分运单，也可使用“承运货物收据”。有关单据上要注明是转口货，要加盖“陆空联运”字样的标记，以加速周转和避免香港当局征税。

(五) 航空快递

航空快递业务（air express service）是由快递公司与航空公司合作，设专人用最快的速度在货主、机场、用户之间进行传递，是一种最为快捷的运输方式，适合于运输各种急需物品和文件资料。

1. 航空快递的主要形式

（1）门/桌到门/桌（door/desk to door/desk）。

门/桌到门/桌的服务形式也是航空快递公司最常用的一种服务形式。首先由发件人在需要时电话通知快递公司，快递公司接到通知后派人上门取件，然后将所有收到的快件集中到一起，根据其目的地分拣、整理、制单、报关、发往世界各地，到达目的地后，再由当地的分公司办理清关、提货手续，并送至收件人手中。在这期间，客户还可依靠快递公司的电脑网络随时对快件（主要指包裹）的位置进行查询，快件送达目的地后，及时通过电脑网络将消息反馈给发件人。

（2）门/桌到机场（door/desk to airport）。

与前一种服务方式相比，门/桌到机场的服务指快件到达目的地机场后不是由快递公司去办理清关、提货手续并送达收件人的手中，而是由快递公司通知收件人自己去办理相关手续。采用这种方式的多是海关当局有特殊规定的货物或物品。

（3）专人派送（courier on board）。

所谓专人派送是指由快递公司指派专人携带快件在最短时间内将快件直接送到收件人手中。这是一种特殊服务，一般很少采用。

以上三种服务形式相比，门/桌到机场形式对客户来讲比较麻烦。专人派送最可靠，最安全，同时费用也最高。而门/桌到门/桌的服务介于上述两者之间，适合大多数快件的运送。

2. 航空快递的特点

国际航空快递与国际航空普通货物运输相比有以下特点：

（1）国际航空快递承接的货物以商业函件、小型样品为主，其本身的价值并不高，一旦在运输途中造成损坏、灭失或延误，就有可能引起货方较大的间接损失。

（2）国际航空快递大多提供“门到门”服务，即责任期间在传统的航空运输的基础上向两端延伸，从而扩大了快递经营人的责任范围。

（3）国际航空快递大多采取“预先申报，集中验放”方式通关。发达国家的快递公司的资料库一般同海关联网。在承运快件的飞机尚未到达时，有关资料就进入了海关的资料库进行电子清关。飞机到港后，海关决定查验的快件马上送交海关查验，其他快件海关会立即放行。这样，快件的清关就可节省大量的时间。

（4）基于国际航空快递的特殊性，与普通的航空货运单相比，各快递公司签发的分运单（也称交付凭证，proof of delivery，POD）专门增加了有关间接损失、保险等方面的条款，而且承运人的责任限制也提高到100美元/件。

3. 国际航空快递一般业务程序

国际航空快递业务一般是快递公司接到发货人委托后，用最快速度将货物送往机场赶装最快航班，随即用电传将航班号、货名、收货人及地址通知国外代理接货，航班抵达后，国外代理提取货物后急送收货人。它的主要业务程序如图5－1－2所示。

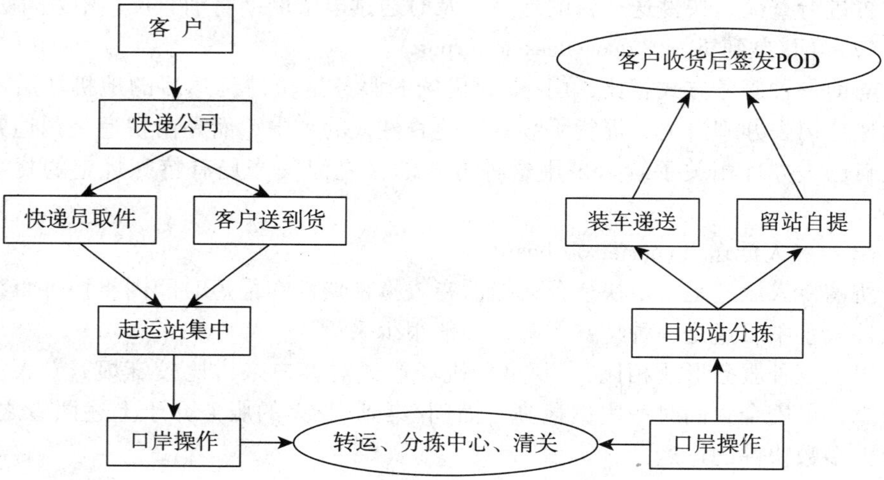

图5－1－2　国际航空快递运作流程

第二节　国际航空货运代理实务

采用航空货运形式出口货物，需要办理一定的手续，如出口货物在始发地交航空公司承运前的订舱、储存、制单、报关、交运等；进口货物在目的地机场的航空公司或机场接货、监管储存、制单、报关、送货及转运等。航空公司一般不负责上述业务，收货人、发货人一般通过航空货运代理公司办理航空货运业务。

一、国际航空货运代理业务

（一）国际航空货物代理出口业务流程

1. 国际航空货运出口代理业务流程如图5－2－1所示。

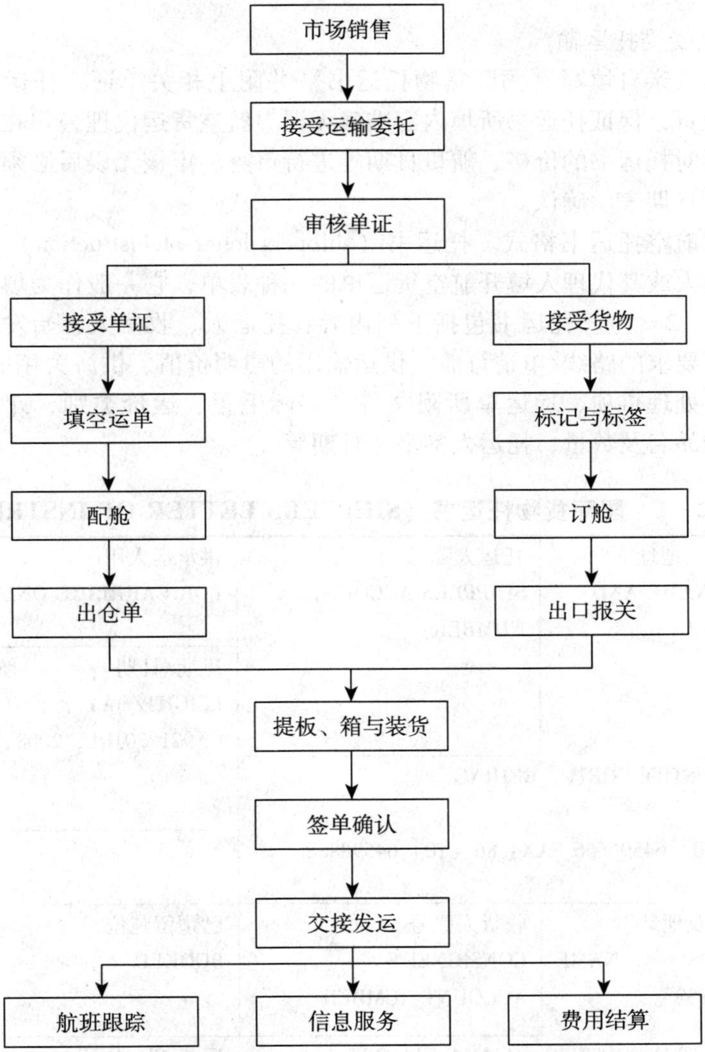

图 5-2-1 国际航空货运出口代理业务流程

2. 国际航空货运出口代理业务程序

（1）市场销售。

为承揽货物，航空货运代理企业需及时向出口单位介绍本公司的业务范围、服务项目、各项收费标准，特别是向出口单位介绍本公司的优惠运价，介绍本公司的服务优势等。

（2）接受委托运输。

由托运人亲自填写《国际货物托运书》并附上相关单证，托运人必须在上面签字或盖章，保证托运书所填内容准确无误。航空货运代理公司在接受托运人委托后，要对托运书的价格、航班日期等进行审查，审核无误后必须在托运书上签字并写上日期表示确认。

①国际航空托运书格式。托运书（shippers letter of instruction）是托运人用于委托承运人或其代理人填开航空货运单的一种表单，它一般作为填开货运单的依据（表5－2－1）。托运书包括下列内容：托运人、收货人、始发站机场、目的地机场、要求的路线/申请订舱、供运输用的声明价值、供海关用的声明价值、保险金额、处理事项、货运单所附文件、实际毛重、运价类别、计费重量、费率、货物的品名及数量、托运人签字、日期等。

表5－2－1　国际货物托运书（SHIPPERS LETTER OF INSTRUCTION）

托运人姓名及地址 SHIPPER'S NAME AND ADDRESS	托运人账号 SHIPPERS ACCOUNT NUMBER	供承运人用 FOR CARRIAGE ONLY
		班期/日期　　航班/日期 FLIGHT/DAY　　FLIGHT/DAY CA921/30JUL，2008
CHINA INDUSTRY CORP.，BEIJING P. R. CHINA TEL：86（10）64596666 FAX：86（10）64598888		
收货人姓名及地址 CONSIGNEE'S NAME AND ADDRESS	收货人账号 CONSIGNEE'S ACCOUNT NUMBER	已预留吨位 BOOKED
OSAKA SPORT IMPORTERS，OSAKA，JAPAN TEL：78789999		运费 CHARGE CHARGES PREPAID

续表 5-2-1

<table>
<tr><td colspan="4">代理人的名称及城市
ISSUING CARRIESRS AGENT NAME AND CITY
KUNDA AIR FRIGHTCO. LTD</td><td colspan="2" rowspan="3">ALSO NOTIFY</td></tr>
<tr><td colspan="4">始发站
AIRPORT OF DEPARTURE
CAPITAL INTERNATIONAL AIRPORT</td></tr>
<tr><td colspan="4">到达站
AIRPORT OF DESTINATIN
KANSAI INTERNATIONAL AIRPORT</td></tr>
<tr><td colspan="3">托运人声明价值
SHIPPER'S DECLARED VALUE</td><td rowspan="2">保险金额
AMOUNT OF INSURANCE
×××</td><td colspan="2" rowspan="2">所附文件
DOCUMENT TO ACCOMPANY AIR WAYBILL
1 COMMERCIAL INVOICE</td></tr>
<tr><td colspan="2">供运输用
FOR CARRIAGE
NVD</td><td>供海关用
FOR CUSTOMS
NCV</td></tr>
<tr><td colspan="6">处理情况（包括包装方式、货物标志及号码）
HANDLING INFORMATION（INCL METHOD OF PACKING IDENTIFYING AND NEMBERS）
KEEP UPSIDE</td></tr>
<tr><td>件数
NO. OF PACKAGES</td><td>实际毛重
ACTUAL GROSS WEIGHT（KG）</td><td>运价种类
RATE CLASS</td><td>收费重量
CHARGEABLE WEIGHT</td><td>费率
RATE/CHARGE</td><td>货物品名及数量（包装体积及尺寸）
NATURE AND QUANTITY OF GOODS（INCL DIMENSION OF VOLUME）</td></tr>
<tr><td>4</td><td>89.8</td><td></td><td></td><td></td><td>TOYS
DIMS：70cm×47cm×35cm×4</td></tr>
<tr><td colspan="4">托运人签字（SIGNATURE OF SHIPPER）
CHINA INDUSTRY CORP，BEIJING P. R. CHINA
高林</td><td colspan="2">日期（DATE）
24 July，2008</td></tr>
</table>

其他资料：

费率（RATE/CHARGE）：CNY37.51/KG

承运人（CARREIER）：AIN CHINA

②国际货物托运书的填制方法。国际货物托运书包括下列内容栏：

a. 托运人（shipper）

填托运人的全称、街名、城市名称、国名以及电话号、电传号或传真号。

b. 收货人（consignee）

填收货人的全称、街名、城市名称、国名（特别是在不同国家内有相同城市名称时，必须要填上国名）以及电话号、电传号或传真号，本栏内不得填写“order”或“to order of the shipper”（按托运人的指示）等字样，因为航空货运单不能转让。

c. 始发站机场（airport of departure）

填始发站机场的全称。

d. 目的地机场（airport of destination）

填目的地机场（不知道机场名称时，可填城市名称），如果某一城市名称用于一个以上国家时，应加上国名。例如：LONDON UK 伦敦，英国；LONDON KY US 伦敦，肯塔基州，美国；LONDON TO CA 伦敦，安大略省。

e. 要求的路线/申请订舱（requested routing/requseting booking）

本栏用于航空公司安排运输路线时使用，但如果托运人有特别要求，也可填入本栏。

f. 供运输用的声明价值（declared value for carriage）

填写供运输用的声明价值金额，该价值即为承运人负赔偿责任的限额。承运人按有关规定向托运人收取声明价值费，但如果所交运的货物毛重每千克不超过 20 美元（或其等值货币），无需填写声明价值金额。可在本栏内填“NVD”（no value declared 未声明价值），如本栏空着未填写时，承运人或其代理人可视为货物未声明价值。

g. 供海关用的声明价值（declared value for customs）

国际货物通常要受到目的站海关的检查，海关根据此栏所填数额征税。

h. 保险金额（insurance amount requested）

中国民航各空运企业暂未开展国际航空运输代办保险业务，本栏可不填。

i. 处理事项（handling information）

填附加的处理要求，例如：另请通知（also notify）。除填收货人之外，如托运人还希望在货物到达的同时通知他人，请另填写通知人的全称和地址。

j. 运单所附文件（document to accompany air waybill）

填随附在货运单上往目的地的文件，应填上所附文件的名称，例如：托运人的动物证明（shipper scertification for live animals）。

k. 件数和包装方式（number and kind of packages）

填该批货物的总件数，并注明其包装方法，例如：包裹（package）、纸板盒（carton）、盒（case）、板条箱（crate）、袋（bag）、卷（roll）等，如货物没有包装时，就注明为散装（loose）。

l. 实际毛重（actual gross weight）

本栏内的重量应由承运人或其代理人在称重后填入。如托运人已经填上重量，承运人或其代理人必须进行复核。

m. 运价类别（rate class）

本栏可空着不填，由承运人或其代理人填写。

n. 计费重量（kg）（chargeable weight）

本栏内的计费重量应由承运人或其代理人在量过货物的尺寸（以厘米为单位）由承运人或其代理人算出计费重量后填入，如托运人已经填上时，承运人或其代理人必须进行复核。

o. 费率（rate/charge）

本栏可不填。

p. 货物的品名及数量（包括体积及尺寸）［nature and quantity of goods（Includly，dimensions or volume）］

填货物的品名和数量（包括尺寸或体积）。货物中的每一项均须分开填写，并尽量填写详细，本栏所属填写内容应与出口报关发票和进口许可证上所列明的相符。危险品应填写适用的准确名称及标贴的级别。

q. 托运人签字（signature of shipper）

托运人必须在本栏内签字。

r. 日期（date）

填托运人或其代理人交货的日期。

（3）审核单证。

航空货运代理对托运人填写的《国际货物委托书》和随附单证必须进行审核，如发现单证不符或缺少，应要求托运人尽快修改或补交。审核的单证应包括：发票、装箱单、托运书、报送单项式、外汇核销单、许可证、商检证、进料/来料加工核销本、索赔/返修协议、到会保函、海关关封等。

（4）预配舱与预订舱。

航空货运代理人汇总所接受的委托和客户的预报，并输入电脑，计算出各航线的件数、重量、体积，按照客户的要求和货物重、泡情况，根据各航空公司不同机型对不同板箱的重量和高度要求，制定预配舱方案，并对每票货配上运单号。然后，航空货运代理人根据所指定的预配舱方案，按航班、日期打印出总运单号、件数、重量、体积，向航空公司预订舱。

（5）接受单证。

接受托运人或其代理人送交的已经审核确认的托运书及报送单证和收货凭证，将收货记录与收货凭证核对，制作操作交接单，填上所收到的各种报关单证份数，给每份交接单配一份总运单或分运单。将制作好的交接单、配好的总运单或分运单、报关单证移交制单。

（6）填制货运单。

填制航空货运单是空运出口业务最重要的环节，航空货运单包括总运单和分运单，填制航空货运单的主要依据是发货提供的国际货物委托书，托运单上的各项内容都应体现在航空货运单项式上，一般用英文填写。

（7）接受货物。

接收货物是指航空货运代理公司把即将发运的货物从发货人手中接过来并运送到自己的仓库。接收货物一般与接单同时进行。对于通过空运或铁路从内地运往出境地的出口货物，货运代理按照发货提供的运单号、航班号及接货地点日期，代其提取货物。如货物已在始发地办理了出口海关手续，发货人应同时提供始发地海关的关封。

接货时应对货物进行过磅和丈量，并根据发票、装箱或送货单清点货物，核对货物的数量、品名、合同号或唛头等是否与货运单上所列一致。

（8）标记和标签。

在航空货物运输中一定要刷上标记和贴上标签。

①标记：标记是货物外包装上由托运人书写的有关事项和记号（如图5－2－2所示），包括托运人、收货人的姓名、地址、联系电话、传真、合同号等，操作（运输）注意事项，例如不要暴晒（don’t expose to excessive sunlight）、防潮（keep dry）、小心轻放（handle with care），单件超过150千克的货物等内容。

②标签：标签是对承运货物的标志。航空货运代理必须为每件货物拴挂或粘贴上有关的标签。一件货物贴一张航空公司标签，航空公司标签上三位阿拉伯数字代表所承运航空公司的代号，后八位数字是总运单号码。如果有分运单的货物，再贴一张分标签。分标签是代理公司对出具分标签的标志，分标签上应有分运单号码和货物到达城市或机场的三字代码。

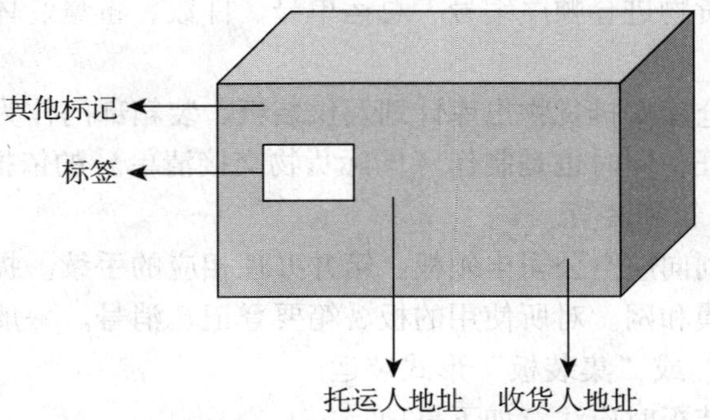

图 5－2－2　航空货物外包装的标记示意图

（9）配舱。

配舱时需要核对货物的实际件数、重量、体积与托运书上预报数量的差别。对预订舱位、板箱的有效利用、合理搭配，按照各航班机型、板箱型号、高度、数量进行配载。对货物晚到、未到情况以及未能顺利通关放行的货物进行调整处理，为制作配舱单做准备。

（10）订舱。

订舱就是将所接收货运货物向航空公司申请并预订舱位。具体做法是，航空货代公司接到发货人的发货预报后，向航空公司运控部门领取并填写订舱单，同时提供相应的信息，包括货物的名称、体积、重量、件数、目的地、要求出运的时间等。航空公司根据实际情况安排舱位和航班。货运代理订舱时，可依照发货人的要求选择最佳的航线和承运人，同时为发货人争取最低、最合理的运价。订舱后，航空公司签发舱位确认书（舱单），同时给予装货集装器领取凭证，以表示舱位订妥。

（11）出口报关。

在航空货物发运前，托运人或其代理人应向出境地海关办理货物出口手续。出口报关的程序：首先将发货人提供的出口货物报关单的各项内容输入电脑；再通过电脑填制的报关单上加盖报关单位的报关专用章；然后将报关单与有关的发票、装箱单和货运单综合在一起，并根据需要随附有关的证明文件准备齐全后，由持有报关证的报关员正式向海关申报。海关审核无误后，海关官员即在用于发运的运单正本上加盖放行章。

（12）出仓单。

配舱方案制订后就可着手编制出仓单，出仓单应有承运航班的日期、装载板箱形式及数量、货物进仓顺序编号、总运单号、件数、重量、体积、目的地三字代码和备注。

出仓单用于仓库安排货物出库计划及供装板、装箱部门作为仓库提货的依据和仓库交货的凭证，同时也是制作《国际货物交接清单》的依据。

（13）提板、箱和装货。

根据订舱计划向航空公司申领板、箱并办理相应的手续。提板、箱时，应领取相应的塑料薄膜和网。对所使用的板、箱要登记、消号。一般情况下，航空货物均以“集装箱”或“集装板”形式装运。

货物装箱、装板时应注意如下事项：

①不要用错集装箱、集装板，不要用错板型、箱型；

②不要超装箱板尺寸；

③要垫衬，封盖好塑料纸，防潮、防雨淋；

④集装箱、板内货物尽可能配装整齐，结构稳定，并接紧网索，防止运输途中倒塌；

⑤对于大宗货物、集中托运货物，尽可能将整票货物装一个或几个板、箱内运输。

（14）签单。

货运单在盖好海关放行章后还需要到航空公司签单，审核确定运价使用是否正确以及货物性质是否适合航空运输，例如危险品等是否已办好了相应的证明和手续。只有签单确认后才允许将单、货交给航空公司。

（15）交接发运。

交接是向航空公司交单交货，由航空公司安排航空运输。交单就是将随机单据和应有承运人留存的单据交给航空公司。随机单据包括第二联航空运单正本、发票、装箱单、产地证明、品质鉴定证书。

交货即把与单据相符的货物交给航空公司。交货前必须粘贴或拴挂货物标签，清点和核对货物，填制货物交接清单。大宗货、集中托运货，以整板、整箱称重交接。零散小货按票称重，计件交接。航空公司审单验货后，在交接单上验收，将货物存入出口仓库，单据交货控部门，以备配舱。

（16）航班跟踪。

单、货交给航空公司后，航空公司可能会因为各种原因，例如航班取消、延误、溢载、故障、改机型、错运或装板不符等，不能按预定时间运出，所以航空货运代理公司将单、货交给航空公司后就需要对航班、货物进行跟踪。

(17) 信息服务。

航空货运代理从接受发货人委托开始，就需从多个方面做好信息服务，提供的信息主要有：订舱信息、审单及报关信息、仓库收货信息、称重信息、一程二程航班信息、集中托运信息、单证信息等。

(18) 费用结算。

费用结算主要涉及同发货人、承运人和国外代理人三方面的结算。

①在运费预付的情况下，收取航空运费、地面运输费及各种服务费和手续费。

②向承运人支付航空运费及代理费，同时收取代理佣金。

③国外代理结算主要涉及付运费和利润分成。航空公司与国外航空货运代理存在长期代理协议，一般采取在一定时期内清算的方法，与国外代理结算一般应收应付费用会相互抵消。

(二) 国际航空货物进口代理业务流程

航空货物进口运输代理业务程序，是指代理公司对于货物从入境到提取或转运整个流程的各个环节所需办理的手续及准备相关单证的全过程。

1. 国际航空货运进口代理业务流程（如图 5-2-3 所示）

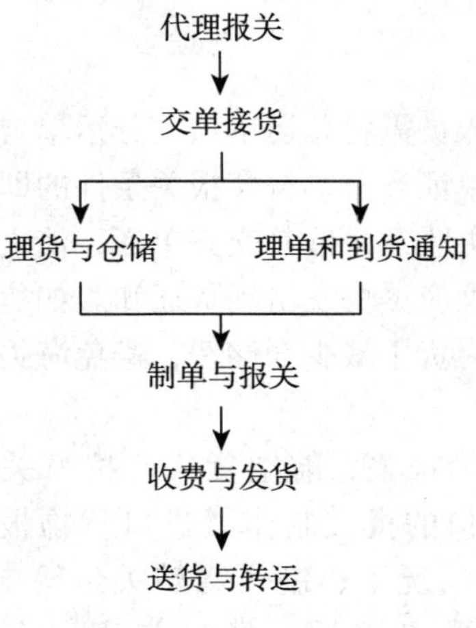

图 5-2-3　国际航空货运进口代理业务流程

2. 国际航空货运进口代理业务程序

(1) 代理报关。

在国外发货前，由国外代理公司将运单、航班、件数、重量、品名、实际收货人及其他地址、联系电话等内容通过传真或电子邮件发给目的地代理公司。

（2）交接单、货。

航空货物入境时，与货物相关的单据也随机到达，运输工具及货物处于海关监管之下。货物卸下后，将货物存入航空公司或机场的监管仓库，进行进口货物舱单录入，将舱单上总运单号、收货人、始发站、目的站、件数、重量、货物品名、航班号等信息通过电脑传输给海关留存，供报关用。

同时根据运单上的收货人地址寄发取单、提货通知。交接时做到单、单核对，即交接清单与总运单核对；单、货核对，即交接清单与货物核对。

（3）理货与仓储。

代理公司自航空公司接货后，即运至自己的监管仓库，组织理货及仓储。理货就是逐一核对每票件数，再次检查货物破损情况，接货时发现有问题，可向民航提出交涉；按大货、小货、重货、轻货、单票货、混载货、危险品、贵重品、冷冻品、冷藏品、分别堆存、进仓；登记每票货储存区号，并输入电脑。

货物在仓储的过程中要注意防雨、防潮；防重压；防变形；防变质；防暴晒；危险品设独立仓库。

（4）理单与到货通知。

航空货代公司的理单人员需将总运单项、分运单与随机单证、国外代理先期寄达的单证审核、编配。单证齐全、符合报关条件的即转入制单、报关程序。如果单证不齐、应立即与货主联系，催其交齐单证，使之符合报关条件。同时，货物到达目的地后，货运代理应尽快发出到货通知。如货主自行报关，提醒货主配齐有关单证，尽快报关，为货主减少仓储费，避免海关滞报金。

（5）制单与报关。

如果货主要求货代代为报关，航空货代应按海关的要求根据运单、发票、装箱单及证明货物合法进口的批文制作《进口货物报关单》。如货主要求异地清关，在符合海关规定的情况下，制作《转关运输申报单》，附上相关文件，办理转关手续。海关接受申报后，经过初审、审单、检验、征税，然后放行。

（6）收费与发货。

办完报关、报检等手续后，货主须凭盖有海关放行章、动植物报验章、卫生检疫报验章的进口提货单到所属监管仓库付费提货。航空货代公司仓库在发放货物前，一般先将费用收妥。

收费内容有：到付运费及垫付佣金；单证、报关费；仓储费；装卸、铲车费；航空公司到港仓储费；海关预录入、动植检、卫检报验等代收代付费；关税及垫付佣金。

仓库发货时，须再次检查货物外包装情况，遇有破损、短缺，应向货主交代，应指导协助货主合理安排安全装车，以提高运输效益，保证运输安全。

（7）送货及转运。

送货及转运是指航空货代将进口清关后货物直接运送至货主单位，运输工具一般为汽车，也称送货上门。转运主要指用飞机、汽车、火车、轮船、邮政等方式将进口清关后货物转运至内地的货运代理公司。

二、国际航空运费

货物的航空运费是指一票货物（同一航空运输单下的货物）自始发机场运输到目的地机场所应收取的航空运输费用。一般地说，货物的航空运费主要由两个因素组成，即货物适用的运价与货物的计费重量。

（一）国际航空货物运价

运价（rates）指承运人对所运输的每一重量单位（公斤或磅）收取的自始发地机场至目的地机场的航空费用。运价仅仅是指机场与机场间的空中费用，不包括其他费用（other charges），如地面运输、仓储、制单、货物清关等承运人、代理人、机场或其他部门收取的与空运有关的费用。

1. 公布直达运价的种类

按照IATA货物运价公布的形式，国际货物运价可分为公布的直达运价和非公布的直达运价，在此只介绍公布的直达运价。公布的直达运价指航空公司在运价本上直接注明承运人对由甲地运至乙地的货物收取的一定金额。

（1）指定商品运价（specific commodity rate，SCR）。

指定商品运价是指航空公司对一些特定的货物（见表5－2－2）在特定的航线上给予的一种特别优惠的运价，用“C”表示。指定商品运价规定有起码重量（100千克），如达不到所规定物起码重量则不能按此运价计算。

因为承运人制定指定商品运价的初衷主要是使运价更具竞争力，吸引更多客户，并使航空公司的运力得到更充分的利用，所以指定商品运价比普通货物运价要低。

表 5-2-2　中国国内航空货物指定商品种类及代码

代码	种类
0007	水果
0300	鱼（可食用）、海鲜、海味
0600	肉、肉制品包括家禽、野味和猎物
1201	皮革和皮制品
1401	花木、幼苗、根茎、种子、植物和鲜花
2195	成包、成卷、成块为进行进一步加工或制造的纱、线、纤维、布、服装和纺织品
6001	化学制品、药品、药材

（2）等级货物运价（class cargo rate，CCR）。

等级货物运价适用于指定地区内部或地区间的少数货物运输。通常是在一般货物运价（N 级运价）基础上增减一个百分比的形式公布，也就是对某些商品或货物在一般运价基础上提价或优惠的价格，通常附加的等级货物用字母“S”表示，附减的等级货物用“R”表示；当某货物没有特种货物运价（指定商品运价）时，方适用等级运价。

适用等级货物运价的货物通常有：

①动物、活动物的集装箱和笼子；

②贵重物品；

③尸体或骨灰；

④报纸、杂志、期刊、书籍、商品目录、盲人和聋哑人专用设备和书籍等出版物；

⑤作为货物托运的行李。

其中①-③通常在普通货物运价基础上增加一定百分比，而④-⑤在普通货物运价的基础上减少一定百分比。

（3）普通货物运价（general cargo rate，GCR）。

如货物的种类既不适用特种货物运价也不适用等级货物运价，就按普通货物运价计收。普通货物运价是用得最广泛的一种运价。

普通货物运价根据货物重量不同，分为若干个重量等级分界点运价。最常见的是 45 千克分界点，45 千克以下的普通货物运价又被称为标准普通货物运价，一般用字母“N”（normal rate）表示；45 千克以上（含 45 千克）的货物，运价用“Q45”（quantity rate）表示，依此类推，例如可规定100千克、300千克为分界点的货物运价，分别用“Q100”、“Q300”表示。运价的数额随运输货量的增加而降低。

【例1】说明下列上海到该空港运价表。

城市代码城市国家地区代码单价（每千克）

BOS BOSTON MA US

M	420.00
N	75.15
45	56.29
100	49.56
300	42.72
500	34.47
1000	31.52

从上面国航货运部提供的运价表可以看出：这是一份一般货物运价表，始发站上海，到港站是美国马塞诸塞州（Massachusetts）的波士顿（Boston），波士顿的代号为BOS 。起码运费（最低运费）420.00元，

45千克以下，每千克75.15元，

45千克以上，每千克运价56.29元

100千克以上，每千克运价49.56元

300千克以上，每千克运价42.72元

500千克以上，每千克运价34.47元

1000千克以上，每千克运价31.52元

（4）最低运费（minimum charges，M）。

最低运费也称起码运费，是航空公司办理一批货物所能接受的最低运费，是航空公司在考虑办理即使很小的一批货物也会产生固定费用后制定的。如果承运人收取的运费低于起码运费，就不能弥补运送成本。因此航空公司规定若计算出的运费数值低于起码运费，则以起码运费计收，另有规定除外。

2. 公布的直达运价的使用

有关运价的几点说明。

（1）除起码运费外，公布的运价都以千克或磅为单位。

（2）航空运费计算时，应首先适用指定商品运价，其次是等级货物运价，最后是普通货物运价。

（3）按指定商品运价或等级货物运价或普通货物运价计算的货物运费总额低于所规定的起码运费，则以起码运费计收，另有规定除外。

（4）公布的直达运价是一机场到另一机场，只适用于单一方面。

（5）公布的直达运价仅指基本运费，不包括提货、报关、接交和仓储等附加费。

（6）公布的直达运价一般以运输始发地的货币公布。

（7）对于贵重商品提出声明货物的价值时，要收取声明价值附加费，一般按货价的0.4% ~0.5%收取。

（8）航空运单中所使用的运价是填制运单之日的有效运价。

（二）计费重量

航空货运的计费重量是计算货物运输运费的重量。航空运费是由运价乘以货物的重量来确定的。计量重量的千克数并不一定等于普通人理解的货物通过磅秤称出来的千克数，有时候，这个千克数是用米尺"量出来"的。航空货运的计费重量或者是货物的实际毛重，或者是货物的体积重量，或者是较高重量分解点的重量。

1. 实际重量（actual weight）

实际重量是指货物连外包装在内的实际总重量，即货物毛重（gross weight）。以实际重量计费的货物称为重货，一般指每6000立方厘米重量超过1千克或每166立方英寸重量超过1磅的货物。

如果货物的毛重以千克表示时，最小计费单位是0.5千克，并以进尾法计重。也就是说当重量不足0.5千克时，按0.5千克计算；超过0.5千克不足1千克时按1千克计算。例如：125.02千克计费重量为125.5千克；125.51千克的计费重量为126千克。但每张航空货运单的货物重量不足1千克时，按1千克计算。

2. 体积重量（measurement weight）

按照国际航协规定，将货物的体积按一定的比例折合成的重量，称为体积重量。轻泡货物以它的体积重量作为计费重量。轻泡货物通常是指每6000立方厘米重量不足1千克或每166立方英寸不足1磅的货物。计算方法是：

（1）不考虑货物的几何形状分别量出货物的最长、最宽、最高部分的长度，单位为厘米或英寸，测量数值的尾数四舍五入。

（2）将货物的长、宽、高相乘算出货物的体积。

（3）将货物体积折合成体积重量。

国际航空运输协会统一确定了“体积重量”的标准公式，轻泡货物的计费重量公式为：

体积重量计算公式＝［长(cm)×宽(cm)×高(cm)］÷6000（cm^3/kg)

换言之，对于轻泡货物而言，货物的体积重量（千克）＝货物的体积（cm^3）÷6000，即6000立方厘米体积的货物折合1千克。

3. 计费重量

一般按照实际重量和体积重量择大计费的原则，比如棉花、编制工艺品等的比重小而单位体积偏大，那么应当测量货物的体积，根据以上公式计算出体积重量，然后将货物的实际重量与体积重量做比较，择其大者作为计费重量，乘以运价就得出了应收运费。

国际航协规定，国际货物的计费重量以0.5千克为最小单位，重量尾数不足0.5千克的，按0.5千克计算；0.5千克以上不足1千克的，按1千克计算。

【例2】 如果有3箱112cm×58cm×58cm的货物从北京出口到加拿大，3箱的实际毛重为155千克，单位运价为38元/千克，求该批货物的运费。

【分析】体积重量＝长×宽×高÷6000

＝112cm×58cm×58cm×3÷6000

＝188.384（kgs）

＝188.5（kgs）

而这批货物的实际毛重为155千克，小于体积重量188.5千克。因此，以体积重量作为向航空公司付费的计费重量。所以该批货物的运费为：

航空运费＝计费重量×单位运价

＝188.5×38＝7163（元）

当在集中托运时，一批货物由几件不同的货物组成，有轻泡货也有重货。其计费重量则采用整批货物的总毛重或总的体积重量，按两者之中较高的一个计算。也就是首先计算这一整批货物总的实际毛重；其次，计算该批货物的总体积，并求出体积重量；最后，比较两个数值，并以高的作为该批货物的计费重量。

（三）普通货物运费的计算

普通货物运价（GCR）是适用最为广泛的一种运价，我们在此重点介绍普通货物运价的计算。

1. 运价表见表 5－2－3

表 5－2－3　运价表

Date/Note	Item	Min.	Local	
Type	Weight	Curr.		
(8)	(9)	(10)	(11)	
BEIJING	CN	BJS		
(1)	(2)	(3)		
Y. RENMINBI		CNY	KGS	
(4)		(5)		
TOKYO		JP	M	230.00
(6)		(7)	(12)	
			N	37.51
			(13)	
			45	28.13
		0008	300	18.80
		0300	500	20.61
		1093	100	18.43
		2195	500	18.80

说明：

(1) 始发国城市全称

(2) 始发站国家的二字代码

(3) 始发站城市的三字代码

(4) 始发国国家的当地货币

(5) 重量单位

(6) 目的地城市全程

(7) 目的站国家的二字代码

(8) 运价的生效或截至日期/集装箱种类代号

(9) 备注

(10) 适用的商品品名编号

(11) 以当地货币表示的每公斤的运价数额

(12) 最低运价

(13) 低于 45 千克的普通货物运价

2. 运费计算实例

【例 1】

Routing：PEK ——TYO

Commodiy：Machinery

PC/WT：2/22. 5kg

DIMS：39. 8cm × 40. 3cm × 52. 4cm

（1）运价：

M：230. 00 CN

N：37. 51

45：28. 13

（2）体积重量：

40cm × 40cm × 52cm × 2 ÷ 6000 = 27. 73kg = 28. 00kgs

实际毛重为 21. 00kgs，所以以体积重量作为计费重量

（3）计算运费：

28. 0kgs × CNY37. 51 = CNY1050. 28

【例 2】

Routing：BEIJING，CHINA（BJS）
TO TOKYO，JAPAN（TYO）

Commodity：PARTS

Gross Weight：26. 3Kgs

Dimensions：82cm × 50cm × 34cm

计算该票货物的航空运费

公布运价如下：

BEIJING	CN		BJS
Y. RENMIBI	CNY		KGS
TOKYO	JP	M	320. 00
		N	37. 51
		45	28. 13

【分析】

（1）体积重量：82cm × 50cm × 34cm ÷ 6000cm^3/kg = 23. 23kgs = 23. 5kgs

实际毛重：26. 3kgs

计费重量：26. 5kgs

适用的运价：GCR N 37. 51 CNY/KG

航空运费：26. 5 ×37. 51 = CNY994. 02

（2）填制航空货运单运费计算栏：

No. of piece RCP	Gross Weight	Kg Lb	Rate Class		Chargeable Weight	Rate/ Charge	Total	Nature and Quantity of Goods（Incl dimensions or Volume）
				Commodity Item No				
1	26. 3	K	N		26. 5	37. 51	994. 02	PARES DIMS：82cm ×50cm ×34cm

【例 3】

适用较高计费重量分界点运费计算

Routing：BEIJING，CHINA（BJS）

TO AMSTERDAM，HOLLAND（AMS）

Commodity：SAMPLE

Gross Weight：39. 8. kgs

Dimensions：106cm ×58cm ×36cm

计算其航空运费

公布运价如下：

BEIJING	CN		BJS
Y. RENMIBI	CNY		KGS
AMSTERDAM	NL	M	320. 00
		N	50. 22
		45	41. 53
		300	37. 52

【分析】

（1）按实际重量计算：

体积重量：$106cm \times 58cm \times 36cm \div 6000cm^3/kg = 36.89kgs = 37kgs$

毛重：39. 8kgs

计费重量：40.0kgs

适用的运价：GCR N 50.22 CNY/KG

航空运费：40.0×50.22 = CNY2008.8

（2）采用较高重量分界点的较低运价计算：

计费重量：45.0kgs

适用的运价：GCR Q41.53CNY/KG

航空运费：41.53×45.0 = CNY1868.85

（1）与（2）比较，取运费较低者，所以运费应为CNY1868.85。

（3）填制航空货运单运费计算栏：

No. of piece RCP	Gross Weight	Kg Lb	Rate Class		Chargeable Weight	Rate/ Charge	Total	Nature and Quantity of Goods (Incl dimensions or Volume)
				Commodity Item No				
1	39.8	K	Q		45.0	41.53	1868.55	PARES DIMS：106cm×58cm×36cm

【例4】

Routing：SHANGHAI，CHINA（BJS）
TO PARIS，FRANCE（PAR）

Commodity：TOY

Gross Weight：5.8kgs

Dimensions：46cm×28cm×20cm

计算其航空运费

公布运价如下：

BEIJING	CN		BJS
Y. RENMIBI	CNY		KGS
AMSTERDAM	NL	M	320.00
		N	50.37
		45	41.43
		300	37.90

【分析】

体积重量：（46×28×20）cm^3 ÷6000cm^3/kg＝4.29kgs＝ 4.5kgs

毛重：5.8kgs

计费重量：6.0kgs

适用的运价：GCR N 50.37CNY/KG

航空运费：6.0×50.37＝CNY302.22

因为最低运费为320.00CNY，此票货物的航空运费为320.00CNY

航空货运单运费计算栏填制如下：

No. of piece RCP	Gross Weight	Kg Lb	Rate Class		Chargeable Weight	Rate/ Charge	Total	Nature and Quantity of Goods（Incl dimensions or Volume）
				Commodity Item No				
1	5.8	K	M		6.0	320.00	320.00	PARES DIMS：46cm×28cm ×20cm

3. 航空附加费

（1）声明价值费（valuation charges）。

与海运或铁路运输的承运人相似，航空承运人也要求将自己对货方的责任限制在一定的范围内，以限制经营风险。

《华沙公约》中对由于承运人自身的疏忽或故意造成的货物的灭失、损坏或延迟规定了最高赔偿责任限额，这一金额一般被理解为每千克20美元或每磅9.07英镑或其他等值货币。如果货物的价值超过了上述值，即增加了承运人的责任，承运人要收取声明价值费。否则即使出现更多的损失，承运人对超出的部分也不承担赔偿责任。

货物的声明价值是针对整件货物而言，不允许对货物的某部分声明价值。声明价值费的收取依据货物的实际毛重，计算公式为：

声明价值费＝（货物价值－货物毛重×20美元/千克）×声明价值费费率

声明价值费的费率通常为0.5%。大多数的航空公司在规定声明价值费率的同时还要规定声明价值费的最低收费标准。如果根据上述公式计算出来的声明价值费低于航空公司的最低标准，则托运人要按照航空公司的最低标准缴纳声明价值费。

例：北京到东京银元一批，毛重 25 千克，托运人声明价值是人民币 15000 元（1 美元按人民币 8.56 元折算）。

分析：声明价值附加费 =（货物价值 − 货物毛重 × 20 美元/千克）× 声明价值费费率

=（15000 − 25 × 20 × 8.56）× 0.5% = 53.60 元

（2）其他附加费。

其他附加费包括制单费、货到付款附加费、提货费，等等，一般只有在承运人或航空货运代理人或集中托运人提供服务时才收取。

三、航空运单

航空运单（air waybill）是进行航空货物运输必不可少的单据，它是由承运人或其代理人签发给托运人用以证明双方之间存在运输合同和货物已装上飞机的凭证，其内容对双方均具有约束力。但航空运单不同于海运提单，它不可转让（non-negotiable），持有航空运单也不能说明可以对货物要求所有权。

（一）航空运单的作用

1. 航空运单是发货人与航空承运人之间缔结运输契约的凭证

航空运单一经签发，就成为发货人与航空运输承运人之间签署承运合同的书面证据。该合同必须由发货人（或代理）与承运人（或代理）签署后方能生效，并在货物到达目的地交付给运单上所记载的收货人后失效。当代理人既是发货人代理又是承运人代理时，就要在运单上签署两次。

2. 航空运单是承运人签发的已接收货物的证明文件

航空运单也称为货物收据，在发货人将货物发运后，承运人或其代理人就会将运单的第一份正本（original for the shipper）交给发货人，作为其接收货物的证明。除非另外注明，它是承运人收到货物并在良好条件下装运的证明。

3. 航空运单是运费结算凭证及运费收据

航空运单可作为运费账单和发票。承运人自己留存第二份正本（original for the issuing carrier），作为运费收取凭据。

4. 收货人核收货物的收据

第三份正本（original for the consignee）随机交收货人，收货人据此核收货物。

5. 航空运单是办理清关的凭证

出口是航空运单是报关单证之一。在货物到达目的地机场进行进口报关时，航空运单也通常是海关查验放行的基本单证。

6. 航空运单同时也作为保险证书

当发货人要求承运人代办保险时，航空运单即可用来作保险证书。

7. 航空运单是承运人内部处理业务的依据

航空运单随货同行，证明了货物的身份。运单上载有有关该票货物发送、转运、交付的事项；承运人会据此对货物的运输做出相应安排。

航空运单的正本一式三份，每份都印有背面条款，其中一份交发货人，是承运人或其代理人接受货物的依据；第二份由承运人留存，作为记账凭证；最后一份随货同行，在货物到达目的地并交付给收货人时作为核收货物的依据。

（二）航空运单的类别

航空运单主要分为两类：

1. 航空总运单（master air waybill，简称 MAWB）

在航空货运单又称总运单。它是航空运输公司签发的、据以办理货物运输和交付的依据，是航空公司和托运人订立的运输合同，每一批航空运输的货物都有自己相对应的航空总运单。

2. 航空分运单（house air waybill，简称 HAWB ）

集中托运人在办理集中托运业务时签发的航空运单称为航空分运单。在集中托运中，除了航空运输公司签发主运单外，集中托运人还要签发航空分运单。由此可见，航空分运单是集中托运人与实际托运人之间的货物运输合同。而航空主运单则是航空公司与集中托运人之间的货物运输合同，货主与航空运输公司没有直接的契约关系。航空总运单与分运单的关系如图 5－2－4 所示：

（三）航空运单的内容

航空运单与海运提单类似也有正面、背面条款之分，不同的航空公司也会有自己独特的航空运单格式。所不同的是，航运公司的海运提单可能千差万别，但各航空公司所使用的航空运单则大多借鉴 IATA 所推荐的标准格式，差别并不大。所以我们这里只介绍这种标准格式，也称中性运单。下面就有关需要填写的栏目说明如下。

1. 始发站机场（airport of departure ）：需填写国际航空运输协会（IATA）统一制定的始发站机场或城市的三字代码，这一栏应该和 11 栏相一致。

1A：IATA 统一编制的航空公司代码，如我国的国际航空公司的代码就是 999；

1B：运单号。

2. 发货人姓名、住址（shipper's name and address）：填写发货人姓名、地

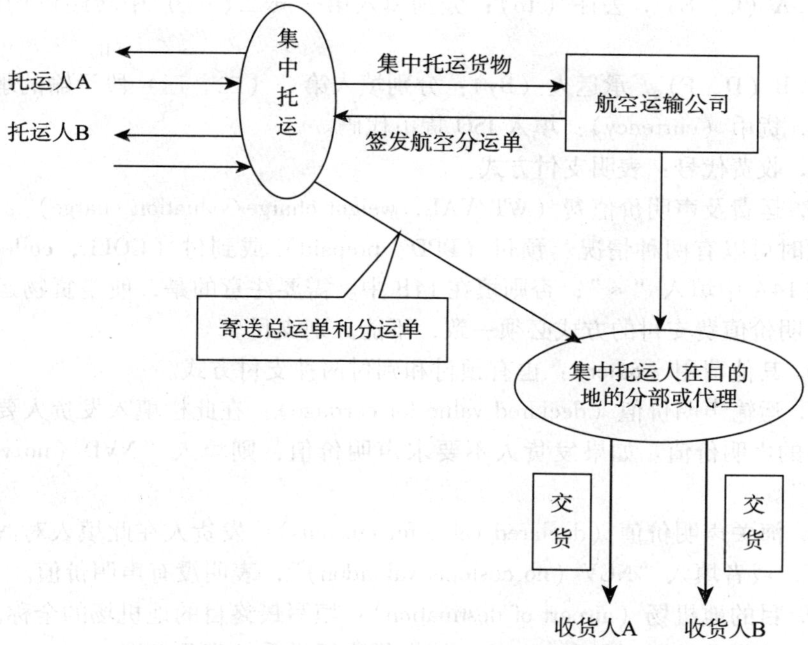

图5-2-4　航空总运单与分运单的关系

址、所在国家及联络方法。

3. 发货人账号（shipper's account number）：此栏一般不填，只在必要时填写。

4. 收货人姓名、住址（consignee's name and address）：应填写收货人姓名、地址、所在国家及联络方法。与海运提单不同，因为空运单不可转让，所以“凭指示”之类的字样不得出现。

5. 收货人账号（consignee's account number）：同3栏一样只在必要时填写。

6. 承运人代理的名称和所在城市（issuing carrier's agent name and city）。

7. 代理人的IATA代号。

8. 代理人账号。

9. 始发站机场及所要求的航线（airport of departure and requested routing）：这里的始发站应与1栏填写的相一致。

10. 支付信息（accounting information）：此栏只有在采用特殊付款方式时才填写。

11. A（C、E）. 去往（To）：分别填入第一（二、三）中转站机场的 IATA 代码。

12. B（D、F）. 承运人（By）：分别填入第一（二、三）段运输的承运人。

13. 货币（currency）：填入 ISO 货币代码。

14. 收费代号：表明支付方式。

15. 运费及声明价值费（WT/VAL，weight charge/valuation charge）：

此时可以有两种情况：预付（PPD，prepaid）或到付（COLL，collect）。如预付在 14A 中填入“ * ”，否则填在 14B 中。需要注意的是，航空货物运输中运费与声明价值费支付的方式必须一致，不能分别支付。

16. 其他费用（other）：也有预付和到付两种支付方式。

17. 运输声明价值（declared value for carriage）：在此栏填入发货人要求的用于运输的声明价值。如果发货人不要求声明价值，则填入“NVD（no value declared）”。

18. 海关声明价值（declared value for customs）：发货人在此填入对海关的声明价值，或者填入“NCV（no customs valuation）”，表明没有声明价值。

19. 目的地机场（airport of destination）：填写最终目的地机场的全称。

20. 航班及日期（flight/date）：填入货物所搭乘航班及日期。

21. 保险金额（amount of insurance）：只有在航空公司提供代保险业务而客户也有此需要时才填写。

22. 操作信息（handling information）：一般填入承运人对货物处理的有关注意事项，如“shipper's certification for live animals（托运人提供活动物证明）”等。

22A~22L. 货物运价、运费细节。

23A. 货物件数和运价组成点（No. of pieces /RCP，rate combination point）：填入货物包装件数。如 10 包即填“10”。当需要组成比例运价或分段相加运价时，在此栏填入运价组成点机场的 IATA 代码。

23B. 毛重（gross weight）：填入货物总毛重。

23C. 重量单位：可选择千克（kg）或磅（lb）。

23D. 运价等级（rate class）：针对不同的航空运价共有 6 种代码，它们是 M（minimum，起码运费）、C（specific commodity rates，特种运价）、S（surcharge，高于普通货物运价的等级货物运价）、R（reduced，低于普通货物运价的等级货物运价）、N（normal，45 千克以下货物适用的普通货物运价）、Q（quantity，45 千克以上货物适用的普通货物运价）。

23E. 商品代码（commodity item no.）：在使用特种运价时需要在此栏填写商品代码。

23F. 计费重量（chargeable weight）：此栏填入航空公司据以计算运费的计费重量，该重量可以与货物毛重相同也可以不同。

23G. 运价（rate/charge）：填入该货物适用的费率。

23H. 运费总额（total）：此栏数值应为起码运费值或者是运价与计费重量两栏数值的乘积。

23I. 货物的品名、数量，含尺码或体积（nature and quantity of goods incl. dimensions or volume）：

货物的尺码应以厘米或英寸为单位，尺寸分别以货物最长、最宽、最高边为基础。体积则是上述三边的乘积，单位为立方厘米或立方英寸。

23J. 该运单项下货物总件数。

23K. 该运单项下货物总毛重。

23L. 该运单项下货物总运费。

24. 其他费用（other charges）：指除运费和声明价值附加费以外的其他费用。根据 IATA 规则各项费用分别用三个英文字母表示。其中前两个字母是某项费用的代码，如运单费就表示为 AW（air waybill dee）。第三个字母是 C 或 A，分别表示费用应支付给承运人（carrier）或货运代理人（agent）。

25－27. 分别记录运费、声明价值费和税款金额，有预付与到付两种方式。

28－29. 分别记录需要付与货运代理人（due agent）和承运人（due carrier）的其他费用合计金额。

30. 需预付或到付的各种费用。

31. 预付、到付的总金额。

32. 发货人的签字。

33. 签单时间（日期）、地点、承运人或其代理人的签字。

34. 货币换算及目的地机场收费记录。

以上内容不一定要全部填入空运单，IATA 也并未反对在运单中写入其他所需的内容。但这种标准化的单证对航空货运经营人提高工作效率，促进航空货运业向电子商务的方向迈进有着积极的意义。另外，空代以自己名义签发的分运单，从形式到内容都是仿效航空公司主运单的，可参照上面的中性运单。

（四）航空运单填制实例

根据表 5－2－1 航空货运托运书内容填写航空货运单如下见表 5－2－4：

表 5－2－4 航空货运单

(1A) (1) (1B)	航空货运单 (1A) (1B)
Shipper's Name and Address CHINA INDUSTRY CORP., BEIJING P. R. CHINA TEL: 86 (10) 64596666	(3)Shipper's Account Number
Not Negotiable Air Waybill (1C) Issued By	
Copy 1,2 and 3 of this Air Waybill are originals and has the same validity	
Consignee's Name and Address OSAKA SPORT IMPORTERS, OSAKA, JAPAN TEL: 78789999 (4)	(5)Consignee'sAccount Number
It is agreed that the goods described herein are accepted in apparent good order and condition (except as noted)for carriage subject to the conditions of contract on the reverse hereop.All goods may be carried by any other means in cluding road or any other carrier unless specific contrary instructions are given hereon by the shipper.The shipper's attention is orawn to the notice concerning carrier's limitation of liability. The shipper may increase such limitation of liability by declaring a higher value for carriage and paying a supplemental charge if required. (1E)	
Issuing Carrier's Agent Name and City (6) KUNDA AIR FRIGHTCO. LTD	Accounting Information (10)
Agent's IATA Code (7)	Account No.(8)
Airport Departure (Add.of First Carrier)and Requested Routing (9) CAPITAL INTERNATIONAL AIRPORT	Reference Number (34A)
Optional Shipping Information	(34B) (34C)

To	Routingand Destination	To	By	To	By	Currency	CHGS Code	WT/VAL PPD	WT/VAL COLE	PPD	COLE	Ddclared ValueFor Carriage	Declared Value for Cu stoms(17)
JFK	By First Carrier (11B) CA	(11C)	(11D)	(11E)	(11F)	(12) CNY	(13)	(14A) ×	(14B)	(15A) ×	(15B)	(16)	

AIRPORT OF DESTINATION (18)	Flight/Date For Carrier Use OnlyFlight/Date (19A) (19B)CA921/30JUL, 2008	AMOUNT OF INSURANCE (20)

Handling Information (21)
1 COMMERCIAL KEEP UP SIDE
(21A) SCI

No of Packages RCP	Gross Weight	kg lb K	Rate Class	Commod ity Item No	Chargea ble Weight	Rate/ Charge	Total	NATURE AND QUANTITY OF GOODS(INCL.KIME NSIONS OR VOLUME)
4	89.8		(22D)					
(22A)	(22B)	(22Z)		(22E)	(22F) 90	(22G) 37.51	(22H)	(22I)TOYS DIMS: 70CM×47CM×35CM×4
(22J)	(22K)		N				(22L)	

Prepaid	Weight Charge	Collect	Other Charges
(24A) 3375.9		(24B)	(23)
(25A)	Valuation Charge	(25B)	
(26A)	Tax	(26B)	
(27A)	Total Other Charges Due Agent	(27B)	CHINA INDUSTRY CORP., BEIJING P. R. CHINA 王林
(28A) (29A)	Total Other Charges Due Carrier	(28B) (29B)	(31) Signature of Shipper or His Agent
Total Prepaid (30A)	Total Collect (30B)		30JUL 2008BEIJING AIR CHINA 李明
Curre ncy Conversion Rates (33A)	CC Charges in Dest Currency (33B)		(32A) (32B) (32C) Executed on (Date)at (Place)Signature of Issuing Carrier or His Agent
For Carrier's Use Only At Destination (33)	Charges at Destination (33C)		Total Collect Charges (33D)

【案例回放和分析】

1. 航空公司应该赔偿。

2. 此批货物属于国际运输，根据《华沙公约》第十八条第一款“对于交运的行李或货物因毁灭、遗失或损坏而产业的损失，如果造成这种损失的事故发生在航空运输期间，承运人应负责任”。航空运输，包括行李或货物在承运人保管的期间，不论在航空站内、在航空器上或在航空站外降停的任何地点。此票货物的损害虽然是在公路上发生的，但是在承运人的保管期间。对于《华沙公约》中所规定的责任限额，航空公司对旅客托运行李或货物按每千克以 250 法郎为限（约折合 20 美元）来进行赔偿。航空公司应赔偿 USD20 × 178 = USD3560。

本章小结

航空运输作为一种重要的运输方式，相对其他运输方式有着不可比拟的优势。本章主要从国际航空运输的发展开始，阐述了国际航空运输的特点和作用，国际航空运输组织，国际航空货物运输的基础知识。目前的航空运输方式主要有以下几种：班机运输、包机运输、集中托运和联合运输方式，航空快递业务主要有三种形式。航空运单分为总运单和分运单。在计算航空货物运输费用时，要综合考虑货物的计费重量、有关的运价和费用以及货物的申明价值。

关键名词或概念

国际航空货物运输（international air cargo transportation）
航空主运单（master air waybill，MAWB）
航空分运单（house air waybill，HAWB）
体积重量（measurement weight）
货物等级运价（commodity classification rate，CCR）
集中托运（consolidation）
声明价值（valuation charge）

课后练习

■ 复习思考题

1. 简述国际航空运输的特点和作用。

2. 请问国际航空货物运输的方式有哪几种？

3. 简述集中托运的定义、做法和特点。

4. 简述航空运单的性质和作用。

5. 航空主运单和分运单的概念是什么？它们有什么区别？

6. 什么叫整包机？什么叫部分包机？包机运输具有哪些特点？

■ 技能训练

1. 案例分析

（1）案例 1

一票从北京运往伦敦的机器配件，在巴黎中转，货运单号 666 – 33783442，4 件，每件 25 千克，当在巴黎中转时，由于临时出现问题，发货人向航空公司提出停止运输，且返回北京。问：1. 发货人的请求是否可以得到航空公司的许可？为什么？2. 返回的机器配件的运费由谁来支付？

（2）案例 2

一票从上海运往泰国的整套流水线机器，货运单号 777 – 89783442 ，由于机器比较庞大，用了 6 个箱子，每件重量 60 千克，整套机器的价值 USD6000，无申明价值，在终点站接货时，发现一个箱子开裂，经检验，这个箱子的机器已完全受损，其他 5 个箱子完好。问：航空公司应如何赔偿？

（3）案例 3

一票由东京到北京的仪器，每千克价值 100 美元，共 20 千克，货运单上无声明价值。在装运过程中，由于搬运工人不小心，使仪器受到震荡。当收货人受到货物后，经检查，仪器已出现明显的损坏，收货人立即向承运人提出索赔，此时，距离收货人收到货物已 10 天。问：（1）收货人是否可以提出索赔？（2）若可以索赔，收货人应提供哪些文件？

2. 计算

（1）某一票货物用飞机从北京直接运往华盛顿。1 月 25 日班机从北京启程，北京时间是 10:44。到达华盛顿时，当地时间为 1 月 26 日 15:30。计算该票货物在运输过程中飞行的飞行时间。

（2）从香港运往巴黎一件玩具样品，毛重 4.3 千克，体积尺寸为（$41\times33\times20$）cm^3，计算其航空运费。

公布运价如下：

SHANGHAI	CN	SHA	
Y. REN MINBI	CNY	KGS	
PARIS（PAR）	FR	M	320.00
		N	42.81
		45	44.6
		100	40.93

（3）某公司出口一批货物112箱，每箱重15千克，体积为（40×44×60）cm^3，从上海运至墨西哥城，请计算空运运费。（M：181美元；N：28.65美元；Q：21.62美元；100kg：18.82美元；200kg：15.35美元；1500kg：15.07美元；2000kg：14.6美元）

（4）上海某进出口公司以空运方式寄一批玩具至巴黎客户，其毛重5.4kgs，体积尺寸为42cm×28cm×20cm，计算其航空运费。公布运价如下：

BEIJING	CN		SHA
Y. RENMIBI	CNY		KGS
PARIS	FR	M	320.00
		N	50.37
		45	42.43
		100	40.88

（5）Routing：BJS to TYO

Commodity：Bamboo Basket

Gross Weight：2Piece，43.0kgs

Dimension：1Piece 42cm×39.6cm×50cm

计算该票货物的航空运费，并填制航空货运单计算栏。

公布运价如下：

BEIJING	CN		BJS
Y. RENMIBI	CNY		
TOKYO	JP	M	230.00
		N	37.51
		45	28.13

（6）Routing：Beijing，China（BJS）
to Tokyo，Japan（TYO）
Commodity：Machinery
Gross Weight：2Piece，Each 18.57kgs
Dimension：2Piece 70cm×46cm×35cm
公布运价如下：

BEIJING Y. RENMIBI	CN CNY		SHA KGS
TOKYO	JP	M N 45	230.00 37.51 28.13

根据已知条件及计算结果，填制以下航空货运单运费计算栏。

No. of piece RCP	Gross Weight	Kg Lb	Rate Class		Chargeable Weight	Rate/ Charge	Total	Nature and Quantity of Goods (Incl dimensions or Volume)
				Commodity Item No				

3. 某公司委托东风航空货代公司从大连代运一批服装至香港，分组模拟并写出国际航空货物出口货运代理业务流程。

4. 根据下列资料和国际航空货物托运单缮制国际航空运单一份。

（1）ISSUING CARRIER'S AGENT：AMR CORP

（2）AIRPORT OF DEPARTURE：SHANGHAI PUDONG INTERNATIONAL AIRPORT

（3）AERPORT OF DESTINATION：NEWARK AIRPORT（EWR）

（4）FLIGHT/DATE：CA921/16 SEP2005

（5）H. S CODE：6109. 1000

国际货物托运书（SHIPPERS LETTER OF INSTRUCTION）

<table>
<tr><td rowspan="2">托运人姓名及地址
SHIPPER'S NAME AND ADDRESS

SHANGHAIIMP. AND EXP. CO. LTD
127，SIPINGROAD
SHANGHAI，CHINA</td><td>托运人账号
SHIPPERS ACCOUNT NUMBER</td><td>供承运人用
FOR CARRIAGE ONLY</td></tr>
<tr><td></td><td>班期/日期 航班/日期
FLIGHT/DAY FLIGHT/DAY
CA921/16 SEP2008</td></tr>
<tr><td rowspan="2">收货人姓名及地址
CONSIGNEE'S NAME AND ADDRESS

ABC CO. LTD
3790 FORD YCE AVE
CARSON. NE 2638</td><td>收货人账号
CONSIGNEE'S ACCOUNT NUMBER</td><td>已预留吨位
BOOKED</td></tr>
<tr><td></td><td>运费 CHARGE</td></tr>
<tr><td colspan="2">代理人的名称及城市
ISSUING CARRIESRS AGENT NAME AND CITY
AMR CORP</td><td rowspan="3">ALSO NOTIFY</td></tr>
<tr><td colspan="2">始发站
AIRPORT OF DEPARTURE
SHANGHAI PUDONG INTERNATIONAL AIRPORT</td></tr>
<tr><td colspan="2">到达站
AIRPORT OF DESTINATIN
NEWARK AIRPORT（EWR）</td></tr>
</table>

<table>
<tr><td colspan="3">托运人声明价值
SHIPPER'S DECLARED VALUE</td><td rowspan="2">保险金额
AMOUNT OF INSURANCE
×××</td><td colspan="2" rowspan="2">所附文件
DOCUMENT TO ACCOMPANY AIR WAYBILL
COMMERCIAL INVOICE</td></tr>
<tr><td colspan="2">供运输用
FOR CARRIAGE
NVD</td><td>供海关用
FOR CUSTOMS
NCV</td></tr>
<tr><td colspan="6">处理情况（包括包装方式、货物标志及号码）
HANDLING INFORMATION（INCL METHOD OF PACKING IDENTIFYING AND NEMBERS）
L/C NO. HAN3000089</td></tr>
<tr><td>件数
NO. OF PACKAGES</td><td>实际毛重
ACTUAL GROSS WEIGHT（KG）</td><td>运价种类
RATE CLASS</td><td>收费重量
CHARGEABLE WEIGHT</td><td>费率
RATE/CHARGE</td><td>货物品名及数量（包装体积及尺寸）
NATURE AND QUANTITY OF GOODS（INCL DIMENSION OF VOLUME）</td></tr>
<tr><td>40CINS</td><td>960KGS</td><td></td><td></td><td></td><td>100% COTTON
T-SHIRT
72CM×45CM×22CM/CTN×40</td></tr>
<tr><td colspan="4">托运人签字（SIGNATURE OF SHIPPER）
SHANGHAIIMP. AND EXP. CO. LTD
李仁</td><td colspan="2">日期（DATE）
15 SEP，2005</td></tr>
</table>

第六章　国际集装箱运输代理理论与实务

【开篇导读】

集装箱运输最早出现在美国，于 20 世纪 60 年代末推广到世界各地。近年来，我国的集装箱运输也有很快发展，已在大连、青岛、上海等海港建立了集装箱码头。集装箱运输作为一种先进的运输方式，因其具有能够简化包装、减少货损货差、提高货运质量、降低运输成本等其他交通运输方式不可替代的优势和特点，发展前景极其广阔，是交通运输业的发展方向。

【学习目标】

知识目标：掌握集装箱的概念、功能、集装箱标记的含义；了解各种集装箱的特点与适用情况；掌握集装箱的分类、尺寸以及集装箱货物的装箱方式和交接地点。

能力目标：掌握集装箱拼箱的操作流程与集装箱运费核算。

【引导案例】

案例一

江苏粮油进出口有限公司欲出口下列商品到东欧某国：玉米 3000 吨，黄豆 1800 吨，面粉 1500 吨，大米 2500 吨。试分析：该公司采用什么运输方式使货损货差最小、成本最低？

案例二

如果该批货物采用的纸箱尺寸为 60cm × 40cm × 20cm，每箱毛重为 8.8kg，每箱净重为 8.2kg，共 2100 箱，用 40 英尺钢质集装箱（体积为 12050mm × 2343mm × 2386mm），最大载重量为 27380kgs，内容积为 67.4m^3。请计算该批货物需要几个 40 英尺钢质集装箱？

第一节　集装箱运输基础知识

一、集装箱概述

集装箱运输（container transport）是以集装箱为集合包装和运输单位，适合门到门交货的成组运输方式，也是成组运输的高级形态。其以集装箱这种大型容器为载体，将货物集合组装成集装单元，以便在现代流通领域内运用大型装卸机械和大型载运车辆进行装卸、搬运作业和完成运输任务，从而更好地实现货物“门到门”运输的一种新型、高效率和高效益的运输方式。它适用于海洋运输、铁路运输、公路运输、航空运输及国际多式联运等多种运输方式。

（一）集装箱的定义

集装箱（container）又称“货柜”，是指具有一定强度、刚度和规格，专供周转使用并便于机械操作和运输的大型装货容器。由于外形像一个箱子，又可以集装成组货物，所以叫做集装箱。它能为铁路、公路和水路所通用。集装箱是符合一定标准的、用于承载货物进行运输的一种运输设备。根据国际标准化组织市104技术委员会（International Organization for Standardization Technical Committee, ISO/TC104）制订的国际标准和我国《集装箱名词术语》的规定，集装箱应符合下列基本条件：

1. 能长期的反复使用，具有耐久性；
2. 途中转运不用移动箱内货物，可以直接换装；
3. 可以进行快速装卸，并可以从一种运输工具直接方便地换装到另一种运输工具；
4. 便于货物的装满与卸空；
5. 具有 $1m^3$（$35.32ft^3$）以上的容积。

（二）集装箱的种类

在集装箱的发展过程中，由于所装货物的运输条件和性质的不同，出现了不同种类的集装箱，其中应用最为广泛的是按照用途对集装箱进行分类。

1. 按用途分类

根据设计中所考虑的装运货物品类的不同，集装箱可分为普通货物集装箱、特种货物集装箱和航空集装箱。

（1）普通货物集装箱。

普通货物集装箱是指除装运需控温货物、液体和气体货物、散货、汽车和活动物等的特种货物集装箱及航空集装箱以外的各类集装箱的总称。又可分为通用集装箱和专用集装箱。

通用集装箱，又称干货集装箱或杂货集装箱，是指全封闭式，具有刚性的箱顶、侧壁、端壁和箱底，至少在一面端壁上有箱门的集装箱。

专用集装箱，是指为便于不通过端门装卸货物，或为通风等特殊用途而设有独特结构的普通货物集装箱，包括通风集装箱、敞顶集装箱、台架式集装箱和平台集装箱。

（2）特种货物集装箱。

特种货物集装箱是指用于装运需控温货物、液体和气体货物、散货、汽车和活动物等特种货物的集装箱，包括保温集装箱、罐式集装箱、干散货集装箱和按货物命名的集装箱。

（3）航空集装箱。

航空集装箱是指与空运有关的集装箱，包括空运集装箱和空陆水联运集装箱。

2. 按结构分类

（1）整体式集装箱。

整体式集装箱为整体的刚性结构，一般具有完整的箱壁、箱顶和箱底，如通用集装箱、封闭式通风集装箱、保温集装箱、干散货集装箱等。对铝质的整体式集装箱，又有内柱式和外柱式之分。内柱式集装箱是指侧柱和端柱位于侧壁和端壁之内；外柱式集装箱则是指侧柱和端柱位于侧壁和端壁之外。内柱式集装箱的优点是：外表平滑，印刷标记方便。另外，由于外板与内衬板之间留有空隙，故隔热效果好，并能减少货物湿损。外柱式集装箱的优点是：集装箱受外力作用时，外力由侧柱和端柱承受，起到保护外板的作用，有时还能省去内衬板。

（2）框架式集装箱。

框架式集装箱一般呈框架结构，没有壁板和顶板，如某些台架式集装箱，有时甚至没有底板，如汽车集装箱。

（3）罐体式集装箱。

罐体式集装箱外部为刚性框架，内有罐体，适于装运液体、气体和粉状固体货物。

（4）折叠式集装箱。

折叠式集装箱的主要部件（指侧壁、端壁和箱顶）能够折叠或分解，再次使用时，可以方便地组合起来。这种集装箱的优点是在回空和保管时能缩小集装箱的体积，但由于其主要部件是铰接的，故其强度受到一定的影响。

（5）软式集装箱。

软式集装箱是指用橡胶或其他复合材料制成的有弹性的集装箱。其优点是结构简单，空状态时体积不大，自重系数小。

3. 按使用材料分类

集装箱按主体材料分类，可以分为木制集装箱、钢制集装箱、铝合金制集装箱、玻璃钢制集装箱、不锈钢制集装箱等。

钢质集装箱的全部材料是以低碳钢或不锈钢焊接而成。其优点是强度大、结构坚固、焊接性好、水密性好；缺点是自重大、耐腐蚀性差。

玻璃钢制集装箱是由玻璃纤维和树脂混合，加入适当的加强塑料制成的集装箱。其优点是强度高、钢性好、耐腐蚀和可防止箱内结露；缺点是容易老化。

4. 按总重分类

集装箱按总重可分为大型集装箱、中型集装箱和小型集装箱。大型集装箱是指总重在20t及其以上的集装箱；中型集装箱是指总重在5t及其以上，但小于20t的集装箱；小型集装箱是指总重小于5t的集装箱。有时也可直接根据集装箱的总重来称呼集装箱，如1t箱、5t箱、10t箱等。

5. 其他分类方法

（1）按装卸方式分类。

集装箱按装卸方式可分为垂直装卸的集装箱、水平装卸的集装箱和可卸箱体。

（2）按集装箱的所有人分类。

按照集装箱的所有人可分为：货主只有或者提供使用的集装箱，称为货主箱（Shipper's Own Container，简称SOC）；承运人自有或提供使用的集装箱，称为船东箱（Carrier's Own Container，简称为COC）；从最终所有权来说，还有集装箱出租公司拥有的租给货主或承运人使用的集装箱，称为出租箱。

（3）按长度分类。

集装箱按长度可分为40英尺集装箱、20英尺集装箱、10英尺集装箱、45英尺集装箱等。

（4）按箱型分类。

集装箱按箱型可分为1AAA、1BB、1C、1DX等集装箱。

（三）集装箱的规格标准化

1. 集装箱的国际规格标准

集装箱国际规格标准是由国际标准化组织（ISO）集装箱技术委员会制定的。集装箱标准化历经了一个发展过程。国际标准化组织（ISO）集装箱技术委员会自 1961 年成立以来，对集装箱国际标准作过多次补充、增减和修改，到目前为止，国际标准集装箱共有 13 种规格，其宽度均一样（2438mm）、长度有四种（12192mm、9125mm、6058mm、2991mm）、高度有四种（2896mm、2591mm、2438mm、<2438mm）。用得最多的是 8 英尺 ×8 英尺 ×20 英尺和 8 英尺 ×8 英尺 ×40 英尺的集装箱。国际标准集装箱规格如表 6－1－1 所示。常用集装箱的最小内部尺寸和容积见表 6－1－2。

表 6－1－1　　国际标准集装箱规格（ISO）

规格英尺	箱型号	外部尺寸						最大质量	
		英制（ft）			公制（mm）				
		长	宽	高	长	宽	高	Kg	lb
40	1AAA	40′	8	9′6″	12192	2438	2896	30480	67720
	1AA	40′	8	8′6″	12192	2438	2591	30480	67720
	1A	40′	8	8′	12192	2438	2438	30480	67720
	1AX	40′	8	<8′	12192	2438	<2438	30480	67720
30	1BBB	29′11.25″	8	9′6″	9125	2438	2896	25400	56000
	1BB	29′11.25″	8	8′6″	9125	2438	2591	25400	56000
	1B	29′11.25″	8	8′	9125	2438	2438	25400	56000
	1BX	29′11.25″	8	<8′	9125	2438	<2438	25400	56000
20	1CC	19′10.5″	8	8′6″	6058	2438	2591	24000	52920
	1C	19′10.5″	8	8′	6058	2438	2438	24000	52920
	1CX	19′10.5″	8	<8′	6058	2438	<2438	24000	52920
10	1D	9′9.75″	8	8′	2991	2438	2438	10160	22400
	1DX	9′9.75″	8	<8′	2991	2438	<2438	10160	22400

表 6-1-2　国际标准集装箱的内部尺寸

箱型		最小内部尺寸（mm）			最小内部容积（m^3）
		长	宽	高	
1A	40′	11997	2300	2195	60.5
1AA		11997	2300	2 350	64.8
1B	30′	8930	2300	2195	45
1C	20′	5867	2300	2195	29
1D	10′	2802	2300	2195	14.1
1E		1780	2300	2195	9
1F		1273	2300	2195	6.4

注：①尺寸以温度20℃时测量的数值为准，在其他温度下测得尺寸，要作相应修改。

②专业集装箱长度和宽度要符合表中的规定，高度可根据货物的比重决定，但最高不得超过2591mm。

③上述标准适用于水路、铁路和公路运输的货物集装箱。

2. 标准箱

为便于统计，国际上以8英尺×8英尺×20英尺为计算集装箱的标准单位，称为换算箱或标准箱，简称TEU（twenty-foot equivalent unit），中文翻译为“20英尺等量单位”。凡非20英尺的集装箱，均折合成20英尺集装箱进行统计。

（四）集装箱的标志与识别

为便于在流通、使用中识别和管理集装箱，便于单据编制和信息传递，国际标准化组织制定了集装箱标记标准——《集装箱的代号、识别和标记》[ISO6346-1981（E）]，每一个集装箱都需要在适当和明显部位（四周右上角）涂刷以下长久标志。比如：

CBHU800121 66

CN 20G1

MAX GROSS：X X X X（kg）

X X X X（lb）

TARE　X X X X（kg）

X X X X（lb）

1. 第一组标记：箱号

箱号由箱主代码、顺序号和核对数组成。

（1）箱主代码。箱主代码是表示集装箱所有人的代码。国际标准化组织规定，箱主代码由四个大写的拉丁字母表示，前三位由箱主自己规定，第四个字母规定用 U（U 为国际标准中海运集装箱的代号）表示。如“CBHU”表示此集装箱是中国远洋运输公司所有。为防止箱主代码出现重复，所有的箱主必须在使用代码之前向国际集装箱局（BIC）登记注册。世界上一些主要船公司和租箱概念公司的箱主代码见表 6－1－3。

表 6－1－3　世界上一些主要船公司和租箱概念公司的箱主代码

国家或地区	公司中文译名	公司原文名	箱主代码
中国	中国远洋运输公司	CHINA OCEAN SHIPPING CO.	COSU
中国香港	东方海外集装箱公司	ORIENT OVERSEAS CONTAINER LINE	OOCU
德国	赫伯格·劳埃德轮船公司	HAPAG-LLOYD	HLCU
美国	海陆联运公司	SEA-LAND	SEAU
日本	大阪商船三井航运公司	MITSUI-OLKINE	MOLU

（2）顺序号（也称为箱号）。顺序号由 6 位阿拉伯数字表示，如果有效数字不足 6 位，则在有效数字前用“0”补足 6 位。如“074536”

（3）核对数。核对数是用来检测箱主代码和顺序号记录是否准确的依据。它位于 6 位箱号后，是一个在方框内的数字，从 0－9，如 5。

集装箱标记的核对数计算：

将箱主代码的字母定义为一定的数字，A－10，B－12，C－13，D－14，……，Z－38，不采用 11 及其倍数。

$S=\sum_{i=0}^{9} Ci \times 2^i$，S/11 的余数即为核对数。

例：箱号 CBHU800121

C		B		H		U		8		0		0		1		2		1	
13	2^0	12	2^1	18	2^2	32	2^3	8	2^4	0	2^5	0	2^6	1	2^7	2	2^8	1	2^9
13	1	12	2	18	4	32	8	8	16	0	32	0	64	1	128	2	256	1	512

$S=13\times1+12\times2+18\times4+32\times8+8\times16+0\times32+0\times64+1\times128+2\times256+1\times512=1645$

S ÷ 11 = 1645 ÷ 11 = 149，余 6。

核对数就为 6。

2. 第二组标记：箱型

箱型是由国家（地区）代码、尺寸代号和类型代号组成的。

（1）国家（地区）代码。国家（地区）代码是用两个拉丁字母表示，用以说明集装箱的登记国，例如中国 CN，美国 US，英国 GB 等。但是 1995 年的新国际标准中，取消了国家代码。

（2）尺寸代号。尺寸代号以两个字符表示，如“20”，用以说明集装箱的尺寸。

第一个字符表示箱长，如“2”为 20ft 箱，“4”为 40ft 箱，L 为 43ft 箱。

第二个字符表示箱高和箱宽，如“0”为 8ft 高和 8ft 宽的集装箱，2 为 8′6″高和 8ft 宽的集装箱，5 为 9′6″高和 8ft 宽的集装箱，L 为 8′6″高和大于 8′2″宽的集装箱。

（3）类型代号（箱型代码）。类型代号反映集装箱的用途和特征，原来用 2 个阿拉伯数字表示，1995 年改为用 2 个字符表示：第一个字符为拉丁字母，表示集装箱的类型；第二个字符为阿拉伯数字，表示集装箱的特征。如“G1”类型代号，表示一端或两端开门、有透气孔的干货集装箱。见表 6－1－2 中的细代码。

3. 第三组标记：重量

重量是由最大重量和箱净重量组成。一般有两组重量，分别是公制的 kg 和英制的 lb。

（1）最大重量。最大重量那个 MAX GROSS：X X X Xkg，X X X Xlb 表示，是指集装箱的自重和最大载重之和，它是一个常数，任何类型的集装箱装载货物后，都不能超过这一重量。

（2）箱净重量。箱重用 TARE X X X Xkg，X X X Xlb 表示，是指集装箱的空箱重量，由集装箱的材料和制造工艺所决定。

（五）集装箱运输的优势

集装箱运输与传统的货物运输相比较，具有以下特点：

1. 提高货运质量，减少货损货差

由于集装箱结构坚固，强度和刚度很大，可以防止因压、砸、撞带来的损失，所以对货物有很好的保护作用。同时，货物在装入集装箱后，在整个的运输过程中都使用机械装卸、搬运，不再倒载，减少了装卸搬运的次数，大大减少了货损货差，保障了货物的安全和质量，降低了运输风险。根据我国的统计，用货车装运玻璃器皿，一般破损率在30%左右，而改用集装箱运输后，破损率下降到5%以下。在美国，类似运输破损率不到0.01%，日本也小于0.03%。

2. 缩短货物在途时间，减少运输费用，降低货运成本

集装箱化为港口和场站的货物装卸、堆码和全机械化和自动化创造了条件。标准化货物单元的加大，提高了装卸效率，使装卸搬运的工作变得简单而又大大缩短了车船在港口和场站的停留时间。根据航运部门统计，一艘普通货船在港停留时间约占整个营运时间的56%；而使用集装箱运输后，则在港时间缩短到仅占营运时间的22%。此外，集装箱还可以节省船舶费用、节省运输环节的货物装卸费用和保险费用。货主的资金占用率大大下降，很大程度上降低了货运成本。

3. 节省货物运输包装费用，推动包装标准化，简化理货手续

集装箱是坚固的金属或非金属的箱子。货物采用集装箱运输，由于有集装箱的保护，不受外界的挤压碰撞，一般就不再需要外包装，内包装的强度也可以减弱，包装费用下降。据统计，用集装箱方式运输电视机，本身的包装费用可节约50%。同时，集装箱作为一种大型标准化容器的使用，促使商品包装进一步标准化和集装化，采用标准集装箱，理货时按箱清点，可大幅度减少检查时间。此外，由于集装箱通关后，一次性铅封，在到达目的地前不再开启，也简化了理货工作，降低了相关费用。

4. 有利于组织多种运输方式的联合运输

集装箱作为一种标准运输单元的出现，使各种运输工具的运载尺寸向统一的满足集装箱运输需要的方向发展。因此，便于开展各种运输方式间的多式联运，进行自动化管理，实现“门到门”运输。

（六）集装箱运输的关系人

随着集装箱运输的逐步发展、成熟，与之相适应的，有别于传统运输方式的管理方法和工作机构也相应地发展起来，形成一套适应集装箱运输特点的运输体系。主要包括：

1. 实际承运人（actual carrier）

实际承运人是指拥有大量集装箱和集装箱船只的轮船公司。它包括经营集装箱运输的船公司、联营公司、公路集装箱运输公司、航空集装箱运输公司等。除了承运集装箱货物外，也经营揽货、装箱、拆箱等业务。例如：我国中远、外运除拥有集装箱船经营集装箱货运外，还设有货代部、货运站（CFS）等业务职能部门。

2. 无船公共承运人（non vessel operating common carrier, NVOCC）

集装箱运输通常是从一个国家的内陆点收货然后启运到另一个国家的内陆点交货，大都为多式联运，中途要经过多次换装。这种复杂的运输方式如单独由海运或铁路或公路承运人负责全程运输存在很大的困难。无船公共承运人本身一般不具有运输工具，一方面它以承运人的身份向货主揽货，另一方又以托运人的身份向实际承运人托运。它在承运人和托运人之间起着中间桥梁作用。

3. 集装箱租赁公司（container leasing corporation）

由于集装箱的造价比较高，因此随集装箱运输发展而兴起的一种新兴行业，它专门经营集装箱的出租业务，包括：出租、回收、存放、报管、维修集装箱等。出租对象一般为承运人、无船承运人和货主等。

4. 联运保赔协会（through transit club）

一种由船公司互保的保险组织，对集装箱运输中可能遭受的一切损害进行全面统一的保险。这是集装箱运输发展后所产生的新的保险组织。

5. 集装箱码头（堆场）经营人（container terminal operator）

集装箱码头（堆场）经营人是具体办理集装箱在码头的装卸、交接、保管的部门，一般备有集装箱专用码头和堆场，它受托运人或其代理人以及承运人或其代理人的委托提供各种集装箱运输服务。

6. 集装箱货运站（container freight station，CFS）

集装箱货运站又称为中转站、拼装货站，是在港口、车站或内陆交通比较便利的大中城市设立的提供集装箱交接、中转或其他运输服务的专门场所。

7. 货主（shipper）

二、集装箱运输方式

集装箱的运输方式有船舶、铁路、公路、航空四种。

（一）船舶运输

1. 集装箱船舶的种类

按船舶装运集装箱化程度的不同，可将集装箱运输所使用船舶分为如下五种：

（1）全集装箱船（full cellular ship/full container ship）。

这类船舶的设计目的在于使全船所有载货空间可以适合集装箱装载。它的船内有固定的格槽（cellular），每个格槽均有垂直导轨，集装箱可沿导轨放下或提升，箱子的四角因受格槽的制约，故能稳固重叠堆放，这种格槽船随着集装箱运输的不断发展而逐渐向大型化、高速化发展。如表6－1－4。

表 6-1-4　全集装箱船

代次	集装箱数量	载重（吨）	全长（米）	全宽（米）	吃水（米）
第一代	750TEU	12000	175	25	8
第二代	1500TEU	30000	225	29	11
第三代	2400TEU	35000	275	32	约 12
第四代	3801TEU	50000	275	32.2	约 11.7
第五代	5250TEU	56800	280	39.8	约 4
第六代	6000TEU	68950	318	42.8	14

（2）半集装箱船（part cellular ship/semi container ship）。

这类船舶只有部分船舱内装有格槽用来放置集装箱，其余舱位用来装运其他货物，所以这种船又叫做混装船，多行驶于集装箱装卸设备不齐全的一些港口。

（3）可变换集装箱船（convertible container ship）。

其货舱内装载集装箱的结构为可拆装式的。因此，它既可装运集装箱，必要时也可装运普通杂货。集装箱船航速较快，大多数船舶本身没有起吊设备，需要依靠码头上的起吊设备进行装卸。这种集装箱船也称为吊上吊下船。

（4）滚装船（roll-on/roll-off vessel）。

滚装船又称为驶上驶下船。这种船本身无须装卸设备，一般在船侧、船首或船尾有门可以启闭。打开门只要将船上的伸缩跳板与岸上码头连接，就可以将集装箱放在底盘车上用拖车直接拖上拖下，如果装卸货物时车辆可直接开进或开出船舱。这种船的优点是不依赖码头上的装卸设备，装卸速度快，可加速船舶周转。滚装船有以下几种型号（见表 6-1-5）：

表 6-1-5　滚装船型号

型号	集装箱数量	载重（吨）	全长（米）	全宽（米）	吃水（米）
滚上滚下小型船	69TEU 和车辆	1072	110	17	4
滚上滚下格槽船	845TEU 和 990 车辆	18350	212	28	9
滚上滚下船尾跳板	1200TEU	20650	199	28.7	9.6

（5）载驳船（barge carrier）。

载驳船又称为子母船。这类船舶是一种独特的集装箱船，系将整艘集装箱船分为子母两部分，子船负责进港装载集装箱，母船在港外接运子船，然后以母船担任越洋长途运送。这类船舶适于在浅水码头或内陆河道中使用，可不受港口拥挤的影响，以提高船舶的运转率。其缺点是船舶的保养及维修费用相当昂贵。

2. 装卸方法

海上集装箱运输的装卸方法因集装箱船而异，有下列三种方式：

（1）上吊下型。

上吊下型装卸方式主要使用于船格式集装箱船，以码头或是船上自备的桥式起重机为装卸器具。通过起重机作垂直式的装卸。

（2）驶进驶出型。

驶进驶出型装卸方式主要使用于拖车式集装箱船上，拖车利用船上的跳板驶进船舱，待抵达目的港后再以拖车将集装箱送达收货人处。

（3）浮上浮下型。

浮上浮下型装卸方式主要使用于子母船，子船对于母船而言就好比是一个超大型集装箱，母船可在船上设重型起重机直接装卸子船；也有利用大型升降台以升降方法装卸子船的；更有母船采取将子船直接驶入驶出船舱的方式，这种方式是母船以强力马达迅速将水灌入船舱使母船船身略为下沉，再打开尾门，使子船驶入驶出母船，从而完成接驳任务。

3. 作业方式

早期的海上集装箱运输企业只担当“港对港”之间的主干运输服务，近年来，由于企业间竞争及消费者意识的增强等原因，航运企业纷纷加强“门到门”服务观念，使海上集装箱运输作业方式更符合托运人的需求。集装箱运输的作业方式可有以三种：

（1）直达作业。

直达作业是传统的运输方式，运送人只担当主要港口之间的集装箱运输服务。

（2）接驳作业。

接驳作业是突破传统运送方法，以小船来往于主要港口附近的小港口，担当集装箱的集中任务，将集装箱集中于主要港口，以大型集装箱船负责越洋长途运送任务。

（3）复合作业。

复合作业是为了实现“门到门”服务的目标，由海运企业负责将各种运输工具协调结合在一起共同担当集装箱运输任务的作业方式。但是，对于托运人而言，海运企业是唯一发出提单的直接负责人。

4. 世界集装箱海运干线

当前，世界上规模最大的三条主要集装箱航线是远东—北美航线，远东—欧洲、地中海航线，北美—欧洲、地中海航线。

（1）远东—北美航线，习惯上也称为（泛）太平洋航线。

该航线实际上可以分为两条航线：一条是远东—北美西岸航线，另一条为远东—北美东岸航线。远东—北美西航线主要由远东—加利福尼亚航线和远东—西雅图、温哥华航线组成。其港口主要有亚洲的高雄、釜山、上海、香港、东京、神户、横滨等港口，和北美西岸的长滩、洛杉矶、西雅图、塔科马、奥克兰港和温哥华港，涉及亚洲的中国、韩国、日本和中国的香港、台湾省以及北美的美国和加拿大东部地区。远东—北美东岸的纽约航线涉及的北美东岸港口主要有美国东部地区的纽约、新泽西港、查尔斯顿港和新奥尔良港。

（2）远东—欧洲、地中海航线，也被称为欧地航线。

该航线由远东—欧洲航线和远东—地中海航线组成。远东—欧洲航线是 1879 年由英国 4 家船公司开辟的世界最古老的定期航线。欧洲地区涉及的主要港口有：荷兰的鹿特丹港，德国的汉堡港、不来梅港，比利时的安特卫普港和英国的费利克斯托港。远东—地中海航线是 1972 年 10 月开始集装箱运输的，其地中海地区主要涉及的港口有位于西班牙南部的阿尔赫西拉斯、意大利的焦亚陶罗和位于地中海的中央、马耳他岛南端的马尔萨什洛克港。

（3）北美—欧洲、地中海航线，也被称为跨大西洋航线。

该航线实际包括三条航线：北美东岸海湾—欧洲航线，北美东岸海湾—地中海航线和北美西岸—欧洲、地中海航线。

（二）陆上运输

在整个集装箱运输系统中，陆上集装箱运输企业主要是担当集装箱的接运与转运的工作，它或是将集装箱自港口或机场运至收货人处，或是将集装箱自托运人处运抵港口或机场等待集装箱船或飞机的长程运送；也可能是担当内陆不同港口间的集装箱转运工作。因此，集装箱运输系统如果要实现“门到门”服务的目标，势必要利用完善的陆上运输系统，而陆上运输方式分为铁路与公路。

1. 铁路集装箱运输系统

利用铁路平车装载集装箱以担当陆上较长运距的集装箱运输服务，是一种所谓“背载运输”的作业方式。根据集装箱的装载情况不同，它又可分为下列两种方法：

（1）平车载运拖车将集装箱连同载运拖车一起固定于铁路平车上，作长距离运送服务，到达目的站后，则可以拖车将集装箱直接送往收货人处。

（2）平车载运集装箱利用器具将集装箱直接固定于铁路平车上，待运抵目的站后，再以器具将集装箱卸放拖车的车架上送抵收货人货仓，这种运输方式是较为常见的。近年来，又有双层集装箱列车的出现，使得铁路集装箱运输的经济效益又有了进一步的提高。

2. 公路集装箱运输系统

在铁路无法到达或运程较短的运输中，公路集装箱运输正可以发挥优点，以完成集装箱运输系统的末梢运输任务。一般而言，运送方法有下列四种：

（1）汽车货运方式。

汽车货运方式是以一般货车来运送集装箱，集装箱对于货车而言，只是一件较为庞大的货物而已，货车除了可用于装运集装箱外，还可适用于其他货物。

（2）全拖车方式。

全拖车方式从货车运送方式上演变而来，除了以一般货车装载集装箱外，再与货车尾端以一拖杆牵带一辆车架运送另一集装箱。

（3）半拖车方式。

半拖车方式是以一辆拖车后拖一车架以装运集装箱，拖车可脱离车架而灵活调度使用，以增加使用率。

（4）双拖车合并方式。

双拖车合并方式是在半拖车之后以一台引车衔接另一车架用以装运第二个集装箱。

扩展公路集装箱运输是航运公司提高竞争力的重要措施，因为航运企业若是在目的港拥有公路集装箱运输权，则可将集装箱直接运往收货人处所，亦可利用公路集装箱运输企业扩大揽货业务，以对抗新兴起的无船公共承运人的竞争，并可节省运送成本，进而建立公司的商誉。

（三）航空集装箱运输

由于航空运输所运送的货物均属高价值且具有时间性的物品，因此集装箱化运输的引进至少可以为航空运输企业创造下列两项竞争优势：一是安全性，二是快速性。就安全性而言，在航空运输未使用集装箱之前，航空运输企业往往无法有效防止所运载的高价值商品发生盗窃及碰撞。因此，托运人与运送人间常因所运货的遗失而发生争执；就快速性而言，由于目前国际贸易的发达，产品或原料的成本计算方式已向考虑总成本方向发展。因此，虽然航空运费在所有运输工具中仍属最昂贵者，但是由于其在运送速度上所带来的高品质及时间效用，却为商业企业在仓储成本的节省及商品配送速度方面，创造了另一项竞争优势。航空集装箱与一般集装箱在外形上有所差异，而这些差异的主要目的，是为了让集装箱更适用于飞机，而且机场上的集装箱搬运机具，亦与海运的集装箱搬运机所差异。

第二节　集装箱运输代理实务

一、集装箱的装箱与交接方式

由于集装箱是一种新的现代化运输方式，它与传统的货物运输有很多不同，做法也不一样。目前，国际上对集装箱运输尚没有一个行之有效并被普遍接受的统一做法。但在处理集装箱具体业务中，各国大体上做法近似，根据当前国际上对集装箱业务的通常做法，做如下说明。

（一）集装箱货物装箱方式

集装箱装箱工作的承担有两种方式：一种是由发货人装箱后交给承运人运输；另一种是由承运人进行装箱和运输。

1. 整箱（full container load，FCL）

整箱是指发货人将货物装满整箱后，以箱为单位托运的集装箱运输方式，可理解为“一个发货人，一个收货人”。通常一批货物达到一个或一个以上集装箱内容积的75%或集装箱负荷重量的95%，即为整箱货。承运人将空箱运至仓库或工厂（door），在海关人员监督下，发货人自行将货物装入箱内、填写装箱单，将已由海关加铅封的集装箱交承运人后取得站场收据（dock receipt），最后凭站场收据换取提单或运单。如图 6－2－1 所示。

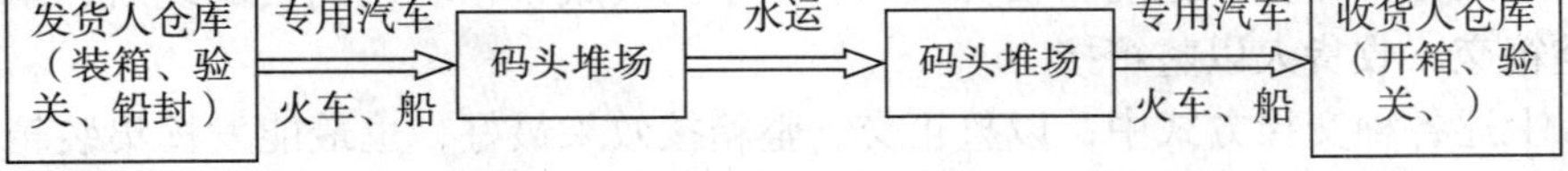

图 6－2－1　整箱货图示（a）

2. 拼箱（less than container load，LCL）

对于补足整箱货的容积或重量的货载，即需要两批或两批以上同装一箱的货载，或者发货人无法装箱的货物，由承运人装箱、计数、制作装箱单、加封铅。在目的地一般由承运人拆箱后向收货人交付货物。装箱地点为承运人的货运站（container freight station，简称 CFS）。如图 6－2－1（b）所示。

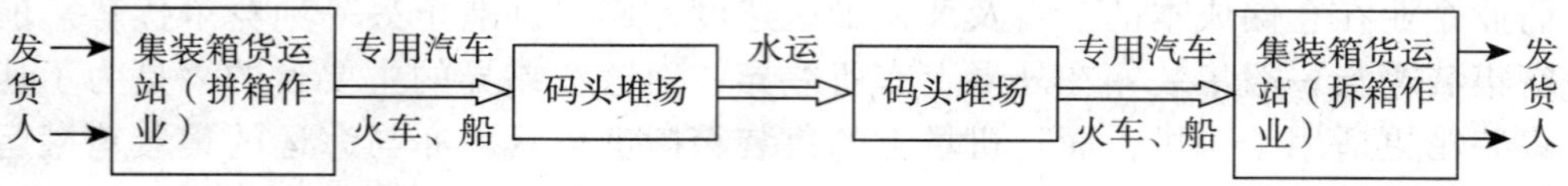

图 6－2－1　拼箱货图示（b）

（二）集装箱货物交接方式

集装箱货运分为整箱和拼箱两种，因此他们在交接方式上也有所不同。纵观当前国际上的做法，大致有以下四类：

1. 整箱交、整箱接（FCL/FCL）

货主在工厂或仓库把装满货后的整箱交给承运人，收货人在目的地以同样整箱接货，换言之，承运人以整箱为单位负责交接。货物的装箱和拆箱均由货方负责。

2. 拼箱交、拆箱接（LCL/LCL）

货主将不足整箱的小票托运货物在集装箱货运站或内陆转运站交给承运人，由承运人负责拼箱和装箱（stuffing，vanning）运到目的地货站或内陆转运站，由承运人负责拆箱（unstuffing，devanning），拆箱后，收货人凭单接货。货物的装箱和拆箱均由承运人负责。

3. 整箱交、拆箱接（FCL/LCL）

货主在工厂或仓库把装满货后的整箱交给承运人，在目的地的集装箱货运站或内陆转运站由承运人负责拆箱后，各收货人凭单接货。

4. 拼箱交、整箱接（LCL/FCL）

货主将不足整箱的小票托运货物在集装箱货运站或内陆转运站交给承运人，由承运人分类调整，把同一收货人的货集中拼装成整箱。运到目的地后，承运人以整箱交，收货人以整箱接。

上述各种交接方式中，以整箱交、整箱接效果最好，也最能发挥集装箱的优越性。

拼箱的货运流程（见图 6－2－2 所示）。

（三）集装箱货物交接地点

目前集装箱运输中货物的交接地点主要有门、集装箱堆场和集装箱货运站。

门（door）是双方的工厂或仓库；集装箱堆场（container yard，CY）是交接和保管空箱（empty container）和重箱（loaded container）的场所，也是集装箱换装运输工具的场所；集装箱货运站（container freight station，CFS），是拼箱货交

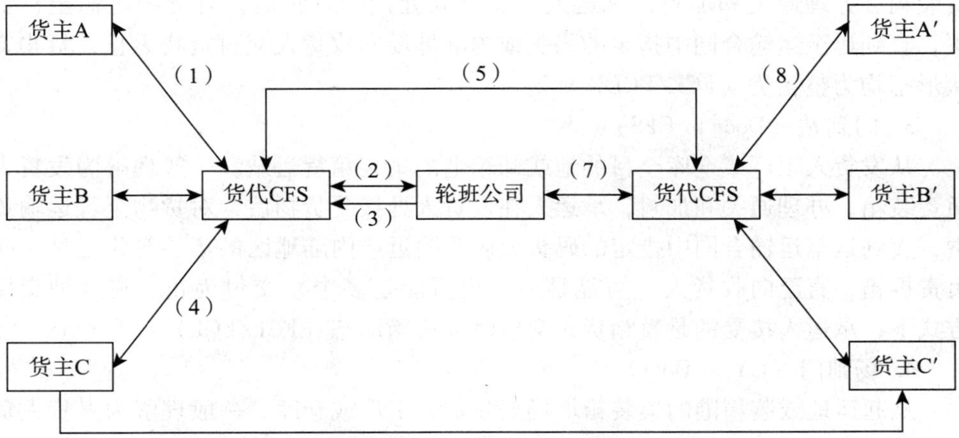

图6-2-2　拼箱货业务流程

(1) A、B、C等不同货主（发货人）将不足一个集装箱的货物（LCL）交集拼经营人；

(2) 集拼经营人将拼箱货拼装成整箱货后，向班轮公司办理整箱货物运输；

(3) 整箱货装船后，班轮公司签发B/L或其他单据（如海运单）给集拼经营人；

(4) 集拼经营人在货物装船后也签发自己的提单（House B/L）给每一个货主（发货人）；

(5) 集拼经营人将货物装船及船舶预计抵达卸货港等信息告知其卸货港的机构（代理人），同时，还将班轮公司B/L及House B/L复印件等单据交卸货港代理人，以便向班轮公司提货和向收货人交付货物；

(6) 货主之间办理包括House B/L在内的有关单证的交接；

(7) 集拼经营人在卸货港的代理人凭班轮公司的提单等提取整箱货；

(8) A′、B′、C′等不同货主（收货人）凭House B/L等在CFS提取拼箱货。

接和保管的场所，也是拼箱货装箱和拆箱的场所。

集装箱运输中，整箱货和拼箱货在船货双方之间按交接地点不同分以下几种交接方式：

1. 门到门（door to door）

从发货人工厂或仓库至收货人工厂或仓库。一般理解为发货人负责装箱（在自己的工厂或仓库）办理通关和加封，承运人在发货人处接受货物后，对货物运输的全程负责直到运至收货人处交付货物时止，货物交接的形态均为整箱货（FCL/FCL）。

2. 门到场（Door to CY）

从发货人工厂或仓库至目的地或卸箱港的集装箱堆场。一般理解为发货人负责装箱、办理通关和加封，承运人在发货人处接受货物后，对货物运输全程负责，直到运至运输合同中指定的码头或内陆堆场向收货人交付货物为止，货物交接形态均为整箱货（FCL/FCL）。

3. 门到站（Door to CFS）

从发货人工厂或仓库至目的地或卸箱港的集装箱货运站。一般理解为发货人负责装箱、办理通关和加封，承运人在发货人处接受货物后，对货物全程运输负责，直到运至运输合同中指定的码头或码头附近或内陆地区的集装箱货运站，并负责拆箱，直至向收货人（可能是一个也可能是多个）交付为止。在这种交接方式下，承运人接受的是整箱货，交付时为拼箱形态（FCL/LCL）。

4. 场到门（CY to Door）

从起运地或装箱港的集装箱堆场至收货人工厂或仓库。一般理解为发货人负责装箱，办理通关及加封手续，并自行负责将集装箱由装箱地运至运输合同中指定的码头或内陆堆场，承运人在该堆场接受货物后负责运至收货人处的全程运输，并在收货人处交付货物。其货物交接形态均为整箱货（FCL/FCL）。

5. 场到场（CY to CY）

从起运地或装箱港的堆场至目的地或卸箱港的集装箱堆场。一般理解为发货人负责装箱，办理通关及加封手续，并自行负责将集装箱由装箱地运至运输合同中指定的码头或内陆堆场，承运人在该堆场接受货物后，负责将货物运至合同中指定的目的地堆场的全程运输，并在目的地堆场向收货人交付货物，收货人负责至拆箱地运输和拆箱、还箱工作。货物的交接形态均为整箱货（FCL/FCL）。

6. 场到站（CY to CFS）

从起运地或装箱港的集装箱堆场至目的地或卸箱港的集装箱货运站。一般理解为发货人负责装箱，办理通关及加封手续，并自行负责将集装箱由装箱地运至运输合同中指定的堆场交给承运人，承运人负责将货物运至合同中指定的目的地堆场的全程运输，并负责拆箱后向收货人（一个或多个）交付货物。承运人以整箱形态接受货物，以拼箱形态交付货物（FCL/LCL）。

7. 站到门（CFS to Door）

从起运地或装箱港的集装箱货运站至收货人工厂或仓库。一般理解为发货人（一个或多个）以原来的形态把货物运至运输合同指定的集装箱货运站，承运人在集装箱货运站接受货物负责装箱加封后，负责将货物运至收货人处交付货物。承运人以拼箱形态接受货物，以整箱形态交付货物。这种交接方式一般对应于多个发货人、一个收货人的情况（LCL/FCL）。

8. 站到场（CFS to CY）

从起运地或装箱港的集装箱货运站至目的地或卸箱港的集装箱堆场。这种方式与第 7 种方式类似，差别仅是承运人在集装箱货运站接受货物后，负责将货物运至合同指定的目的地堆场，并向收货人交付货物（LCL/FCL）。

9. 站到站（CFS to CFS）

从起运地或装箱港的集装箱货运站至目的地或卸箱港的集装箱货运站。这种方式承运人接受货物与第 7、第 8 种方式相似，但在集装箱货运站接受货物后，要负责将货物运至运输合同指定的目的地集装箱货运站，并负责拆箱后向收货人（一个或多个）交付货物，货物交接形态均为拼箱，一般对应于多个发货人、多个收货人的情况（LCL/LCL）。

上述九种交接方式可归纳如下（见表 6－2－1）。

表 6－2－1　集装箱主要交接方式

整箱接收 整箱交付				拼箱接收 拼箱交付	整箱接收 拼箱交付		拼箱接收 整箱交付	
门到门	门到场	场到门	场到场	站到站	门到站	场到站	站到门	站到场

二、进出口集装箱运输的操作程序

（一）出口货物集装箱运输的操作程序

1. 订舱

发货人根据贸易合同或信用证条款的规定，在货物托运前一定时间内填好集装箱货物托运单（CONTAINER BOOKING NOTE）委托其代理或直接向船公司申请订舱。

2. 接受托运申请

船公司或起代理公司根据自己的运力、航线等具体情况考虑发货人的要求，决定接受与否，若接受申请就着手编制订舱清单，然后分送集装箱堆场（CY）或集装箱货运站（CFS），据以安排空箱及办理货运交接。

3. 发放空箱

通常整箱货货运的空箱由发货人到集装箱码头堆场领取，有的货主有自备箱；拼箱货货运的空箱由集装箱货运站负责领取。

4. 拼箱货装箱

发货人将不足一整箱的货物交至货运站，由货运站根据订舱清单和场站收据负责装箱，然后由装箱人编制集装箱装箱单（CONTAINER LOAD PLAN）。

5. 整箱货交接

由发货人自行负责装箱，并将已加海关封志的整箱货运到CY。CY根据订舱清单，核对场站收据（DOCK RECEIPT D/R）及装箱单验收货物。

6. 集装箱的交接签证

CY或CFS在验收货物和/或箱子，即在场站收据上签字，并将签署后的场站收据D/R交还给发货人。

7. 换取提单

发货人凭D/R向集装箱运输经营人或其代理换取提单（COMBINED TRANSPORT BILL OF LADING），然后去银行办理结汇。

8. 装船

集装箱装卸区根据装货情况，制订装船计划，并将出运的箱子调整到集装箱码头前方堆场，待船靠岸后，即可装船出运。

（二）进口货物集装箱运输的操作程序

1. 寄送资料

起运港的船公司或其代理应在船舶离港前采用传真、电传或邮寄方式向卸货港提供提单副本、舱单、装箱单、积载图、危险货物集装箱清单、危险货物说明书、冷藏箱清单等有关必要的卸船资料。

2. 分发单证

船公司或其代理应及时将起运港寄来的相关货运单证分别送给相关进口收货人或其代理、堆场和货运站，以便各有关单位在船舶到港前做好各项准备工作。

3. 发到货通知

船公司或其代理应向进口人或其代理预告货轮到港日期，并且应当在船舶到港后发正式到货通知。

4. 换取提货单

进口货物收货人或其代理接到到货通知后，应持正本提单向船公司或其代理换取提货单。

5. 卸船提货

货箱自船上卸下后，整箱货先存放在堆场，拼箱货先运往货运站。进口代理或收货人应在规定时间内向海关办理进口报告，海关放行后凭提货单到堆场提箱或在堆场开箱提货，如提箱还应在提箱前交付押金和办理设备交接单的手续。对拼箱应凭提货单到货运站提货。

6. 做好记录

收货人或其代理在提箱时如果发现集装箱铅封损坏或丢失，或集装箱上有孔洞、货物煅烧、损坏，应该在提货单的“交货记录”联上详细说明情况，并要求堆场或货运站共同签认，以便到时候凭此向船公司索赔作为一个依据。否则，船公司将不承担责任。图6－2－3为集装箱进出口港口示意图。

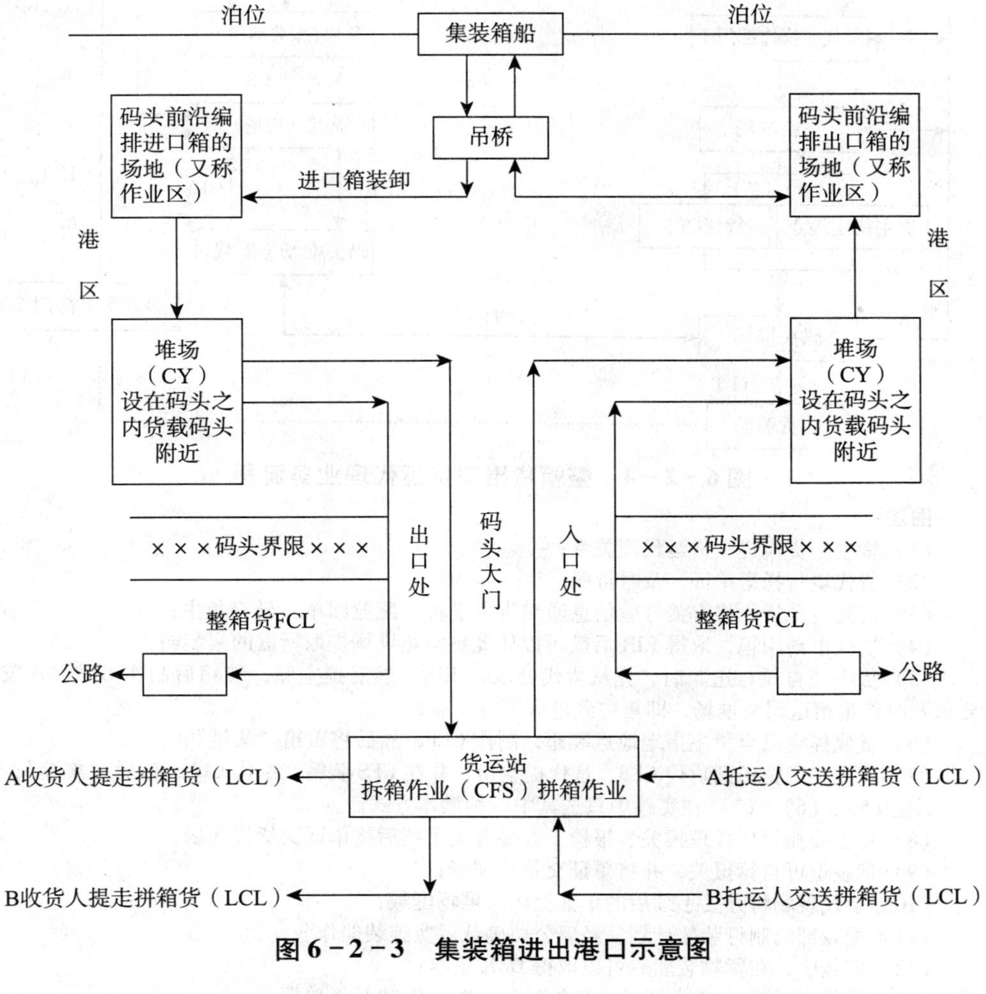

图6－2－3　集装箱进出港口示意图

（三）集装箱货运出口代理业务

整箱货物出口货运代理业务流程见图6－2－4：

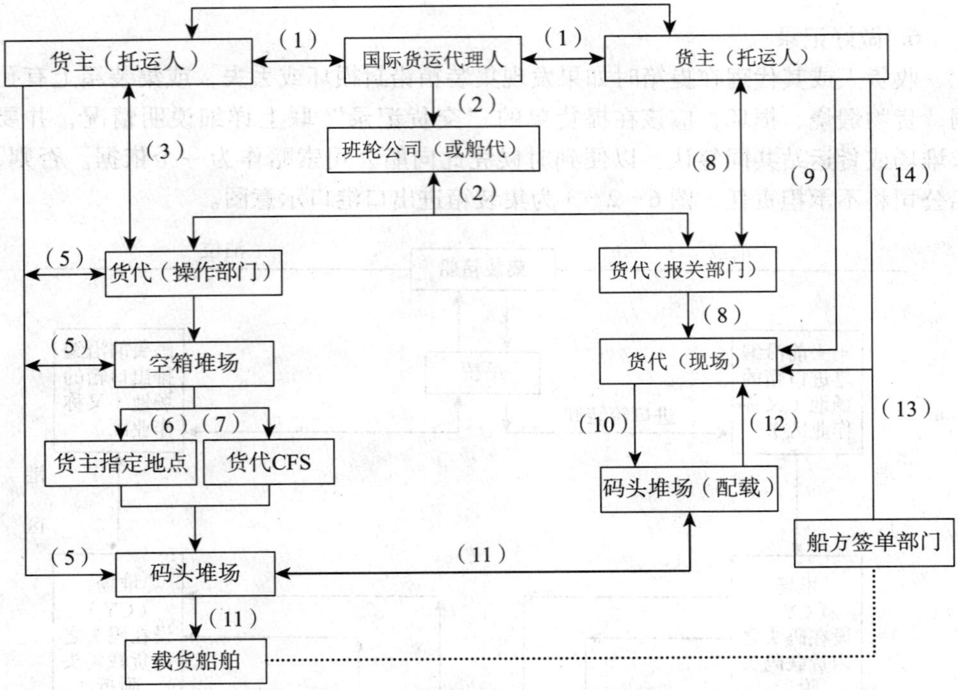

图 6－2－4　整箱货出口货运代理业务流程

图注：

（1）货主与货代建立货运代理关系；

（2）货代填写托运单证，及时订舱；

（3）订舱后，货代将有关订舱信息通知货主或将“配舱回单”转交货主；

（4）货代申请用箱，取得 EIR 后就可以凭此到空箱堆场提取所需的集装箱；

（5）货主“自拉自送”时，先从货代处取得 EIR，然后提空箱，装箱后制作 CLP，并按要求及时将重箱送码头堆场，即集中到港区等待装船；

（6）货代提空箱至货主指定地点装箱，制作 CLP，然后将重箱“集港”；

（7）货主将货物送到货代 CFS，货代提空箱，并在 CFS 装箱，制作 CLP，然后“集港”；

注：（5）、（6）、（7）在实践中只选其中一种操作方式。

（8）货主委托货代代理报关、报检，办妥有关手续后将单证交货代现场；

（9）货主也可自行报关，并将单证交货代现场；

（10）货代现场将办妥手续后的单证交码头堆场配载；

（11）配载部门制订装船计划，经船公司确认后实施装船作业；

（12）实践中，在货物装船后可以取得 D/R 正本；

（13）货代可凭 D/R 正本到船方签单部门换取 B/L 或其他单据；

（14）货代将 B/L 等单据交货主

注：为方便图示，用两个方框表示同一个货主。

（四）集装箱货运进口代理业务

集装箱整箱货进口货运代理业务流程见图 6－2－5 所示：

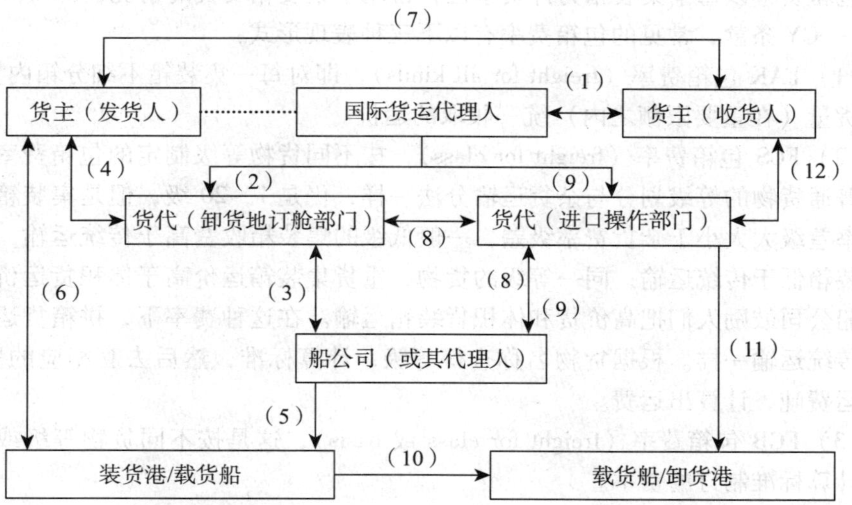

图 6－2－5　整箱货进口货运代理业务流程图

图注：

（1）货主（收货人）与货代建立货运代理关系；

（2）在买方安排运输的贸易合同下，货代办理 Home booking 业务，落实货单齐备即可；

（3）货代缮制货物清单后，向船公司办理订舱手续；

（4）货代通知买卖合同中的卖方（实际发货人）及装港代理人；

（5）船公司安排载货船舶抵装货港；

（6）实际发货人将货物交给船公司，货物装船后发货人取得有关运输单证。

三、集装箱运输的运费计算

目前，集装箱货物海上运价体系较内陆运价体系成熟。基本上分为两个大类：一类是袭用件杂货运费计算方法，即以每运费吨为单位（俗称散货价）；另一类是以每个集装箱为计费单位（俗称包箱价）。

1. 件杂货基本费率加附加费：

（1）基本费率参照传统件杂货运价，以运费吨为计算单位，多数航线上采用等级费率。

（2）附加费除传统杂货所收的常规附加费外，还要加收一些与集装箱货物运输有关的附加费。

2. 包箱费率（box rate）：

包箱费率以每个集装箱为计费单位，常用于集装箱交货的情况，即 CFS—CY 或 CY—CY 条款，常见的包箱费率有以下三种表现形式：

（1）FAK 包箱费率（freight for all kinds），即对每一集装箱不细分箱内货类，不计货量（在重要限额之内）统一收取的运价。

（2）FCS 包箱费率（freight for class），按不同货物等级制定的包箱费率，集装箱普通货物的等级划分与杂货运输分法一样，仍是 1～20 级，但是集装箱货物的费率差级大大小于杂货费率级差，一般低级的集装箱收费高于传统运输，高价货集装箱低于传统运输；同一等级的货物，重货集装箱运价高于体积货运价。可见，船公司鼓励人们把高价货和体积货装箱运输。在这种费率下，拼箱货运费计算与传统运输一样。根据货物名称查得等级，计算标准，然后去套相应的费率，乘以运费吨，计算出运费。

（3）FCB 包箱费率（freight for class 或 basis），这是按不同货物等级或货类以及计算标准制订的费率。

集装箱运输的基本运费与一般传统的班轮一样，也是根据商品的等级不同规定不同的费率。但在最低运费的计算和最高运费的规定方面有其特殊的计算规定。

1. 最低运费（minimum freight）的计算

（1）拼箱货的最低运费：与传统班轮的最低运费的规定基本相同。即在每一航线上，各规定一个最低运费额。任何一批货运，其运费金额低于规定的最低运费额时，均按最低运费金额计算。

（2）整箱货的最低运费：与拼箱货的规定不同。整箱货的最低运费的标准不是金额，而是运费吨。凡以整箱托运的货运，为避免运费的收入不够运费成本，对不同规格的集装箱分别规定计收运费的最低应计收的运费重量吨和尺码吨。如实际运费低于最低运费，则运费按最低运费标准计算。但最低运费标准规定很不一致。例如远东水脚公会（班轮公会俗称水脚公会）对 20 尺标准型干货集装箱的最低运费吨为重量货 17. 5 吨和尺磅货 21. 5 立方米；对 40 尺标准型干货集装箱规定为重量为 27. 5 吨和尺码货 43 立方米。另有一些船公司对最低运费规定以百分比计算方法：装重量货按集装箱载货净重量的 95% 计算，装尺码货按集装箱内容积的 85% 计算。

2. 最高运费（maximum freight）的计算

最高运费的规定是集装箱运输所独有的特点。这是因为一个集装箱有时装有不同货类，而其中部分货类缺少正确衡量单位（多数由于托运人未提供或申报），且计费等级和费率又不相同，最高运费就是为计算这部分货物的运费而规定的。最高运费的标准是运费吨，主要是以尺码吨，至于货物重量可以通过地秤衡量，而且重量货以最大载重量计算，故无需另作规定。

目前国际上对最高计费吨的规定，一般是20尺集装箱为31立方米，40尺集装箱为67立方米。如所装货物尺码低于上述规定，则按上述最低规定计收；如超过上述规定，则按较高费率计收运费。所以提高集装箱内积载技术，充分利用集装箱容积，对节省运费有很大作用。

在整箱货运的情况下，如托运人仅提供部分货物的计算运费资料，这部分运费即按规定的等级和费率计算运费；其余未提供资料的货物运费，则按最高运费吨减去已提供资料的货物运费吨计算。如这部分货物的计费等级或费率又有差异时，则按其中最高费率计算。例如：一个20尺整箱货运，内装有8、9、10、11级四种货物，托运时，仅提供10级货物的尺码为16立方米，该集装箱运费计算公式如下：

已提供资料的货物运费为16立方米×10级费率=运费①

未提供资料的8、9、11级货物的运费应为：

(3l立方米-16立方米) ×11级费率=运费②

箱货的总运费为：运费①+运费②

集装箱除基本运费外，另外尚有为集装箱服务和管理的费用，诸如拆箱和装箱费、滞期费、堆存费、交接费等，这些费用的负担，视托运条件当地规定和习惯做法而各不相同。

【案例回放和分析】

从案例一可知，该公司出口的商品是到东欧的，因此走欧亚大陆桥最经济。该公司应先将上述商品通过轮船运到连云港（水运运费最便宜），然后从连云港走欧亚大陆桥。在到达目的地前该批货物要经过水运和铁路运输等多个运输环节，要进行多次装卸搬运作业，极易产生货损、货差。而这批商品是粮食，最怕受潮、发霉和污染，但在运输时偏偏又要经过水运，加之路途遥远、多次装卸，因此最易受潮、发霉和污染。为减少货损、货差，降低成本，最好采用集装箱运输。因为采用集装箱运输，有利于简化手续，减少运输上的多环节理货和交接程序，从而减少差错；有利于综合利用各种运输工具扩大联运，从而缩短商品运输时间；有利于采用机械设备进行装卸操作，大大提高装卸效率；集装箱的坚固性能使内装货物的包装简化，甚至不用包装，从而节省包装费用。集装箱的强度还能以防止流通中的冲击、振动，可以防止盗窃，其良好的密封性能足以防雨淋，所以货物即使经受长途运输和多次装卸，由于不易受损，不会出现货损、货差，能够保证货物安全，运输成本也低。

案例二计算步骤：

采用体积方法计算，其有下列三种：

（1）集装箱尺寸：长 12 050mm × 宽 2 343mm × 高 2 386mm

纸箱对应位置：长 12 050mm ×2 343mm ×2 386mm

集装箱位置：长 20. 08 箱 × 宽 5. 8 箱 × 高 11. 93 箱

实际装箱：长 20 箱 × 宽 5 箱 × 高 11 箱 = 1100 箱

体积：52. 8m^3

（2）集装箱内尺寸：长 12 050mm × 宽 2 343mm × 高 2 386mm

纸箱对应位置：宽 400mm × 长 600mm × 高 200mm

集装箱位置：长 30. 12 箱 × 宽 3. 9 箱 × 高 11. 93 箱

实际装箱：长 30 箱 × 宽 3 箱 × 高 11 箱 = 990 箱

体积：47. 5m^3

（3）集装箱内尺寸：长 12 050mm × 宽 2 343mm × 高 2 386mm

纸箱对应位置：高 200mm × 长 600mm × 宽 400mm

实际装箱：长 60 箱 × 宽 3 箱 × 高 5 箱 = 900 箱

体积：43. 2m^3

上述方法（1）为最佳方法。

复次采用重量计算方法，即 27380 ÷ 8. 8 = 3111，即 3111 箱。

最后判断该商品共计 2100 箱，需用 2 个 40 英尺钢质集装箱。

本 章 小 结

集装箱运输采用专门装载货物集装箱（一般为件杂货集装箱），通过海、河、铁路、公路等运输方式进行门到门的一种联合运输。集装箱运输是成组运输的最高形态。集装箱货运分为整箱和拼箱两种，在交接方式上大致有以下四类：整箱交、整箱接（FCL/FCL）；拼箱交、拆箱接（LCL/LCL）；整箱交、拆箱接（FCL/LCL）；拼箱交、整箱接（LCL/FCL）。交接地点主要有门（DOOR）、场（CY）、站（CFS）。在学习中需要注意交接方式和交接地点的对应关系。

关键名词或概念

集装箱运输（container transport）
整箱（full container load，FCL）
拼箱（less than container Load，LCL）
门（door）
集装箱堆场（container yard，CY）
集装箱货运站（container freight station，CFS）

课 后 练 习

■ 复习思考题

1. 什么是集装箱？集装箱运输的特点有哪些？
2. 集装箱的标记由哪些内容构成？分别如何表示？
3. 何谓整箱？何谓拼箱？
4. 常用的集装箱规格有哪几种？什么是TEU？
5. 简述集装箱的交接方式和交接地点分哪几种？
6. 概述集装箱运输的进出口操作程序。
7. 简述世界上规模最大的三条主要集装箱航线。

■ 技能训练

1. 已知中国远洋运输公司的集装箱，其箱主代码为COSU，顺序号为800121，请求出集装箱的核对数。

2. 如果有一批货物用20英尺钢质集装箱整箱装，箱内尺寸为长5197mm×宽2336mm×高2249mm，内容积$31m^3$，最大载重为22140kgs，则该商品装多少箱时最经济又不违反合同？

3. 有一纸箱尺寸55cm×35cm×40cm，问40英尺（设40英尺集装箱的内径是11.8cm×2.35cm×2.38cm）的集装箱可装的最大纸箱数？如果从香港到汉堡的海运费是2800美元（ALL IN价）纸箱的装箱率是4打/纸箱衬衫，求每打运费？每件运费？

4. 依流程图所标序号写出由集拼经营人（货代企业）办理集装箱拼箱货的具体操作程序。

第七章 国际多式联运代理理论与实务

【开篇导读】

国际多式联合运输（简称多式联运）是在集装箱运输的基础上产生并发展起来的新型运输方式，也是近年来在国际运输上发展较快的一种综合连贯运输方式。20世纪60年代末，多式联运首先在美国出现，经试办取得显著效果，受到贸易界的欢迎，随后美洲、欧洲及非洲部分地区很快仿效，广为采用。实践证明，它不仅是实现门到门运输的有效方式，也是符合客观经济规律，取得较好经济效益的一种运输方式。

【学习目标】

知识目标：掌握国际多式联运的概念和特征；了解国际多式联运经营人的法律责任和资质要求；熟悉国际多式联运的组织形式和组织方法。

能力目标：掌握国际多式联运的主要业务流程；熟悉国际多式联运提单和其他主要单证的制作；能够运用相关的知识分析相关业务案例。

【引导案例】

多程运输的货物损害，责任应该由谁负

2006年11月，福建南平福盈电池有限公司（买方）与韩国NOCKET电子有限公司（卖方）签订一份总价为CIF福州3775420美元的LR03型碱性圆柱状电池生产线的进口合同。卖方于11月21日向原告韩国第一火灾保险公司投保了该批货物海运一切险。上述货物于11月23日装上“金龙”轮自A港开往香港，同日第一被告香港宏意船务企业有限公司的代理在汉城签发清洁已装船提单，载明货物分装9个集装箱，毛重为60180公斤，总件数为21箱；同时批注CY—CY；背面条款规定有关承运人的权利、义务、责任和免责适用《海牙规则》（在托运人订舱随附的包装单上，列明了每一箱号内装货物的品名、数量、重量，其中第16和17号箱重均为8250千克，但提单上未具体载明哪个集装箱下货物件数或重量）；12月8日第二被告恒辉船务有限公司在香港签发二程提单，其签发的集装

箱装箱单上却列明重量为4629千克（据称此数据是第一被告所供）。12月23日二程船“利风”轮将货物安全运抵目的港。次日卸货后，第二被告福州港务公司在将集装箱装上卡车运往集装箱堆场途中，在卸下完全相同的另一个集装箱后，司机在未将转锁装置重新锁上的情况下，继续朝前运送，结果在180度转弯时，第4002501号集装箱从拖车上翻倒在地，致使内装第16、17号木箱包装的机器设备严重损坏。2007年1月13日经公证检验人理算确认货损金额为456765美元。原告理赔后取得代位追偿权并于2007年12月12日向厦门海事法院起诉三被告。请分析，责任该由谁负责？

第一节 国际多式联运基础知识

一、国际多式联运概述

（一）国际多式联运的定义及构成条件

1. 国际多式联运的含义

1980年《联合国国际多式联运公约》对国际多式联运（multimodal transport）的定义为：“按照国际多式联运合同，以至少两种不同的运输方式，由多式联运经营人将货物从一国境内承运货物的地点运至另一国境内指定交货地点。”

2. 国际多式联运的构成条件

根据以上描述，国际多式联运必须具备的条件有：

（1）要有一个多式联运合同，明确规定多式联运经营人（承运人）和联运人之间的权利、义务、责任、豁免的合同关系和多式联运的性质。

（2）必须使用一份全程多式联运单据，即证明多式联运合同及证明多式联运经营人已接管货物并负责按照合同条款交付货物所签发的单据。

（3）必须是至少两种不同运输方式的连贯运输。这是确定一票货运是否属于多式联运的最重要的特征。为了履行单一方式运输合同而进行的该合同所规定的货物接送业务则不应视为多式联运，如航空运输中从仓库到机场的这种陆空组合则不属于多式联运。

（4）必须是国际的货物运输，这是区别于国内运输和是否适合国际法规的限制条件。

（5）必须有一个多式联运经营人，对全程的运输负总的责任。这是多式联运的一个重要特征。由多式联运经营人去寻找分承运人实现分段的运输。

（6）必须对货主实现全程单一运费费率。多式联运经营人在对货主负全程运输责任的基础上，制定一个货物发运地至目的地全程单一费率并以包干形式一次性向货主收取。

3. 国际多式联运带来的运输特点

国际多式联运带来的最明显的运输特点是，它将传统的单一运输方式下的港、站之间的运输，发展成为根据货方的需要而进行的“门到门”之间的运输。例如，国际海运“港到港”运输发展成为“门到门”运输。

（二）我国开展国际多式联运的概况

当前，我国对外贸易进出口货物采用多式联运运输的方式越来越多，形式也更为灵活多样，有陆海联运、陆空联运、陆空陆联运和海空联运等。其中使用较多的主要是陆海联运和陆空联运。其交接方式既有门到门、门到港站，也有港站到港站，港站到门。国内可以办理此项业务的地区也不断有所扩大，目前不仅沿海港口城市及其周围地区，而且内地很多省市都已开办。实践证明，采用这种运输方式对促进贸易成交，按时装运，提前结汇，及早到货都均为有利，尤其对我国内地出口货物的按时装运和及时结汇提供了极为有利的条件。采取这种运输方式，货物从内地启运装上火车，发货人取得运输单位的承运货物收据（Cargo Receipt），即可凭以向银行结汇，收货人因到货早，也乐于接受使用这种运输方式。

目前，我国已开办的国际多式联运的路线主要有：

1. 我国内地—我国港口—日本港口—日本内地（包括相反方向）；

2. 我国内地—我国港口（比如上海、新港）—科威特—伊拉克（包括相反方向）；

3. 我国内地—我国港口（包括香港）—美国港口—美国内地（包括相反方向）；

4. 我国港口—肯尼亚的蒙巴萨港—乌干达内地（包括相反方向）；

5. 我国内地—我国港口（包括香港）—德国港口或比利时安特卫普港口—北欧、西欧内地（包括相反方向）；

6. 我国东北地区—图们—朝鲜清津港—日本港口（包括相反方向）；

7. 我国港口—日本港口—澳洲港口—澳洲内地；

8. 我国内地接转西伯利亚大陆桥运输（包括相反方向）；

9. 我国内地接转亚欧大陆桥运输（包括相反方向）。

除了上述已开办的路线外，新的路线还在不断发展中。

二、国际多式联运经营人

（一）国际多式联运经营人的性质

多式联运经营人不是发货人的代理人或代表，也不是参加联运的承运人的代理人或代表，而是多式联运的当事人，是一个独立的法律实体。对于货主来说，他是货物的承运人；但对分承运人来说，他又是货物的托运人。他一方面同货主签订多式联运合同；另一方面又以托运人身份与分承运人签订各段运输合同，所以具有双重身份。在多式联运方式下，根据合同规定多式联运经营人始终是货物运输的总承运人，对货物负有全程运输的责任。

（二）多式联运经营人的责任范围

国际多式联运经营人的责任期间是从接受货物之时起到交付货物之时为止，在此期间内，对货主负全程运输责任。但在责任范围和赔偿限额方面，目前，多式联运经营人的责任形式可以分为4种：

1. 责任分担制

责任分担制，也称区段负责制，是指多式联运经营人对货主并不承担全程运输责任，仅对自己完成的区段货物运输负责，各区段的责任原则按该区段适用的法律予以确定。由于这种责任形式与多式联运的基本特征相矛盾，因而，只要多式联运经营人签发全程多式联运单据，即使在多式联运单据中声明采取这种形式，也可能会被法院判定此种约定无效而要求多式联运经营人承担全程运输责任。

2. 统一责任制

统一责任制，是指多式联运经营人对货主赔偿时不考虑各区段运输方式的种类及其所适用的法律，而是对全程运输按一个统一的原则并一律按一个约定的责任限额进行赔偿。由于现阶段各种运输方式采用不同的责任基础和责任限额，因而，目前，多式联运经营人签发的提单均未能采取此种责任形式。不过前述所称的适用于单一运输方式法律的"多式联运"，比如，航空特快专递、机场—机场航空运输、港—港海上集装箱运输等，倒可以看做是采用了统一责任制。因为在这种"多式联运"形式下，即使货运事故发生在陆运区段，多式联运经营人也应按空运或海运法规所规定的责任限额予以赔偿。

3. 网状责任制

网状责任制是指多式联运经营人尽管对全程运输负责，但对货运事故的赔偿原则仍按不同运输区段所适用的法律规定，当无法确定货运事故发生区段时则按海运法规或双方约定原则予以赔偿。目前，几乎所有的多式联运提单均采取这种赔偿责任形式。因此，无论是货主还是多式联运经营人都必须掌握现行国际公约或国内法律对每种运输方式下承托双方的权利、义务与责任所做的规定。

4. 统一修正责任制

统一修正责任制是介于统一责任制与网状责任制之间的责任制，也称混合责任制。它是在责任基础方面与统一责任制相同，而在赔偿限额方面则与网状责任制相同。目前，《联合国国际货物多式联运公约》基本上采取这种责任形式。该公约规定：“多式联运经营人对货损的处理，不管是否能确定造成货损的实际运输区段，都将适用于本公约的规定，但对于货损发生于某一特定区段，而该区段适用的国际公约或强制性国家法律规定的赔偿责任限额高于本公约规定的赔偿责任限额时，则应按照该区段适用的国际公约或强制性国家法律规定的赔偿责任限额予以赔偿。”由于目前各个单一运输方式在国际公约和国内法对承运人的责任基础和赔偿责任限额的规定并不统一，相互之间存在较大的差别。即使采取修正统一责任制也将会对现有的运输法律体系产生一定的冲击，因此，这也是造成该公约至今尚未生效的主要原因。

（三）国际多式联运经营人的基本条件

1. 取得从事国际多式联运的资格

在我国，中外合资企业、中外合作企业的企业法人的资格需要经交通运输部、铁道部共同批准，并办理相应的手续后才能经营国际集装箱多式联运业务；除非法律、行政法规另有规定，外商独资企业不得从事国际集装箱多式联运业务。未经交通运输部、铁道部共同批准，境外企业不得从事我国国际集装箱多式联运业务。

2. 具备国际多式联运线路以及相应的经营网络

从事国际多式联运业务的企业不仅需要一支具有各种运输方式、运输知识、经验和能力的专业队伍，而且还必须建立自己的国际多式联运路线，并在所经营的各条联运线路上有由分支机构、代表或代理人等所组成的完整的业务服务网络，同时还必须拥有先进的信息管理系统以实现运输的全程控制、实时控制。

3. 与自己经营的国际多式联运线路有关的实际承运人、场站经营人之间存在长期的合作协议

多种运输方式组成的国际多式联运线路，既不是国际多式联运经营人也不是某一实际承运人所具备的。因此，为了确保国际多式联运业务的稳定性，国际多式联运经营人必须与有关的实际承运人、场站经营人签署长期合作协议，以便从这些实际承运人、场站经营人处获得订舱、仓储优先权和享受运杂费优惠。

4. 具备必要的运输设备，尤其是场站设施和短途运输工具

尽管法律法规上并未要求从事国际多式联运业务的企业必须拥有短途运输工具、货运站、仓库等硬件设施，但从实际运作来看，为了能在激烈的市场竞争中立足，即使代理型的国际多式联运经营人也需要以投资入股、联营、长期租赁等

形式获得必要的运输设备。

5. 拥有雄厚的资金

根据《国际集装箱多式联运管理规则》的规定，申请设立国际集装箱多式联运经营业务的注册资金不低于1000万元人民币，并有良好的资信。增设经营性的分支机构时，每增设一个分支机构增加注册资金人民币100万元。

6. 拥有符合该规则规定要求的国际多式联运单据

该国际多式联运单据实行登记编号制度。凡在我国境内签发的国际多式联运单据必须由国际多式联运经营人或其代理报交通运输部、铁道部登记，并在单据右上角注明许可证编号。

7. 具备自己所经营国际多式联运线路的运价表

由于国际多式联运是由国际多式联运经营人将不同运输方式组成综合性和一体化运输，通过一次托运、一张单证、一次计费，由各运输区段的承运人共同完成货物的全程运输。因此，理论上讲，国际多式联运企业应制定全程运价表，且应采用单一运费率制，力争制定出自己所经营路线的运价表并对外公布，以提高其知名度和市场竞争力。

8. 要熟悉运输法规，特别要熟悉有关国际多式联运的法规及其适用原则。多式联运至少是在两个国家之间进行的国际货物运输，熟悉不同国家的运输法规及适用原则才能更好地实施货物运输。

第二节　国际多式联运实务

一、国际多式联运的运输组织形式

国际多式联运是采用两种或两种以上不同运输方式进行联运的运输组织形式。这里所指的至少两种运输方式可以是：海陆、陆空、海空等。这与一般的海海、陆陆、空空等形式的联运有着本质的区别。后者虽也是联运，但仍是同一种运输工具之间的运输方式。由于国际多式联运严格规定必须采用两种和两种以上的运输方式进行联运，因此这种运输组织形式可综合利用各种运输方式的优点，充分体现社会化大生产大交通的特点。

由于国际多式联运具有其他运输组织形式无可比拟的优越性，因而这种国际运输新技术已在世界各主要国家和地区得到广泛的推广和应用。目前，有代表性的国际多式联运主要有远东—欧洲，远东—北美等海陆空联运，其组织形式包括：

（一）海陆联运

海陆联运是国际多式联运的主要组织形式，也是远东—欧洲多式联运的主要组织形式之一。目前组织和经营远东—欧洲海陆联运业务的主要有班轮公会的三联集团、北荷、冠航和丹麦的马士基等国际航运公司以及非班轮公会的中国远洋运输总公司、台湾长荣航运公司和德国那亚航运公司等。这种组织形式以航运公司为主体，签发联运提单，与航线两端的内陆运输部门开展联运业务，与大陆桥运输展开竞争。

（二）陆桥运输

大陆桥运输是指以横贯大陆上的铁路或公路运输系统作为中间桥梁，把大陆两端的海洋连接起来的集装箱连贯运输。它组成了一个“海—陆—海”的运输方式，是一种地理上的形象叫法。一般以集装箱为媒介，采用国际铁路系统来运送，故又称大陆桥集装箱运输。大陆桥运输一般都是以集装箱为媒介。因为采用大陆桥运输，中途要经过多次装卸，如果采用传统的海陆联运，不仅增加运输时间，而且大大增加装卸费用和货损货差，以集装箱为运输单位，则可大大简化理货、搬运、储存、保管和装卸等操作环节，同时集装箱是经海关铅封，中途不用开箱检验，而且可以迅速直接转换运输工具，故采用集装箱是开展大陆桥运输的最佳方式。

世界主要陆桥运输线路有以下几种：

1. 西伯利亚大陆桥（第一亚欧大陆桥）

西伯利亚大陆桥（简称 SLB），因其主要利用了东起海参崴，西到车里亚宾斯克的西伯利亚大铁路，所以称其为西伯利亚大陆桥，又因其地跨亚、欧两个大陆，所以又称第一亚欧大陆桥。西伯利亚大陆桥全长 1.3 万千米，是当今世界上最长的一条大陆桥运输线。主要采用如下三种基本方式：

（1）海—铁—铁路线。

由日本、香港等地用船把货箱运至俄罗斯的纳霍德卡和东方港，再用火车经西伯利亚铁路运至白俄罗斯西部边境站，继续运至欧洲、伊朗或相反方向。参见图 7-2-1 所示。

（2）海—铁—海路线。

由日本等地把货箱运至俄罗斯纳霍德卡和东方港，再经西伯利亚铁路运至波罗的海的圣彼得堡、里加、塔林和黑海的日丹诺夫、伊里切夫斯克，再装船运至北欧、西欧、巴尔干地区港口，最终运交收货人。参见图 7-2-2 所示：

（3）海—铁—公路线。

由日本等地把货箱装船运至俄罗斯纳霍德卡和东方港，经西伯利亚铁路运至

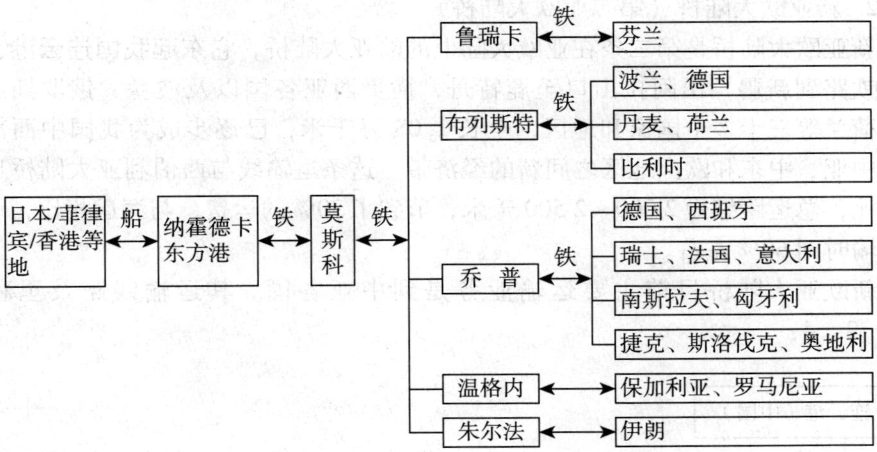

图 7－2－1　海—铁—铁路线

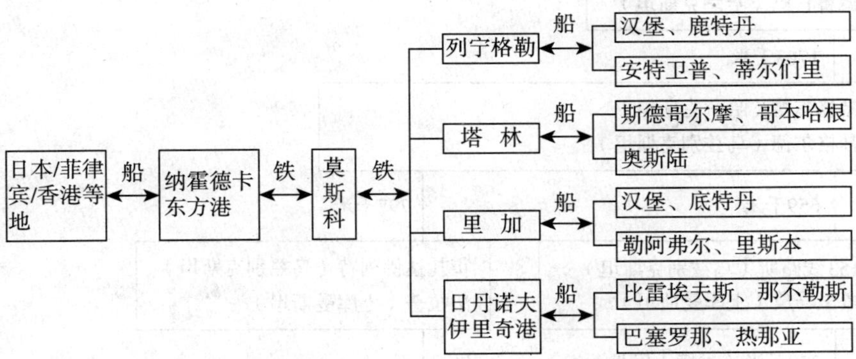

图 7－2－2　海—铁—海路线

白俄罗斯西部边境站布列斯特附近的维索科里多夫斯克，再用汽车把货箱运至德国、瑞士、奥地利等国。参见图 7－2－3 所示：

图 7－2－3　海—铁—公路线

2. 新亚欧大陆桥（第二亚欧大陆桥）

新亚欧大陆桥是第二条在亚欧大陆上的欧亚大陆桥，它东起我国连云港，经陇海铁路到新疆，出阿拉山口至鹿特丹，横贯西亚各国以及波兰、俄罗斯、德国、荷兰等三十多个国家和地区，全长1.08万千米，已逐步成为我国中西部地区与中亚、中东和欧洲地区之间新的经济带。这条运输线与西伯利亚大陆桥运输线相比，总运距缩短2 000～2 500千米，节省了30%的运费，与海运相比，可节省运输时间60%左右。

新欧亚大陆桥目前主要运输业务是到中亚各国。其运输线路及里程如图7－2－4：

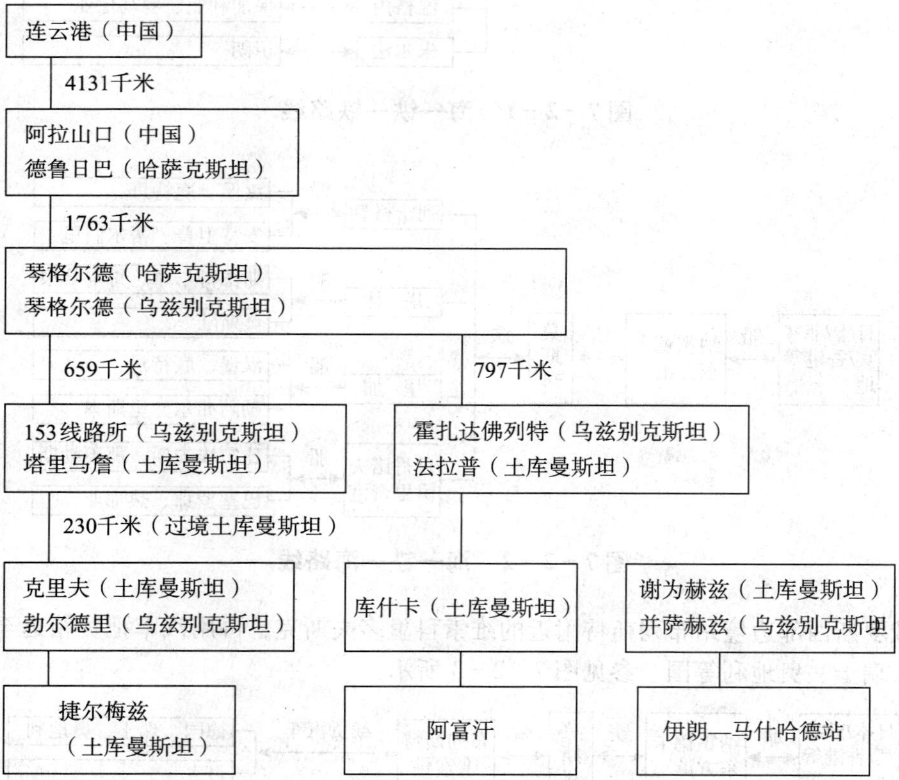

图7－2－4　新亚欧大陆桥

3. 北美大陆桥及小陆桥、微型陆桥

（1）北美大陆桥是指利用北美的大铁路从远东到欧洲的“海—陆—海”联运，包括美国大陆桥和加拿大大陆桥。美国大陆桥包括两条线路，一是连接太平洋与大西洋的路线，二是连接太平洋与墨西哥湾的路线。加拿大大陆桥与美国大陆桥平行，是连接太平洋与大西洋的大陆通道。

（2）美国的小陆桥（mini land bridge，MLB）。

比大陆桥缩短一段海上运输，成为“海—陆”或“陆—海”形式。世界上最典型的小陆桥即北美小陆桥。它是将货物从日本港口海运至美国、加拿大西部港口卸下，再由西部港口换装铁路集装箱专列或汽车运至北美东海岸和加勒比海区域以及相反方向的运输，也承运从欧洲到美西及海湾地区各港的大西洋航线的转运货物。

（3）微型陆桥（microbridge 或 micro land bridge 不可简写为 MLB）。

微型陆桥是指没有通过整条陆桥，只是利用了部分陆桥区段，是比小陆桥更短的海陆运输方式，又称为半陆桥运输。美国微型桥运输是指从日本或远东至美国中西部地区的货运，由日本或远东运至太平洋港口后，再换装铁路或公路续运至美国中西部地区。

（4）美国内陆公共点（overland common points，OCP）运输。

美国内陆公共点运输是指使用两种运输方式将卸至美国西海岸港口的货物通过铁路转运抵美国的内陆公共点地区，并享有优惠运价。所谓内陆公共点地区是指从美国的北达科他州、南达科他州、内布拉斯加州、科罗拉多州、新墨西哥州起以东各州，约占美国全国的 2/3 地区。所有经美国西海岸转运至这些地区的（或反向的）货物均称为 OCP 地区货物，并享有 OCP 运输的优惠费率，一般商品比当地地区费率每运费吨要节省 3 ~ 5 美元。

（5）美国内陆点多式联运（interior point of intermodal，IPI）。

我国出口美国的集装箱货物，如果交货地点为美国内陆城市，进口商寄来的信用证中经常出现“IPI”一词。它是指使用联运提单，经美国西海岸和美国湾沿海港口，利用集装箱拖车或铁路运输将货物运至美国内陆城市。IPI 运输向货方征收包括装运港至美国西海岸或东海岸的基本港口运费加上由基本港口至内陆城市的运费在内的全程运费，并由一个或多个承运人提供或执行在起始点至目的地之间的连续运输。

SLB、MLB、OCP、IPI 四种运输组织方式的区别（见下表 7－2－1）。

表 7－2－1　SLB、MLB、OCP、IPI 四种运输组织方式的区别

比较项目	SLB	MLB	OCP	IPI
货物成交价	采用 FCA 或 CIP 应视为合同中约定	卖方承担的责任、费用终止于最终交货地	卖方承担的责任、费用终止于美国西海岸港口	与 MLB 相同
提单的适用	全程运输	全程运输	海上区段	全程运输
运费计收	全程	全程	海、陆分段计收	全程
保险区段	全程投保	全程投保	海、陆分别投保	全程投保
货物运抵区域	不受限制	美东和美国湾港口	OCP 内陆公共点	IPI 内陆点

（三）海空联运

海空联运又被称为空桥运输。在运输组织方式上，空桥运输与陆桥运输有所不同：陆桥运输在整个货运过程中使用的是同一个集装箱，不用换装；而空桥运输的货物通常要在航空港换入航空集装箱。不过。两者的目标是一致的，即以低费率提供快捷、可靠的运输服务。

海空联运方式始于 20 世纪 60 年代，但到 80 年代才得以有较大的发展。采用这种运输方式，运输时间比全程海运少，运输费用比全程空运便宜。20 世纪 60 年代，将远东船运至美国西海岸的货物，再通过航空运至美国内陆地区或美国东海岸，从而出现了海空联运。当然，这种联运组织形式是以海运为主，只是最终交货运输区段由空运承担，1960 年年底，原苏联航空公司开辟了经由西伯利亚至欧洲航空线，1968 年，加拿大航空公司参加了国际多式联运，80 年代，出现了经由中国香港、新加坡、泰国等至欧洲航空线。目前，国际海空联运线主要有：

1. 远东—欧洲：目前，远东与欧洲间的航线有以温哥华、西雅图、洛杉矶为中转地，也有以中国香港、曼谷、海参崴为中转地。此外还有以旧金山、新加坡为中转地。

2. 远东—中南美：近年来，远东至中南美的海空联运发展较快，因为此处港口和内陆运输不稳定，所以对海空运输的需求很大。该联运线以迈阿密、洛杉矶、温哥华为中转地。

3. 远东—中近东、非洲、澳洲：这是以中国香港、曼谷为中转地至中近东、非洲的运输服务。在特殊情况下，还有经马赛至非洲、经曼谷至印度、经中国香港至澳洲等联运线，但这些线路货运量较小。

总的来讲，运输距离越远，采用海空联运的优越性就越大，因为同完全采用海运相比，其运输时间更短。同直接采用空运相比，其费率更低。因此，从远东出发至欧洲、中南美以及非洲作为海空联运的主要市场是合适的。

二、国际多式联运的运输组织方法

货物多式联运的全过程就其工作性质的不同，可划分为实际运输过程（即各区段运载工具载运工作过程）和全程运输组织业务过程两部分。实际运输过程是由参加多式联运的各种运输方式的实际承运人完成的，其运输组织工作属于各种运输方式企业内部的技术、业务组织。全程运输组织业务过程是由多式联运全程组织的组织者——多式联运企业或机构完成的，主要包括全程运输所涉及的所有商务性事务和衔接服务工作的组织实施。其运输组织方法可以有很多种，但就其组织体制来说，基本上可按协作式联运和衔接式联运分为两大类。

（一）协作式多式联运的运输组织方法

协作式多式联运的组织都是在有关部门相互协调下，由参加多式联运的各运输企业和中转港共同组成的联运办公室（或其他名称）。货物全程运输计划由该机构指定，这种联运组织下的货物运输过程如图 7－2－5 所示。

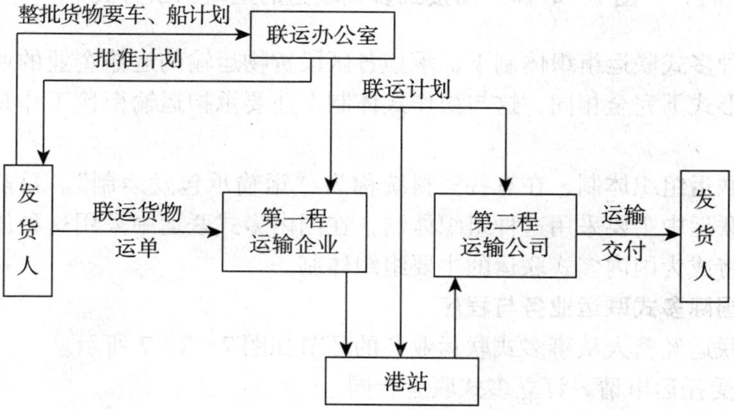

图 7－2－5　协作式多式联运的运输组织方式

在这种组织体制下，全程运输组织是建立在统一计划、统一技术作业标准、统一运行图和统一考核标准基础上的，而且在接受货物运输、中转换装、货物交付等业务中使用的技术装备、衔接条件等也需要在统一协调下同步建设或协议解决，并配套运行以保证全程运输的协同性。

对这种多式联运的组织体制，在有的资料中称为“货主直接托运制”。这是国内过去和当前多式联运（特别是大宗、重要物质运输）主要采用的体制。

（二）衔接式多式联运的运输组织方法

衔接式多式联运的全程运输组织业务式由多式联运经营人（多式联运企业，multimodal transport operator，简称 MTO）完成的，这种联运组织下的货物运输过程如图 7－2－6 所示。

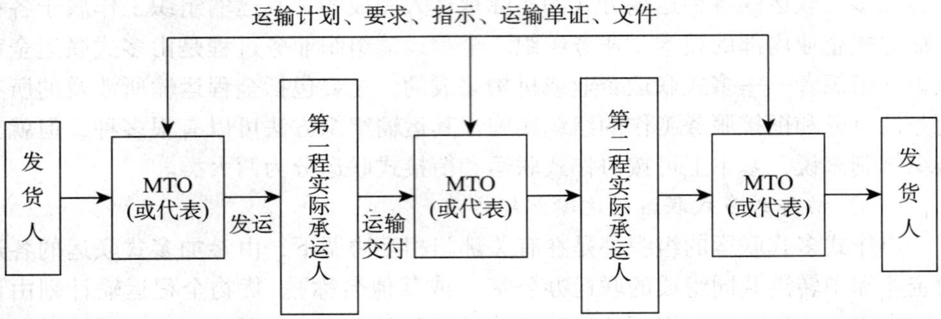

图 7－2－6　衔接式多式联运的运输组织方式

在这种多式联运组织体制下，承担各区段货物运输的运输企业的业务与传统分段运输形式下完全相同，这与协作式体制下还要承担运输衔接工作是有很大区别的。

这种联运组织体制，在有些资料统称为“运输承包发运制”。目前，在国际货物多式联运中主要采用这种组织体制，在国内多式联运中采用这种体制的也越来越多，将成为国内多式联运的主要组织体制。

三、国际多式联运业务与程序

多式联运经营人从事多式联运业务的环节如图 7－2－7 所示。

1. 接受托运申请，订立多式联运合同

多式联运经营人根据货主提出的托运申请和自己的运输线路等情况，判断是否接受该托运申请。如果能够接受，则双方协定有关事项后，在交给发货人或代理人的场站收据（空白）副本上签章（必须是海关能接受的），证明接受委托申请，多式联运合同已经订立并开始执行。

发货人或其代理人根据双方就货物交接方式、时间、地点、付费方式等达成协议填写场站收据（货物情况可暂空），并把其送至联运经营人处编号，多式联运经营人编号后留下货物托运联，将其他联交还给发货人或其代理人。

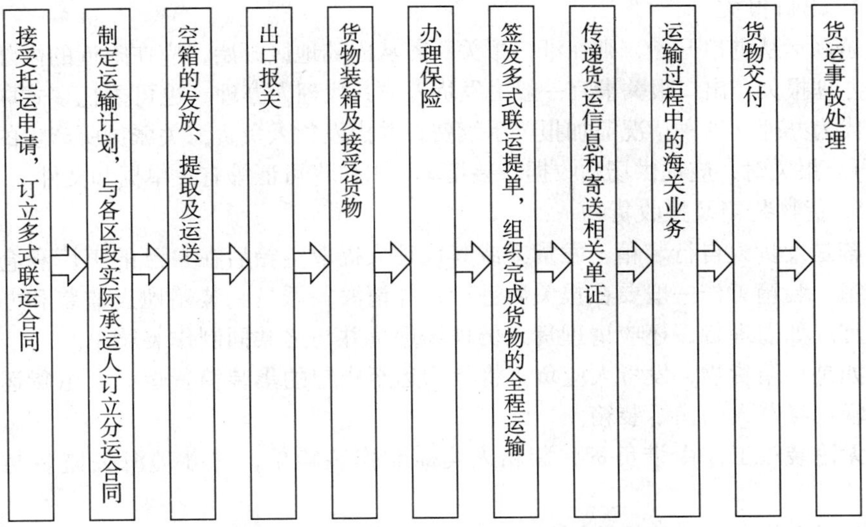

图 7－2－7　多式联运业务基本程序

2. 制定运输计划，与各区段实际承运人订立分运合同

经营人在合同订立之后，即应制定该合同涉及的集装箱货物的运输计划。该计划应包括货物的运输线路、区段的划分、各区段实际承运人的选择确定及各区段间衔接地点的到达、起运时间等内容。这里所说的订舱泛指多式联运经营人要按照运输计划安排洽定各区段的运输工具，与选定的各实际承运人订立各区段的分运合同。这些合同的订立由经营人本人（派出机构或代表）或委托的代理人（在各转接地）办理，也可请前一区段的实际承运人作为代表向后一区段的实际承运人订舱。

货物运输计划的安排必须科学。工作中应相互联系，根据实际情况调整计划，避免彼此脱节。

3. 空箱的发放、提取及运送

多式联运中使用的集装箱一般应由经营人提供。

如果双方协议由发货人自行装箱，则多式联运经营人应签发提箱单或者租箱公司或分运人签发的提箱单交给发货人或其代理人，由他们在规定的日期到指定的堆场提箱并自行将空箱托运到货物装箱地点，准备装货。如发货人委托亦可由经营人办理从堆场到装箱地点的空箱托运（这种情况需加收空箱托运费）。

如是拼箱货（或是整箱货但发货人无装箱条件不能自装）时，则由多式联运经营人将所用空箱调运至接受货物的集装箱货运站，做好装箱准备。

4. 出口报关

若联运从港口开始，则在港口报关；若从内陆地区开始，应在附近的内陆地区海关办理报关，出口报关事宜一般由发货人或其代理人办理，也可委托多式联运经营人代为办理（这种情况需加报关手续费，并由发货人负责海关派员所产生的全部费用）。报关时，应提供场站收据、装箱单、出口许可证等有关单据和文件。

5. 货物装箱及接收货物

若是发货人自行装箱，发货人或其代理人提取空箱后在自己的工厂和仓库组织装箱，装箱工作一般要在报关后进行，并请海关派员到装箱地点监装和办理加封事宜。如需理货，还应请理货人员现场理货并与之共同制作装箱单。

如是拼箱货物，发货人应负责将货物运至指定的集装箱货运站，由货运站按多式联运经营人的指示装箱。

无论装箱工作由谁负责，装箱人均需制作装箱单，并办理海关监装与加封事宜。

对于由货主自装箱的装箱货物运至双方协议规定的地点，多式联运经营人或其代表（包括委托的场站业务员）在指定地点接收货物。如是拼箱货，经营人在指定的货运站接收货物。验收货物后，代表联运经营人接收货物的人应在堆场收据正本上签章并将其交给发货人或代理人。

6. 办理保险

在发货人方面，应投保货物运输险。该保险由发货人自行办理，或由发货人承担费用由经营人作为代理。货物运输保险可以是全程，也可分段投保。

在多式联运经营人方面，应投保货物责任险和集装箱保险，由经营人或其代理人负责办理保险。

7. 签发多式联运提单，组织完成货物的全程运输

多式联运经营人的代表收取货物后，经营人应向发货人签发多式联运提单。在把提单交给发货人前，按双方协定的付费方式及内容、数量向发货人收取全部应付费用。

多式联运经营人有完成和组织完成全程运输的责任和义务。在接收货物后，要组织各区段实际承运人、各派出机构及代表人共同协调工作，完成全程中各区段的运输、各区段之间的衔接工作，运输过程中所涉及的各种服务性工作和运输单据、文件及有关信息等组织和协调工作。

8. 传递货运信息和寄送相关单证

多式联运在始发地代理应将货运单据寄送多式联运经营人中转站代理，并将

多式联运单据副本寄送多式联运经营人或目的地代理，与此同时，还应向有关方传递有关货运信息。

9. 运输过程中的海关业务

按照国际多式联运的全程运输（包括进口国内陆段运输）均应视为国际货物运输。因此该环节工作主要包括货物及集装箱进口国的通关手续，进口国内陆段保税（海关监管）运输手续及结关等内容。如果陆上运输要通过其他国家海关和内陆运输线路时还应包括这些海关的通关及保税运输手续。

这些涉及海关的手续一般由多式联运经营人的派出机构或代理人办理，也可由各区段的实际承运人作为多式联运经营人的代表代为办理。由此产生的全部费用，应由发货人或收货人负担。

如果货物在目的港交付，则结关应在港口所在地海关进行。如在内陆地交货，则应在口岸办理保税（海关监管）运输手续，海关加封后方可运往内陆目的地，然后在内陆海关办理结关手续。

10. 货物交付

当货物运至目的地后，由目的地代理通知收货人提货。收货人需凭多式联运提单提货，经营人或其代理人需按合同规定，收取收货人应付的全部费用，收回提单签发提货单（交货记录），提货人凭提货单到指定堆场和地点提取货物。

如是整箱提货，则收货人要负责至拆箱地点的运输，并在货物取出后将集装箱运回指定的堆场，运输合同终止。

11. 货运事故处理

如果全程运输中发生了货物灭失、损害或运输延误，无论是否能确定损害发生的区段，发（收）货人均可向多式联运经营人提出索赔。多式联运经营人根据提单条款及双方协议确定责任并做出赔偿。如果确知事故发生的区段和实际责任者时，可向其进一步进行索赔。如不能确定事故发生的区段时，一般按在海运段发生处理。如果已对货物及责任投保，则存在要求保险公司赔偿和向保险公司进一步追索的问题。如果受损人和责任人之间不能取得一致，则需通过在诉讼时效内提起诉讼和仲裁来解决。

四、国际多式联运的运费计算

国际多式联运运费率的高低会直接影响多式联运运输承揽的货物数量，所以，国际多式联运经营人都非常重视多式联运运价的制定工作。国际多式联运路线长、环节多、运费的构成也很复杂，但多式联运经营人一般都制定单一的费率，并据以向托运人一次收取运费。运费率由以下部分费用组成。

（一）运输成本

1. 从内陆接货地至枢纽港费用

（1）内陆接管货物发生的费用。它主要包括从发货人接管货物后至内陆集装箱中转站等集散点的运输费用，及在中转站发生的集装箱存放费、站内装卸费、站内操作费等。

（2）中转站至码头堆场运费及其他费用。它主要包括两点之间运输使用的铁路、公路、内河水运或海上支线的运费，各级中转站费用，铁路、公路、水运、支线运输之间中转的全部费用及可能产生的相关服务费、代理费等。

（3）干线港（枢纽港）码头服务费。它包括卸车费、场内堆存费、移动费、港务费和其他附加费等。

2. 分段运输的费用

分段运输的费用是指多式联运经营人为实现货物各区段运输，根据与实际承运人订立的分运合同需要支付的全部费用（运价表提供）。由两种运输方式组成的国际多式联运，存在两个区段的运费；若由三种运输方式构成的多式联运，则存在三个区段的运费。国际多式联运经营人通常会与负责某区段运输的实际承运人签订协议，可以从实际承运人那里得到较为优惠的运价。每次托运的批量越大这种优惠可能越多，这种优惠可使经营人从运费差价中得到利润。

3. 从海运目的港至最终交货地费用

从海运目的港至最终交货地费用是指从货物干线运输的卸船港至交货地点之间完成货物运输的全部费用，包括码头费用、码头至内陆中转站费用、中转站费用及交货地费用等。

4. 集装箱租用费和保险费用

（1）集装箱租用费。集装箱租用费是指由多式联运经营人提供的集装箱（不论是经营人本人的、租用集装箱公司的，还是某一实际承运人提供的）的租赁费用。此项费用一般按全程预计天数（从提箱至还箱）包干计算。

（2）保险费用。保险费用主要包括集装箱保险费和货物运输责任保险费。

（二）经营管理费

经营管理费用包括：多式联运经营人与货主、各排除机构、代理人、实际承运人之间的信息和单证传递费用、通信费用、单证成本和制单手续费用以及各派出机构的管理费用。这部分费用也可分别加到不同区段的运输成本中一并计算。

对于全程运输中发生的报送手续费、申请监管运输（保兑运输）手续费以及全程运输中的理货、检查及由发货人或收货人委托的其他服务引起的费用，一般都应单独列出，并根据贸易交易条件的规定向应承担的一方或委托方收取，而不包含在单一费率内。

（三）利润

利润指多式联运经营人预期从该线路货物联运中获得的大于成本投入的那部分收益，它一般可通过费用之和乘以一个适当的百分比来确定。确定利润的多少要进行充分的调查研究，必须根据运输市场运价水平与自己具备的竞争能力、线路中存在的实际竞争情况来确定。利润的多少受多种因素制约，不能单凭主观愿望决定。从外部因素看，利润受竞争和运量多寡等因素影响；从内部因素看，利润受内部经营方针、工作难易以及有关系统的收费标准等因素的制约。

利润的多少受多种因素的制约。其坚持的准则如下：

坚持合理收费，薄利多运的原则。灵活运用回扣，国际上惯常的做法有：根据数量的多寡给予优惠或回扣；根据不同地区给予回扣；根据不同的商品给予回扣；根据双方的合作关系给予回扣。

综上所述，国际多式联运货物的计算公式为：

国际多式联运货物运费 = 运输成本 + 经营管理费 + 利润

多式联运单一费率的制定并不是一件简单的工作，特别是其中运输成本部分更为复杂。它不仅取决于从接收货物地点到交付货物地点之间的运输线路，而且取决于线路中区段的划分、方式的选择与实际承运人的选择；不仅与实际发生成本有关，而且还与竞争的实际情况与需要有关。即使是制定国内段的费率，由于受单一运输方式的长期影响，各段、各方都希望自己多收费、少担风险。而且不同的承运人实际执行的费率也有差别，因此也有相当的难度。至于远在异国的进口国内陆段费率的确定，则更为困难，一般可向当地的代理人、合伙人咨询获得。目前，有的多式联运经营人从国内接收货物地点至到达国口岸采取统一费率（即单一费率中运输成本只包括出口国国内段费用和海上运费），向发货人收取（预付运费），而从到达国口岸至内陆目的地的费用按实际成本确定，另向收货人收取（到付运费）。这种做法是一种可取的过渡方法。

五、国际多式联运合同与单证业务

（一）国际多式联运合同

1. 国际多式联运合同及其特点

国际货物多式联运合同是指“多式联运经营人凭以收取运费、负责完成或组织完成国际多式联运的合同”。该合同由多式联运经营人与发货人协议订立。多式联运合同具有如下特点：

（1）多式联运合同是双方合同。合同双方均负有义务和享有权利。

（2）多式联运合同是有偿合同。

（3）多式联运合同是非要式合同。尽管可用多式联运提单证明，但提单不是运输合同，没有具体体现形式。

（4）有约束第三者性质，收货人不参加合同订立，但可直接获得合同规定的利益并自动受合同约束。

（5）有时包括接受委托、提供服务等内容，这些内容由双方议定。

2. 国际多式联运合同的订立

国际多式联运合同是处于平等法律地位的国际多式联运经营人与发货人双方的民事法律行为，只有在双方表示一致时才能成立。与其他合同一样是双方的协议，其订立过程是双方协商的过程。

国际多式联运经营人为了揽取货物运输，要对自己的企业（包括办事机构地点等）、经营范围（包括联运线路、交接货物地域范围、运价、双方责任、权利、义务）等做广告宣传，并用运价本、提单条款等形式公开说明。发货人或他的代理人向经营多式联运的公司或其营业所或代理机构申请货物运输时，通常要提出货物（一般是集装箱货）运输申请（或填写订舱单），说明货物的品种、数量、起运地、目的地、运输期限要求等内容，多式联运经营人根据申请的内容，并结合自己的营运路线、所能使用的运输工具及其班期等情况，决定是否接受托运。如果认为可以接受，则在双方商定运费及支付形式、货物交接方式、形态、时间、集装箱提取地点、时间等情况后，由多式联运经营人在交给发货人（或代理）的场站收据的副本联上签章，以证明接受委托。这时多式联运合同即告成立。发货人与经营人的合同关系已确定并开始执行。

多式联运中使用的集装箱一般是由经营人提供的，在表示接受委托之后，经营人签发提单给发货人或其代理人以保证其在商定的时间、地点提取空箱使用。发货人或其代理人按双方商定的内容及托运货物的实际情况填写场站收据，并在经营人编号、办理货物报关及货物装箱后，负责将重箱托运至双方商定的地点将货物交给多式联运经营人或指定的代理人（堆场或货运站），取得正本场站收据后到经营人处换取多式联运提单。

多式联运提单是证明多式联运合同的运输单据，具有法律效力，同时也是经营人与发货人之间达成的协议（即合同）的条款和实体内容的证明，是双方基本义务、责任和权利的说明。提单填写的条款和内容是双方达成的合同的内容（除事先另有协议外）。多式联运经营人签发提单是履行合同的一个环节，证明他已按合同接受货物并开始对货物负责。对于发货人来讲，接受经营人签发的提单意味着已同意接受提单的内容与条款，即已同意以这些内容和条款说明的合同。

因此，发货人（或其代理人）在订立多式联运合同时，应认真了解多式联运经营人的提单条款（应是事先印制而且公开的）。如有不能接受之处，应与经营人达成书面协议解决，否则将被认为是接受所有条款，接受其关于双方责任、权利和义务的说明。

（二）国际多式联运单证

国际多式联运单据在整个货物流转过程中是划分各相关方责任、权利和义务转移的凭证，也是货物交接、责任划分、保险、索赔等问题的重要依据。因此，在研究国际多式联运时，不能对其运输单据有所忽视，它是多式联运业务的重要组成部分。

1. 多式联运单证的分类

国际多式联运中使用的单证较多，根据其用途可以分为两大类：一类是进出口运输所需要和办理运输有关业务的单证，如多式联运提单、各区段的运单、提单、提箱单、设备交接单、装箱单、场站收据、交货记录等；另一类是向各口岸监管部门申报所使用的单证，如商业发票、进出口许可证、商检、卫生检疫证明、合同副本、信用证副本等。其中，主要单证有以下几种：

（1）集装箱运输相关单证。

①设备交接单是集装箱进出港区、场站时，用箱人、运箱人与管箱人或其代理人之间交接集装箱及设备的凭证，兼有管箱人发放集装箱凭证的作用。分进场和出场两种。

②装箱单是集装箱货物运输条件下，记载箱内所装货物详细情况的唯一单证。该单证由负责装箱的人填写并签字。如需理货时，由装箱人和理货员共同制作、签字，每箱一份。

③场站收据是多式联运经营人或其代理人签发，证明已经收到托运货物并对货物开始负有责任的凭证。发货人可据此向多式联运经营人或代理人换取多式联运提单。该单证是一份复合单证，在我国有 7 联、10 联、12 联三种，是集装箱货物托运的主要单证。

④交货记录是承运人把箱、货交付给收货人，双方共同签署，以证明货物已经交付，承运人对货物责任已告终止的单证。该单证也是复合单证，共有 5 联，是集装箱在目的地交付时的主要单证。

（2）多式联运提单。

国际多式联运提单，是证明多式联运合同及证明多式联运经营人接管货物并负责按合同条款交付货物的单据。在实践中一般称为多式联运提单，它是发货人与多式联运经营人订立的国际货物多式联运合同的证明，是多式联运经营人接管货物的证明和收据，是收货人提取货物和多式联运经营人交付货物的凭证，是货物所有权的证明，可以用来结汇、流通和抵押等。

2. 多式联运单证的主要内容

多式联运单证是多式联运经营人、承运人、发货人、收货人、港方和其他有关方面进行业务活动的凭证，主要是起货物交接时的证明作用，证明其外表状况、数量、品质等情况。单据的内容必须正确、清楚、完整，以保证货物正常安全地运输。

多式联运单证一般包括以下 15 项内容：

（1）货物品类、标志、危险特征的声明、包数或者件数、重量；

（2）货物的外表状况；

（3）多式联运经营人的名称与主要营业地；

（4）托运人名称；

（5）收货人名称；

（6）多式联运经营人接管货物的时间、地点；

（7）交货地点；

（8）交货日期或者期间；

（9）多式联运单证可转让或者不可转让的声明；

（10）多式联运单证签发的时间、地点；

（11）多式联运经营人或其授权人的签字；

（12）每种运输方式的运费、用于支付的货币、运费由收货人支付的声明等；

（13）航线、运输方式和转运地点；

（14）关于多式联运遵守本公约的规定的声明；

（15）双方商定的其他事项。

多式联运单证一般都应注明上述各项内容，如缺少其中一项或两项，只要所缺少的内容不影响货物运输和各当事人之间的利益，单据仍然有效。

3. 多式联运提单

（1）多式联运提单的种类。

多式联运提单的种类，按是否可转让的原则可分为两大类：可转让提单和不可转让提单。而可转让提单又可分为按指示交付或向持票人交付两类；不可转让提单一般为记名提单（见图 7－2－8）。

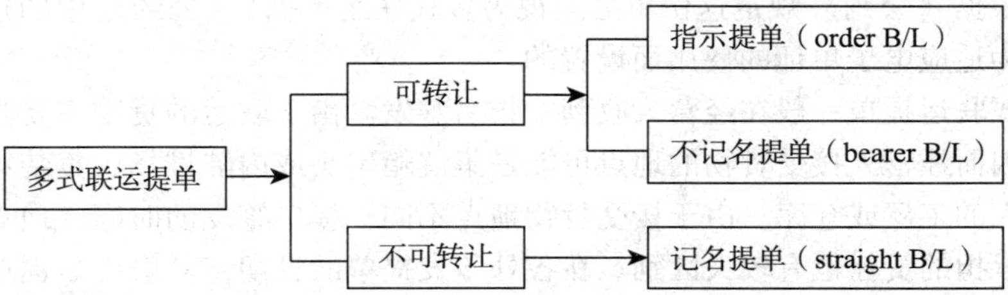

图 7－2－8　多式联运提单的种类

（2）多式联运提单的签发。

多式联运经营人在收到货物后，凭发货人提交的收货收据（在集装箱运输时一般是场站收据正本）签发多式联运提单，根据发货人的要求，可签发可转让或不可转让提单中的任何一种。签发提单前应向发货人收取合同规定和应由其负责的全部费用。

多式联运经营人在签发多式联运提单时，应注意以下事项：

①如签发可转让多式联运提单，应在收货人栏列明按指示交付或向持票人交付。如签发不可转让提单，应列明收货人的名称。

②提单上的通知人一般是在目的港或最终交货地点，由收货人指定代理人。

③对签发正本提单的数量一般没有规定，但如应发货人要求签发一份以上的正本时，在每份正本提单上应注明正本份数。

④如签发任何副本（应要求），每份副本均应注明“不可转让副本”字样，副本提单不具有提单的法律效力。

⑤签发一套一份以上的正本可转让提单时，各正本提单具有同样的法律效力，多式联运经营人或其代理人如已按其中的一份正本交货，便已履行交货责任，其他提单自动失效。

⑥多式联运提单应由多式联运经营人或经他授权人签字。如不违背所在国法律，签字可以是手签、印、盖章、符号或用任何其他机械或电子仪器打出。

⑦如果多式联运经营人或其代表在接受货物时，对货物的实际情况和提单中所注明的货物的种类、标志、数量或重量、包数、件数等有怀疑，但又无适当方法进行核对、检查时，可以在提单中做出保留，注明不符之处和怀疑根据。但为了保证提单的清洁，也可按习惯做法处理。

⑧经发货人同意，可以用任何机械或其他方式保存《公约》规定的多式联运提单应列明的事项，签发不可转让提单。在这种情况下多式联运经营人在接管

货物后，应交给发货人一份可以阅读的单据，该单据应载有此种方式记录的所有事项。根据《公约》规定这份单据应视为多式联运单据，《公约》中的这项规定主要是为适应电子单证的使用而设置的。

多式联运提单一般在经营人收到货物后签发。由于联运的货物主要是集装箱货物，因而经营人接受货物的地点可能是集装箱码头或内陆堆场、集装箱货运站和发货人的工厂或仓库。由于接受货物地点不同，提单签发的时间、地点及联运经营人承担的责任也有较大区别。在各处签发提单的日期，一般应是提单签发时的日期。如果应发货人要求填写其他日期（如提前则称为倒签提单），多式联运经营人要承担较大风险。

（3）多式联运提单的证据效力与保留。

多式联运提单的证据效力主要表现在它是该提单所载明的货物有多式联运经营人接管的初步证据，其记载事项与其证据效力是密切相关的。多式联运提单主要对以下几个方面起到证明作用：一是当事人本身的记载；二是有关货物状况的记载；三是有关运输情况的记载；四是有关法律约束方面的记载。

如果多式联运经营人或其代表在接收货物时，对于货物的品种、数量、包装、重量等内容有合理的怀疑，而又无合适方法进行核对或检查时，多式联运经营人或其代表可在多式联运提单上做出保留，注明不符的地方、怀疑的根据等；反之，如果多式联运经营人或其代表在接收货物时未在多式联运提单上做出任何批注，则应视为他所接收的货物外表状况良好，并应在同样状态下将货物交付收货人。

如果多式联运提单上没有这种保留批注，其记载事项的证据效力是完全的，多式联运经营人如在提单上对有关货物或运输方面加了批注，其证据效力就会产生疑问。

【案例回放和分析】

由于集装箱运输承运人与多式联运经营人对货物的责任期间实质上完全一样，而法律已对多式联营经营人在不同区段适用之法律作了明确规定（适用网状责任制），即若货损发生于公路货运期间，或铁路货运期间，或航空货运期间，相应的适用与公路、铁路、航空有关的法律法规，除非货损发生期间不明或无法确定；集装箱运输的承运人其集装箱内陆集散站有的离港区成百上千米，这与多式联运经营人所经营的公路运输一样，即使自船边至港区内的集装箱堆场仅数百米或数千米，其运输与公路运输没有任何实质差异。法律赋予承运人在海上运输及装卸作业期间发生的货损予以免责，原因在于在该期间承运人所承担的风险远比陆地上大得多。本案适用的法律应为《经济合同法》及《民法通则》，同时可参照使用《公路货物运输合同细则》。承运人应负实际货损赔偿之责，且无权主张任何责任限制。此外，对集装箱货物而论，若提单未载明内装货物件数或件数很少，只要集装箱货重超过333.35千克，货方即有权选择按千克限制承运人赔偿限额，也即以“件或单位”还是以“千克”为标准进行责任限制，法定以两者较高者为准。

本章小结

当前，我国国际贸易进出口货物采用多式联运方式运输的越来越多，形式也更为灵活多样，有陆海联运、陆空联运、海空联运等。本章重点就多式联运的组织形式、运费计算、运输单证、运输程序进行阐述。多式联运单证并不就是多式联运合同，而只是多式联运合同的证明，同时，是多式联运经营人收到货物的收据和凭其交付的凭证。

关键名词或概念

多式联运（multimodal transport）
联合运输（combined transport）
大陆桥运输（land bridge transport）
OCP运输（overland common points）
分段责任制（dispersion of liability）
修正统一责任制（the modified uniform liability system）
网状责任制（the network system of liability）
统一责任制（uniform liability system）

课后练习

■ 复习思考题

1. 国际多式联运的优势有哪些？
2. 国际多式联运经营人的性质和责任范围是什么？
3. 国际多式联运的组织形式有哪些？
4. 国际多式联运的一般业务流程有哪些内容？

5. 国际多式联运的单证主要有哪些？

6. 国际多式联运的运费构成有哪些？

■ 技能训练

1. 从郑州经连云港用海铁联运把货物运往旧金山，分组模拟国际海铁联运出口业务流程并画出流程图。

2. 由日本、香港等地运往西欧的货物，用船先把货物运至俄罗斯的哪个港口？然后再用铁路集装箱专列经什么大陆桥运至俄罗斯西部的哪个边境站，即可把货物运至西欧各地？（参考答案：纳霍德卡—东方港；西伯利亚大陆桥；布列斯特）。

3. 什么是“OCP”运输条款？

4. 西伯利亚大陆桥全长 1.3 万千米，是当今世界上最长的一条大陆桥运输线。主要采用如下三种基本方式：海—铁—铁路线、海—铁—海路线、海—铁—公路线，试分别举实例说明运输路线。

第八章　国际货代与物流、仓储实务

【开篇导读】

随着经济全球化带来的挑战及我国货运市场的进一步开放，对于货代企业来说，发展物流是一种必然。在简单的中间人难以继续为生的时候，通过物流提高增值服务能力，由此增强核心能力发挥市场价值，将成为我国货代企业实现二次创业的主要途径。货代经营离不开仓储物流，保税仓储的运作是货代人应当具备的基本知识和技能之一。

【学习目标】

知识目标：理解物流和国际物流的含义和功能、第三方物流的服务理念、国际货代和第三方物流之间的关系；了解保税仓储物流的含义。

技能目标：掌握国际货代物流化的思路和保税仓储物流的实务操作。

【引导案例】

蒙牛如何打造快速物流系统？

物流运输是乳品企业重大挑战之一。蒙牛目前的触角已经伸向全国各个角落，其产品远销到香港、澳门，甚至还出口到东南亚。如何突破配送的瓶颈，把产自大草原的奶送到更广阔的市场呢？另外一个重要的问题是，巴氏奶和酸奶的货架期非常短，巴氏奶仅10天，酸奶也不过21天左右，而且对冷链的要求最高。从牛奶挤出运送到车间加工，直到运到市场销售，全过程巴氏奶必须在0℃～4℃之间，酸奶必须在2℃～6℃之间贮存。这对运输的时间控制和温度控制提出了更高的要求。为了能在最短的时间内、有效的存储条件下，以最低的成本将牛奶送到商场超市的货架上，蒙牛采取了哪些措施？

第一节 物流基础知识

一、物流

（一）物流的含义

“物流”（logistics）源于美国，最早出现在第二次世界大战时期，是美国军事部门为解决军需品的供应问题，运用当时新兴的运筹学方法与电子计算机技术对军需品供应、运输线路、库存量进行科学规划而形成的系统管理科学，称之为logistics，我国最早译为后勤学。20世纪50年代军事后勤管理的概念和技术慢慢应用到民用工业中，流行于美国的实物分拨（physical distribution）概念传入日本后，日本学者平原直先生将之翻译为“物的流通”，简称“物流”，经过进一步发展形成了今天广为接受的物流管理的概念。

我国于20世纪80年代引进“物流”概念和相关理论。为了规范物流概念，在吸取国外有关资料的基础上，2001年8月，由中国物流与采购联合会起草并由国家质量技术监督局发布了《中华人民共和国国家标准物流术语》，将物流解释为：“物品从供应地向接收地的实体流动过程。根据实际需要，将运输、储存、装卸、搬运、包装、流通加工、配送、信息处理等基本功能实施有机结合。”显然，物流的构成要素既包括使物品的空间移动和时间移动成为可能的运输和储存，也包括保障物品顺利转移或流动的各种相关活动。

（二）物流系统

1. 物流系统是为实现既定物流活动目标，由包装、运输、储存、流通加工、装卸搬运、信息处理等要素或者子系统构成的具有特定功能的有机整体。

2. 物流系统的基本功能（见表8-1-1）。

表8-1-1 物流系统的基本功能

物流功能	功能细分	主要业务	一般特点
运输	运输	集货、运输方式和工具选择、路线和行程规划、车辆调度、商品组配、送达	干线、中间运输、中长距离、少品种、大批量、少批次、长周期、功能单一
	配送	分拣、拣选、运输方式和工具选择、路线和行程规划、车辆调度、商品组配、送达	支线、前端或者末端运输、短距离、多品种、小批量、多批次、短周期、功能综合

续表 8-1-1

物流功能	功能细分	主要业务	一般特点
储存	仓储管理	收货、检验、分拣、保管、拣选、出货	储存管理：对确定的库存（动态、静态）进行管理
	库存控制	对库存品种、数量、金额、地区、方式、时间等结构的控制	储存决策：确定储存组合（什么、多少、何时、何地等）
装卸	装上	将流体装入载体	与发运相联系
	卸下	将流体从载体中卸出	与到货相联系
	搬运	将流体从一个地方短距离地搬到另一个地方	与载体的换装或者转移相联系
包装	工业包装	按照生产和销售需求规格，用不同于产品的材料将产品包装起来，使之成为一个完整的产品	方便批量生产
	销售包装	按照市场需求规格，将产品用印有必要产品信息的包装材料进行包装，促进销售	方便使用和销售
	物流包装	按照物流运作要求，用具有足够强度、印有必要物流信息的包装材料将一定数量的商品进行包装以及包装加固、打包	方便物流运作
流通加工	生产型加工	剪切、预制、装袋、组装、贴标签、洗净、搅拌、喷漆、染色	在流通过程中进行的生产性活动，以完成生产过程
	促销型加工	烹调、分级、贴条形码、分装、拼装、换装、分割、称量	在销售过程进行的生产活动，以便促销
	物流型加工	预冷、冷冻、冷藏、理货、拆解、贴物流标签、添加防虫防腐剂	在物流场所进行的生产活动，以利物流、保护商品
物流信息	要素信息	五要素信息（流体、载体、流向、流量、流程）	涉及物流全局的信息
	管理信息	物流企业或者企业物流部门人、财、物等信息	涉及物流组织内部的信息
	运作信息	功能、资源、网络、市场、客户、供应商信息等	涉及物流过程与市场的信息
	外部信息	政策、法律、技术等	涉及物流环境的信息

二、国际物流

（一）国际物流的概念

所谓国际物流是指货物流通经停的地点不在同一个独立关税区之内的物流。国际物流的实质是按国际分工协作的原则，依照国际惯例，利用国际化的物流网络、物流设施和物流技术，实现货物在国际的流动与交换，以促进区域经济的发展和世界资源的优化配置。

国际物流的总目标是为国际贸易和跨国经营服务，即选择最佳的方式与路径，以最低的费用和最小的风险，保质、保量、适时地将货物从某国的供方传输到另一国的需方。

国际物流为跨国经营和对外贸易服务，使各国物流系统相互接轨。与国内物流系统相比，具有国际性、复杂性和风险性等特点。见表 8－1－2。

表 8－1－2　国际物流的特点

国际性	国际性是指国际物流系统涉及不同的国家和地区。系统的地理范围大。这一特点又称为国际物流系统的地理特征。国际物流跨越不同地区和国家，跨越海洋和大陆，运输距离长，运输方式多样，这就有必要合理选择运输线路和运输方式，尽量缩短运输距离，缩短货物在途时间，加速货物的周转并降低物流成本
复杂性	在国际的经济活动中，生产、流通和消费三个环节之间存在着密切的联系，由于各国社会制度、自然环境、经营管理方法、生产习惯不同，一些因素变动较大，因而在国际组织好货物从生产到消费的流动，是一项复杂的工作。国际物流的复杂性主要包括国际物流通信系统设置的复杂性、法规环境的差异性和商业现状的差异
风险性	国际物流的风险性主要包括政治风险、经济风险和自然风险。政治风险主要指由于所经过的国家的政局动荡，如罢工、战争等原因造成货物可能受到损害或灭失；经济风险又可分为汇率风险和利率风险，主要指从事国际物流必然要发生的资金流动，因而产生汇率风险和利率风险；自然风险则指物流过程中，可能因自然因素，如海风、暴雨等而引起的风险

（二）国际物流系统

国际物流系统是由商品的包装、储存、运输、检验、报关、流通加工和其前后的整理、再包装以及国际配送子系统组成。运输和储存子系统是物流系统的主要组成部分。国际物流通过商品的储存和运输，实现其自身的时间和空间效益，满足国际贸易活动和跨国公司经营的要求。具体见表 8－1－3。

表 8-1-3　国际物流系统

运输子系统	运输的作用是实现物的空间位移。国际货物运输是国际物流系统的核心，涉及所有的运输方式，具有路线长、环节多、涉及面广、手续繁杂、风险性大、实践性强等特点。国际货物运输的费用在国际贸易商品价格中占有相当的比重
仓储子系统	商品储存、报关使商品在其流通过程中处于一种或长或短的相对停滞状态，这种停滞是完全必要的。因为，商品流通是一个由分散到集中，再由集中到分散的源源不断地流通过程。国际贸易和跨国经营中的商品从生产厂家到供应部门被集中送到装运港口，有时必须临时存放一段时间，再装运出口，是一个集和散的过程。它主要是在各国的保税区和保税仓库进行的，主要涉及各国保税制度和保税仓库建设等方面
商品检验子系统	由于国际贸易和跨国经营具有投资大、风险高、周期长等特点，使得商品检验成为国际物流系统中重要的子系统。通过商品检验，确定交货品质、数量和包装条件是否符合合同规定，如发现问题，可分清责任，向有关方面索赔。在买卖合同中，一般都订有商品检验条款，其主要内容有检验时间与地点、检验机构与检验证明、检验标准和检验方法等
通关子系统	国际物流的一个重要方面就是货物要跨越关境。对于国际货物流通而言，各国的海关通常会成为流通的“瓶颈”，就要求物流经营人熟知有关各国的通关制度，建立安全有效通关系统，保证货畅其流
商品包装子系统	杜邦定律（美国杜邦化学公司提出）认为：63%的消费者是根据商品的包装装潢进行购买的，国际市场和消费者是通过商品来认识企业的，而商品的商标和包装就是企业的面孔，它反映了一个国家的综合科技文化水平。现在我国出口商品存在的主要问题是：出口商品包装材料主要靠进口；包装产品加工技术水平低，质量上不去；外贸企业经营者对出口商品包装缺乏现代意识，表现在缺乏现代包装观念、市场观念、竞争观念和包装的信息观念，仍存在着“重商品、轻包装”，“重商品出口、轻包装改进”等思想。为提高商品包装系统的功能和效率，应提高广大外贸职工对出口商品包装工作重要性的认识，树立现代包装意识和包装观念；尽快建立起一批出口商品包装工业基地，以适应外贸发展的需要，满足国际市场、国际物流系统对出口商品包装的各种特殊要求；认真组织好各种包装物料和包装容器的供应工作。这些包装物料、容器应具有品种多、规格齐全、批量小、变化快、交货时间急、质量要求高等特点以便扩大外贸出口和创汇能力

续表 8-1-3

国际物流信息子系统	该子系统主要功能是采集、处理和传递国际物流和商流的信息情报。没有功能完善的信息系统，国际贸易和跨国经营将寸步难行。国际物流信息的主要内容包括进出口单证的作业过程、支付方式信息、客户资料信息、市场行情信息和供求信息等。国际物流信息系统的特点是信息量大，交换频繁；传递量大，时间性强；环节多、点多、线长，所以要建立技术先进的国际物流信息系统。国际贸易中 EDI 的发展是一个重要趋势。我国应该在国际物流中加强推广 EDI 的应用，建设国际贸易和跨国经营的高速公路。上述主要系统应该和配送系统、装搬系统以及流通加工系统等有机联系起来，统筹考虑、全面规划，建立我国适应国际竞争要求的国际物流系统

三、物流的发展趋势——第三方物流

第一方物流是指供方物流或者卖方物流，由商品提供者自己承担商品需求者所需商品的物流问题，以实现物资空间位移。第二方物流是指需方物流或买方物流，是由商品需求者自己解决所需商品的物流问题，以实现商品的空间位移。

在前面的两种形式下，物流服务完全由制造或者流通企业自营，他们主要以企业自身的物流能力来实现物品的交付，在物流的全过程中可能部分地利用一些社会物流，但也是局部的或临时的。目前，第三方物流逐渐成为企业物流业务模式的主旋律。图 8-1-1 为第三方物流功能示意图。

（一）第三方物流

1. 第三方物流的概念

所谓第三方物流是指生产经营企业为集中精力搞好主业，把原来属于自己处理的物流活动，以合同方式委托给专业物流服务企业，同时通过信息系统与物流企业保持密切联系，以达到对物流全程管理和控制的一种物流运作与管理方式。物流服务范围包罗了所有运输代理的服务项目：运输、配送、装卸、包装、加工、保管、报关、报检、代理、信息网络与共享、培训和咨询等。

第三方物流（third-rarty logistics，简称 3PL，也简称 TPL），是相对“第一方”货主和“第二方”物流服务的直接提供者而言的。3PL 既不属于第一方，也不属于第二方，而是通过与第一方或第二方的合作来提供其专业化的物流服务，它不拥有商品，不参与商品的买卖，而是为客户提供以合同为约束、以结盟为基础的、系列化、个性化、信息化的物流代理服务。最常见的 3PL 服务包括设计物流系统、EDI 能力、报表管理、货物集运、选择承运人、货代人、海关代理、信息管理、仓储、咨询、运费支付、运费谈判等。由于服务方式一般是与企业签订一定期限的物流服务合同，所以有人称第三方物流为“合同契约物流（contract logistics）”。

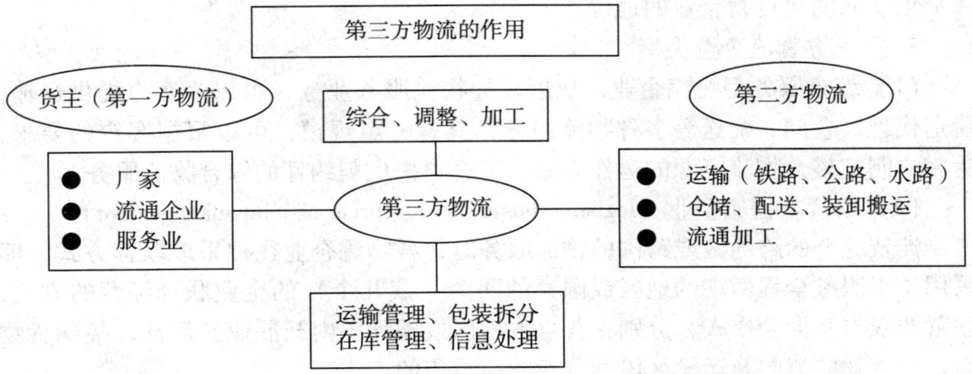

图 8-1-1　第三方物流功能示意图

2. 第三方物流的利与弊

当今竞争日趋激化和社会分工日益细化的大背景下，第三方物流也称物流外协，它具有明显的优越性，具体表现在：

（1）企业集中精力于核心业务。由于任何企业的资源都是有限的，很难成为业务上面面俱到的专家。为此，企业应把自己的主要资源集中于自己擅长的主业，而把物流等辅助功能留给物流公司。

（2）灵活运用新技术，实现以信息换库存，降低成本。

（3）减少固定资产投资，加速资本周转。企业自建物流需要投入大量的资金购买物流设备，建设仓库和信息网络等专业物流设备。这些资源对于缺乏资金的企业特别是中小企业是个沉重的负担。如果使用第三方物流公司不仅减少设施的投资，还解放了仓库和车队方面的资金占用，加速了资金周转。

（4）提供灵活多样的顾客服务，为顾客创造更多的价值。

第三方物流存在的最重要理由就是让更专业的物流企业来为制造企业服务，让物流也成为企业增值的另一个渠道。

与自营物流相比较，第三方物流在为企业提供上述便利的同时，也会给企业带来诸多的不利。主要有：企业不能直接控制物流职能；不能保证供货的准确和及时；不能保证顾客服务的质量和维护与顾客的长期关系；企业将放弃对物流专业技术的开发等。比如，企业在使用第三方物流时，第三方物流公司的员工经常与你的客户发生交往，此时，第三方物流公司会通过在运输工具上喷涂它自己的标志或让公司员工穿着统一服饰等方式来提升第三方物流公司在顾客心目中的整体形象从而弱化自营企业的地位。

3. 第三方物流企业类型

（1）综合服务型物流企业，从事多种物流服务业务，可以为客户提供运输、货运代理、仓储、配送等多种物流服务，具备一定规模；可以根据客户的要求，为客户制定整合物流资源的运作方案，为客户提供契约性的综合物流服务。

（2）联营型物流企业（logistics business enterprise of joint management）。

涉及综合的跨地区或跨国的物流服务时，各物流企业往往采取联营方式，即采用位于服务全程两端的地区或国家的两个（或几个）的企业联合经营的方式，联营的双方互为合作人，分别在各自的地区或国际国内开展业务活动，揽到货物后，按货物的流向及运输区段划分双方应承担的工作。

（3）独立经营型物流企业（logistics business enterprise of independent management）。

在物流服务中，实施单一功能物流服务的企业几乎全部是独立经营型物流企业。实施综合物流服务的物流企业尽管从总体上讲是独立经营，但其内部环节相当复杂，尤其在涉及仓储、运输、联运甚至国际联运的情况时。一般情况下，企业在各服务全程的两端及中间各转接点处均设有自己的子公司或办事处等形式的派出机构或分支机构，处理有关服务业务等运输和衔接中所需的一系列事务。

（4）代理型物流企业（act for a logistics enterprise）。

在服务全程的两端和中间各衔接地点委托外地区或国外同行作为物流服务代理，代理或安排全程服务中的分运工作和交接货物，签发或回收联运单证，处理交换信息代收支付费用和处理货运事故和纠纷。这种代理关系可以是相互的，也可以是单方面的。

相关知识

世界著名物流企业

1. DPWN（DHL）德国邮政－敦豪丹莎海空 Germany Mail，express，logistics，finance

2. USPS 美国邮政服务公司 USA Mail, express

3. UPS 联合包裹服务 USA Express, logistics

4. Maersk 马士基 Denmark shipping, freight forwarding, logistics

5. FedEx 联邦快递 USA Express

7. Cosco 中国远洋 China ocean shipping co.

8. Japan Post 日本邮政 Japan Mail

9. Nippon Express 日通物流 Japan freight forwarding, logistics

10. TPG（TNT）荷兰邮政－天地 Netherlands Mail, Express, logistics

11. Deutsche Bahn inc Schenker 德国国有铁路公司 Germany rail freight, logistics

12. Yamato Transport 日本大和运输公司 Japan logistics

13. China Post 中国邮政 China Mail

14. P&O Nedlloyd 荷兰铁行渣华 UK/Netherlands shipping line

15. OOCL 中国香港东方海外集装箱 China shipping, logistics

（二）国际货运代理是第三方物流产业的重要组成部分

国民经济各个领域的物流活动从横向构成了物流产业。这个产业由铁路、公路、水运、空运、仓储、托运等行业为组成的主体，同时包含商业、物资业、供销、粮食、外贸等行业中的一半领域，还涉及机械、电气化中的物流装备生产行业和国民经济所有行业的供应、生产、销售中的物流活动。其跨部门、跨行业的特点非常突出。目前根据我国国民经济分类管理，尚不可能将其作为一个独立的产业，而作为对现有分类管理体制的补充，它将被分为物流基础产业、物流装备制造产业、物流系统产业、第三方物流产业和货主物流产业五个物流产业。国际货运代理属于第三方物流产业。

1. 国际货代在物流中的重要地位

没有物流，商流无从实现。而货代是物流中重要的组成部分，也是物流业务流程中一个重要的不可或缺的环节，是货主和实际承运人之间的纽带。国际货运代理人熟悉各种运输方式、运输工具、运输路线、运输手续和各种不同的社会经济制度、法律规定、习惯做法等，精通国际货物运输中各个环节的业务，与国内外有关机构如海关、商检、银行、保险、仓储、包装、承运人以及代理人等有着广泛的联系和密切的关系，并在世界各地建有客户网和自己的分支机构。

2. 货代与第三方物流的区别

实际上，第三方物流商和货运代理商有着很多相似之处，两者同是做货物运输的业务，有着相同的宗旨，即向客户提供满意、物有所值的服务并让股东得到一定回报。但不同的是，第三方物流商提供的业务往往具有全球性、网络化的特点，而大量的资本投入也不是一般货运代理商能够匹敌的，这些也构成了其核心竞争力的一部分。正是这种庞大的资本投入以及与之相伴的高额成本决定了第三方物流商的业务发展必须是以规模效益为前提的。

两者的区别表现在以下几个方面：

（1）货代是货运代理人，往往不是实际承运人；第三方物流可以是资产型也可以是非资产型的，多以资产型为主，即可以是实际承运人也可以是非实际承运人。

（2）货代的主要工作是订舱，报关，运输等工作；具有国际货代资质的第三方物流企业从事的业务范畴很广泛，不仅包含仓储、运输、流通加工、代理报关、订舱等工作，还包括为客户提供物流规划、供应链管理等一系列的增值服务。

相对于货运代理商，第三方物流商能够提供门到门的服务，它们拥有强大复杂的 IT 系统，提供网上跟踪服务，它们更了解市场份额和品牌的重要性。但第三方物流商永远不可能等同于提供低价服务的货运代理商，它们提供的产品或许很有竞争力，绝不会是货运代理商廉价的那种。相反，因为第三方物流商的运营依赖着全球化的网络并基于高额的成本，其固定成本和管理费用相对于货运代理商是没有优势的。

货运代理商之所以能够与第三方物流商并存，是因为它们提供的产品和服务有其独到之处。与第三方物流商相比，它们更了解本地市场，更能提供灵活个性化的服务，更具有价格上的竞争力，与航空公司良好的关系使其在舱位上能够有所保证。它们的 IT 系统尽管不能满足所有客户的要求，但是对于部分客户来说已经足矣。而稳定的现金流使其能够在网络系统建设、人力资源培训等需要再投资的时候有着足够的空间。正是拥有了这些优势，才使得货运代理商能够在第三方物流商大行其道的今天继续存在下去。

案例 8-1-1　中国对外贸易运输总公司为摩托罗拉提供的第三方物流服务

中外运空运公司是中国外运集团所属的全资子公司，华北空运天津公司是华北地区具有较高声誉的大型国际、国内航空货运代理企业之一，下面是中外运空运公司为摩托罗拉公司提供第三方物流服务的情况介绍。

制定科学规范的操作流程。摩托罗拉公司的货物具有科技含量高、货值高、产品更新换代快、运输风险大、货物周转以及仓储要求零库的特点。为满足摩托罗拉公司的服务要求，中外运空运公司从1996年开始设计并不断完善业务操作规范，并纳入了公司的程序化管理。对所有业务操作都按照服务标准设定工作和管理程序进行，先后制定了出口、进口、国内空运、陆运、仓储、运输、信息查询、反馈等工作程序，每位员工、每个工作环节都按照设定的工作程序进行，使整个操作过程井然有序，提高了服务质量，减少了差错。

提供24小时的全天服务。针对客户24小时服务的需求，中外运实行全年356天的全天候工作制度，周六、周日（包括节假日）均视为正常工作日，厂家随时出货，随时有专人、专车提货和操作。在通讯方面，相关人员从总经理到业务员实行24小时的通讯畅通，保证了对各种突发性情况的迅速处理。

提供门到门的延伸服务。普通货物运输的标准一般是从机场到机场，由货主自己提货，而快件服务的标准是从门到门，桌到桌，而且货物运输的全程在监控之中，因此收费也较高，中外运对摩托罗拉公司的普通货物虽然是按普货标准收费的，但提供的却是门到门，库到库的快件服务，这样既提高摩托罗拉的货物的运输及时，又保证了安全。

提供创新服务。从货主的角度出发，推出新的更周到的服务项目，最大限度地减少货损，维护货主的信誉。为保证摩托罗拉公司的货物在运输中减少被盗，中外运在运输中间增加了打包、加固的环节；为防止货物被雨淋，又增加了一项塑料袋包装；为保证急货按时送到货主手中，还增加了手提货的运输方式，解决了客户的急、难的问题，让客户在最需要服务的时候，中外运公司都能及时快速在帮助解决。

充分发挥中外运走马观花的网络优势。经过50年的建设，中外运在全国拥有了比较齐全的海、陆、空运输与仓储、码头设施，形成了遍布国内外的货运营销网络，这是中外发展物流服务的最大优势。通过中外运网络，在国内为摩托罗拉公司提供服务的网点已达98个城市，实现了提货、发运、对方派送全过程的定点定人，信息跟踪反馈，满足了客户的要求。

对客户实行全程负责制。作为摩托罗拉公司的主要货运代理之一，中外运对运输的每一个环节负全责，即从货物由工厂提货到海、陆、空运输及国内外的异地配送等各个环节负全责。对于出现的问题，积极主动协助客户解决，并承担责任和赔偿损失，确保了货主的利益。

四、国际货代物流化的发展趋势

长期以来，在我国的国际货代市场上十分缺乏一批拥有广泛经营网络、信息技术先进、营销能力突出、具备强大的国际竞争力的代表性企业，大部分的货代企业可以用四个字来概括："小"、"少"、"弱"、"散"。"小"表现在经营规模小，资产规模小；"少"是服务功能少，专业人才少；"弱"是竞争力弱，融资能力弱；"散"是服务质量参差不齐，缺乏网络或网络分散，经营秩序不规范。这一切，要求我们的国际货代业生存和发展的定位应向第三方物流企业转变。

从广义上来说，仓储企业、运输企业、货运代理企业以及综合物流服务企业等都属于第三方物流范畴，只是在物流业务上的侧重点不同，各具特色、各有优势。但是随着经济的发展、市场竞争的激烈加剧、业务透明程度的增加、企业利润增长空间的局限、客户个性化的需求、小批量、多批次的要求以及对物流一站式服务的需求，各类物流企业为了更好地服务客户，都在自身基本业务和强势业务的基础上拓展相关的物流服务，整合物流资源，增强企业实力，提高增值服务，向综合性物流服务企业发展。货代企业也调整自己的发展战略和企业定位，以客户为服务中心的服务宗旨及灵活多样的经营方式更有利于为客户提供"量体裁衣"的个性化服务，这也是货运代理人经营理念上的回归。

随着经济全球化带来的挑战及我国货运市场的进一步开放，对于货代企业来说，发展物流是一种必然。在简单的中间人难以继续为生的时候，通过物流提高增值服务能力，由此增强核心能力发挥市场价值，将成为我国货代企业实现二次创业的主要途径。

第二节　保税物流、仓储实务

香港的陈先生在内地有一间专门生产高档服装的独资企业，其产品 60% 出口欧美及东南亚地区，40% 的产品"出口返内销"。该公司充分利用"非保税区货物进入保税区视同出口"及保税仓储无数量、无品种、无限期、无配额和无需许可证限制，将生产的服装成品送入亚洲物流保税仓进行分理、包装并按需分运，这就等于把原来在香港的仓库搬到了内地。2000 年，陈先生的企业贸易额仅为 50 多万美元，2002 年度已达 1000 多万美元，节省仓储及包装成本 200 多万元，直接退税达 480 多万元。企业不但节约了成本，提高了经营效益，而且经营业务也得到了迅猛发展。

请问：什么是保税仓库？保税仓库有哪些作用？

一、保税物流的形式

目前我国主要的保税物流形式共有 11 种，同时也是海关的特殊监管区域，具体为：保税区；出口加工区；保税物流园区；保税港区；综合保税区；出口监管仓库；进口保税仓库；保税物流中心（A）型；保税物流中心（B）型；珠海跨境工业园区；霍尔果斯边境合作区。相关情况见表 8－2－1：

表 8－2－1　保税物流的形式

保税物流形式	特点	我国目前已获批准的区域（到 2008 年年末共计 54 个）
保税区	保税区是一国海关设置的或经海关批准8注册、受海关监督和管理的可以较长时间存储商品的区域。共功能定位为“保税仓储、出口加工、转口贸易”三大功能。根据现行有关政策，海关对保税区实行封闭管理，境外货物进入保税区，可以进行储存、改装、分类、混合、展览，以及加工制造，不必缴纳进口关税，尚可自由出口，只需交纳存储费和少量费用，但如果要进入关境则需交纳关税，且必须处于海关监管范围内。增内其他地区货物进入保税区，视同出境	上海外高桥、天津港、深圳富田、沙头角和盐田港、大连、广州、张家港、海口、厦门象屿、福州、宁波、青岛、汕头、珠海等
出口加工区	出口加工区是国家划定或开辟的专门制造、加工、装配出口商品的特殊工业区，其享有更优惠的出口退税政策，国内货物通过保税区出口到境外，采用“离境退税”的原则，而出口加工区采用“入区退税”的原则。境内保税区区外企业通过保税区出口货物，必须要在货物全部实际离境后才能办理出口退税	江苏昆山、上海松江、江苏苏州工业园区等
保税物流园区	保税物流园区是指经国务院批准，在保税区规划面积或者毗邻保税区的特定港区内设产的、专门发展现代国际物流业的海关特殊监管区域。其实质是在保税区和港区之间开辟直通道、拓展港区功能。保税物流园区往往靠近海港。运输方式主要是以海运为主；B 型保税物流中心则一般的处内陆，运输方式主要是空、陆路为主	上海外商桥、天津、大连、青岛、张家港、宁波、深圳、厦门，苏州等

续表 8-2-1

保税物流形式	特点	我国目前已获批准的区域（到2008年年末共计54个）
保税港区	保税港区享受保税区、出口加工区相关的税收和外汇管理政策。主要税收政策为：国外货物入港区保税：货物出港区进入国内销售按货物进口的有关规定办理报关手续，并按货物实际状态征税：国内货物入港区视同出口，实行退税：港区内企业之间的货物交易不征增值税和消费税。保税港区具备港口、物流、加工、展示四大功能，全面发展港口作业、中转、国际配送、国际采购、转口贸易、出口加工、展示七个方面业务。三大保税港区的功能定位与业务设置基本相似	上海洋山港、天津东疆保税港区、大连大窑湾保税港区、海南洋浦保税港区等
综合保税区	综合保税区是设立在内陆地区的具有保税港区功能的海关特殊监管区域，由海关参照有关规定对综合保税区进行管理，执行保税港区的税收和外汇政策。它和保税港区一样，是我国目前开放层次最高、优惠政策最多、功能最齐全、手续最简化的特殊开放区域。与保税区一字之差的保税港区相比功能更为齐全，它整合原来保税区、保税物流园区、出口加工区等多种外向型功能区后，成为更为开放的一种形态，也更符合国际惯例	苏州工业园综合保税区、天津滨海新区综合保税区、北京天竺综合保税区、海口综合保税区
出口监管仓	出口监管仓是指经海关批准设立、对已办结海关出口手续的货物进行存储、保税物流配送、提供流通性增值服务的海关专用监管仓库，分为出口配关型仓库和国内结转型仓库。出口配送型仓库是指存储以实际离境为目的的出口货物的仓库，国内结转型仓库是指存储用于国内结转的出口货物的仓库。出口监管仓库内可存入一般贸易出口货物、加工贸易出口货物、从其他海关特殊监管区转入的出口货物	深圳福田等

续表 8－2－1

保税物流形式	特点	我国目前已获批准的区域（到2008年年末共计54个）
进口保税仓	进口保税仓是指经海关批准设立的专门存放进口保税货物及其他未办结海关手续货物的仓库。它分为公用型和自用型两种：公用型保税仓库由主营仓储业务的中国境内独立企业法人经营，专门向社会提供保税仓储服务；自用型保税仓库由特定的中国境内独立法人经营，仅存储供企业自用的保税货物	东莞市昌运仓储有限公司、广州南沙进口商品保税仓、中外运佛山公共保税仓等。
保税物流中心（A型）	由一家物流企业经营的糅合、集成、拓展“两仓”功能于一体，既可存放出口货物又可存放进口货物，能够将运输、仓储、转口、简单加工、配送、检测、信息等方面有机结合，形成完整的供应链，充分发挥其在进出口物流中的“采购中心、配送中心、分销中心”的作用，为用户提供辐射国内外的多功能、一体化的综合性服务的保税场所	上海外高桥、天津、大连、青岛、张家港、宁波、深圳、厦门等
保税物流中心（B型）	由中国境内一家企业法人经营，多家企业进入并从事保税仓储物流业务的海关集中监管场所，经海关批准可将国内出口货物，转口货物和国际中转货物、外商暂存货物、加工贸易进出口货物、供应国际航行船舶和航空器的物料、维修用零部件、供维修外国产品所进口寄售的零配件及其他未办结海关手续的货物。B型试点则是为制造企业服务，为货物的原材料和成品提供物流操作平台	苏州保税物流园区
珠海跨境工业园区	珠澳跨境工业区珠海园区是经国务院批准设立的海关特殊监管区域，园区实行保税区政策，与我国关境内其他地区之间进出货物在税收方面实行出口加工区政策，区内还设有目前内地与澳门之间唯一全天24小时动作的专用口岸，是国内同时具备保税区、出口加工区、专用口岸	珠海园区和澳门园区

续表 8-2-1

保税物流形式	特点	我国目前已获批准的区域（到 2008 年年末共计 54 个）
珠海跨境工业园区	3 种"功能整合、政策叠加"的区域，充分体现了"一线放开、二线管住、区内自由、入区退税"的政策优势	珠海园区和澳门园区
霍尔果斯边境合作区	霍尔果斯边境合作区是一个横跨中国和哈萨克斯坦两国边境的特殊经贸区，分为主体区（中方境内 3.43 平方公里，哈方境内 1.2 平方公里）和配套区（9.73 平方公里，全在中方境内）两个部分。其中，主体区跨越中哈两国边境，主要用于发展贸易、商品展示和销售、旅游及配套的仓储运输等相关服务业。配套区主要发展进出口加工业和保税物流。合作中心中方区域按照"境内关外"模式管理，人员和货物可在中心内跨境自由流动，并享有中哈两国共同的优惠政策	新疆霍尔果斯口岸，横跨中国和哈萨克斯坦两国边境的特殊经贸区

二、保税货物概述

随着国际贸易的不断发展，贸易方式也日益多样化，比如进出口材料、配件进行加工装配后复出口，补偿贸易，转口贸易，期货贸易等灵活贸易方式。如果进口时要征收关税，复出时再申请退税，手续过于繁琐，必然会加大货物成本，增加国际贸易的风险，不利于对外贸易的发展。建立保税仓库后，可大大降低进出口货物风险，有利于鼓励出口，鼓励外国企业在中国投资，是非常重要的投资环境之一。

对于卖主来讲，可以一次储存多次分拨；对于买主来讲，可以一次订购多次提货。把原来由生产国或输出地储存的货品搬到保税仓库储存，更加有利于看样、订货、成交和分拨调运，缩短了国际市场和中国市场的距离，节省了流动资金占有，加快了流动资金周转，提高了成交率。提高产品的售后响应速度，提高用户对于产品的美誉度评价，增强产品的市场竞争力。

（一）保税货物的定义

保税货物是指经海关批准未办理纳税手续进境，在国内储存、加工、装配后复出境的货物。这类货物如在规定的期限内复运出境，经海关批准核销；如果转为内销，进入国内市场，则必须事先提供进口许可证和有关证件，正式向海关办理进口手续并缴纳关税，货物才能出库。

保税货物的通关程序与一般进出口货物有着明显区别。保税货物的一般含义是指“进入一国关境，在海关监管下未缴纳进口税款，存放后再复运出口的货物。”《中华人民共和国海关法》（简称《海关法》）中的“保税货物”定义是：“经海关批准未办理纳税手续进境，在境内储存、加工、装配后复运出境的货物。”

（二）保税货物的特征

从《海关法》的定义可看出，保税货物具有以下三个特征：

1. 特定目的

我国《海关法》将保税货物限定为两种特定目的而进口的货物，即进行贸易活动（储存）和加工制造活动（加工、装配），将保税货物与为其他目的暂时进口的货物（如工程施工、科学实验、文化体育活动等）区别开来。

2. 暂免纳税

《海关法》第四十三条规定：“经海关批准暂时进口或暂时出口的货物以及特准进口的保税货物，在货物收、发货人向海关缴纳相当于税款的保证金或者提供担保后，将予暂时免纳关税。”保税货物未办理纳税手续进境，属于暂时免纳，而不是免税，待货物最终流向确定后，海关再决定征税或免税。

3. 复运出境

复运出境是构成保税货物的重要前提。从法律上讲，保税货物未按一般货物办理进口和纳税手续，因此，保税货物必须以原状或加工后产品复运出境，这既是海关对保税货物的监管原则，也是经营者必须履行的法律义务。保税货物的通关与一般进出口货物不同，它不是在某一个时间上办理进口或出口手续后即完成了通关，而是从进境、储存或加工到复运出境的全过程，只有办理了这一整个过程的各种海关手续后，才真正完成了保税货物的通关。

（三）保税货物通关的基本程序

保税货物通关的基本程序包括以下四个环节：

1. 合同登记备案

合同登记备案是指经营保税货物的单位持有关批件、对外签约的合同及其他有关单证，向主管海关申请办理合同登记备案手续，海关核准后，签发有关登记手册。合同登记备案是向海关办理的第一个手续，须在保税货物进口前办妥，它是保税业务的开始，也是经营者与海关建立承担法律责任和履行监管职责的法律关系的起点。

2. 进口货物

进口货物是指已在海关办理合同登记备案的保税货物实际进境时，经营单位或其代理人应持海关核发的该批保税货物的《登记手册》及其他单证，向进境地海关申报，办理进口手续。

3. 储存或加工后复运出口

储存或加工后复运出口是指保税货物进境后，应储于海关指定的场所或交付给海关核准的加工生产企业进行加工制造。在储存期满或加工产品后再复运出境。经营单位或其代理人应持该批保税货物的《登记手册》及其他单证，向出境地海关申报办理出口手续。

4. 核销结案

核销结案是指在备案合同期满或加工产品出口后的一定期限内，经营单位应持有关加工贸易登记手册、进出口货物报关单及其他有关资料，向合同备案地海关办理核销手续，海关对保税货物的进口、储存、加工、使用和出口情况进行核实并确定最终征免税意见后，对该备案合同予以核销结案。这一环节是保税货物整个通关程序的终点，意味着海关与经营单位之间的监管法律关系的最终解除。

三、保税物流业务运作

（一）出口手续流程图及简要说明如图8－2－1（a）所示

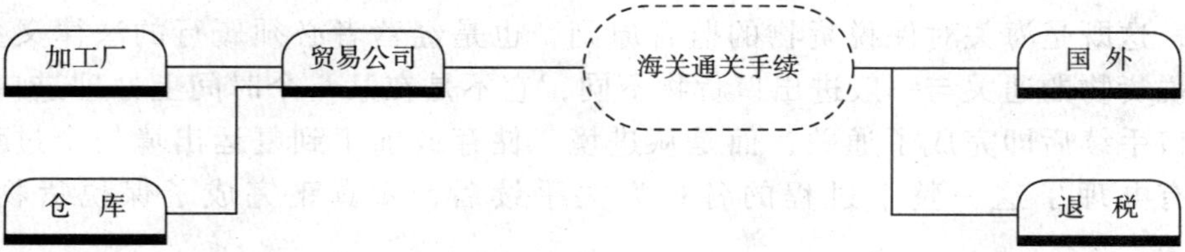

图8－2－1（a） 出口手续流程图及简要说明

注：（1）所需通关单据：①出口合同；②出口发票；③装箱单；④商检证；⑤各种许可证（根据海关商品编号上的规定）；⑥海运出口装货单；⑦出口收汇核销单。

（2）退税是指出口退税。

（二）进口手续流程图及简要说明

1. 一般情况下的从国外进口到国内如图 8－2－1（b）所示

图 8－2－1（b）　进口手续流程图及简要说明

注：(1) 外贸公司是指经国家经贸部或省、市级经贸委批准其有进出口商品经营和代理权的企业。

(2) 所需通关单据：①进口合同；②进口发票；③装箱单；④海运提单；⑤提货单（正本海运提单背书、传真空运单据换取）；⑥各种进口许可证（根据海关商品编号上的规定）。

2. 从国外进口到保税区如图 8－2－1（c）所示

图 8－2－1（c）　进口手续流程图及简要说明

注：(1) 海关备案是指进口商将进口的货物如实向海关申报，而无需加税和进口许可证。备案进区后的货物呈保税状态。

(2) 海关备案所需提供的单据：①进口合同（如国外卖方是本公司系统可免去）；②进口发票；③装箱单；④提货单（正本海运提单背书、空运提单换取）；⑤海运、空运提单；⑥保税仓储进库登记簿。

3. 从保税区进口到国内如图 8－2－1（d）所示

图 8－2－1（d） 进口手续流程图及简要说明

注：（1）方法 B 是指在保税区内投资经营自身产品，且经保税区海关核准按月、季等核销期限的仓库和生产性企业，进口时可办理的方法。特点是货物可先实现国内销售，后报关付税、付证。

（2）通关和核销单据：①进口合同（保税区内企业和外贸公司的）；②进口发票（保税区内企业和外贸公司的）；③装箱单；④出库单（正本）；⑤各种进口许可证（根据海关商品编号上的规定）。

4. 从国外通过保税区海关（一次性）进口到国内如图 8－2－1（e）所示

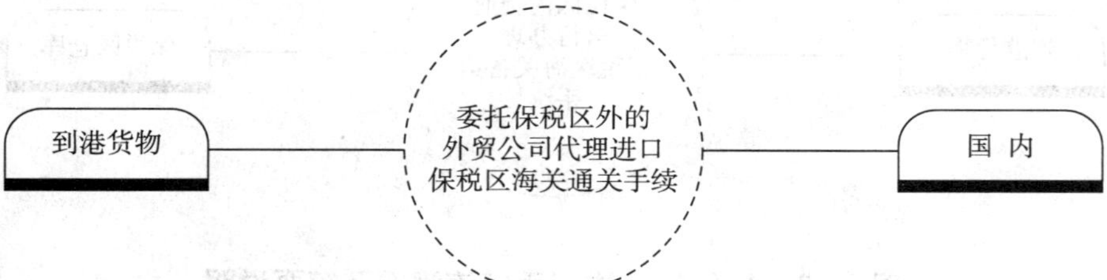

图 8－2－1（e） 进口手续流程图及简要说明

注：（1）这种方式是保税区内企业为了保证自己独立对海外经商的进口通关方法。

（2）通关单据：①进口合同（如国外卖方是本公司系统可免去）；②进口发票；③装箱单；④提货单（正本海运提单背书、空运提单换取）；⑤海运、空运提单；⑥进口合同（保税区内企业与外贸公司）；⑦进口发票（保税区内企业与外贸公司）；⑧各种进口许可证（根据海关商品编号规定）。

四、保税仓储实例分析

(一) 保税仓

深圳赛格储运有限公司下属的福保赛格实业有限公司（以下简称福保赛格)。福保赛格在深圳市福田保税区拥有28000平方米的保税仓。福田保税区的特点在于有通向香港落马洲的进出境通道（一号通道）和通向深圳市区的进出关通道（二号通道)。货物进出境只需向海关备案，而进出关则需要报关。客户可以利用保税区境内关外的政策优势，实现整批进境、分批入关的延迟纳税优惠，或反之提前退税的好处。

福保赛格的主要客户，比如日本理光国际通运有限公司、华立船务有限公司、柏灵顿国际物流有限公司、华润物流等近百家外资、港资物流企业和分布于珠三角地区的制造企业等。福保赛格面向这些企业，提供保税仓的长租和短租服务，并附带从事流通加工等物流增值服务。

福保赛格的在职员工40名，包括5名管理人员，10名叉车工人和搬运工人，另外还有报关员、报检员、客户服务人员、仓库管理员、勤杂人员（含门卫和设备检修人员）等20人。

福保赛格的赢利模式是以仓库库位出租为核心的物流服务项目的收费。基本收费项目是仓租费。另外还有装车、卸车、并柜/拼箱，对货品进行贴标、缩膜/打板、换包装、简单加工（如分包、重新组合包装、简单装配等）以及代客户进行报关、报检等服务项目的收费。主要支出是人工、水电、仓储物和设备折旧带来的维修维护费用等。

福保赛格的仓库主要是平面仓，有部分库区采用立体货架。以托盘为基本搬运单元，用叉车（或地牛）进行进出库搬运和库内搬运。一楼是越仓区，有五辆燃气动力的叉车。二楼到十楼为储存区，每层都有一到两台电动叉车（用蓄电池驱动)。有两个大型货运电梯。车辆停靠的月台有十多个车位，可以停靠货柜车、箱式车等多种型号的运输车辆。

福保赛格目前仍然是以订单为驱动，以业务为中心进行运作的仓储服务企业，还没有转型到以客户服务为中心。在该公司管理层的推动下，公司上下全体员工已经树立了全面质量管理的理念，并以ISO9000质量管理体系的要求建立了规范化的质量文档体系，但该公司尚未正式申请或通过ISO9000质量体系认证。

福保赛格及其母公司赛格储运有限公司在1999年开发过一套基于C/S体系的管理信息系统，后因结算不准确、系统灵活性差、不能适应业务变化等原因放弃了使用。自2002年年底到2003年年底，赛格储运有限公司与赛邦软件合作开发了一套全新的、基于 Web 的 B/S 体系的物流管理系统，覆盖了运输业务、仓储业务、财务结算等各个方面，从而实现了客户网上下单、网上查询订单处理状态、库存状态、账单明细等，可以做到实时结算和预约结算。

福保赛格面临的最大的问题是如何提高资产回报率。保税仓的固定资产超过 8000 万元，而每年的利润却不到 500 万元。与运输业务相比（货柜车辆的固定资产只有 1000 多万元，每年贡献的利润却达到 2000 万元以上），资产回报率太低。提高保税仓库区工作人员士气，努力增强服务意识，注重品质提升；增大物流增值服务的比例，大幅提高仓租费以外的收入来源，争取到更多利润贡献率高的优质客户，淘汰利润率低的 C 类客户等都是可能的解决途径。

为了使得公司能够上台阶，提高保税仓的资产回报率，并在适当的时候通过 ISO9000 的认证，福保赛格希望通过内部实现全面质量管理来持续改进自己的管理流程，并通过信息化的手段来辅助管理的开展。他们所考虑的思路与前面我们所探讨的质量管理学大师戴明所持的观点有很多层度的吻合。首先他们希望建立现代的岗位培训制度，建立严谨的教育及培训计划。然后通过在部门中持续不断的开展培训和流程监控，消除内部部门之间的隔阂，提升员工主动为客户服务的意识，并且消除员工对于管理层的恐惧感，敢于提出自己的观点和看法；逐步取消妨碍基层员工的工作畅顺的因素以及量化考核指标；并且通过最高层领导的积极参与，在企业内部形成一种计划、执行、检查、处理（PDCA）员工认同的管理文化；对外开发更多的高端客户，树立以客户为中心的意识（强烈关注客户的满意度），提出“要把服务做在客户没有想到之前”的口号，通过内部的管理流程挖潜和对外客户的优质增值服务来获得新的竞争优势。

（二）城市配送中心

杭州富日物流有限公司于 2001 年 9 月正式投入运营，注册资本为 5000 万元。富日物流拥有杭州市最大的城市快速消费品配送仓。它在杭州市下沙路旁租用的 300 亩土地上建造了 140000 平方米现代化常温月台库房，并正在九堡镇建造 600 亩物流园区。富日物流是众多快速流通民用消费品的华东区总仓，其影响力还在日益扩大中。

富日物流通过引入西方先进的第三方物流经营理念，聘请了职业经理人王卫安，成功地开拓了以杭州为核心的周边物流市场，目前已成为杭州最大的第三方物流企业之一。富日物流的主要客户包括大型家用电器厂商、酒类生产企业、方便食品生产企业和其他快速消费品厂商。国美电器、永乐家电等连锁销售企业和华润万家等连锁超市也与富日物流达成了战略合作关系。

富日物流的商业模式就是基于配送的仓储服务。制造商或大批发商通过干线运输等方式大批量的把货品存放在富日物流的仓库里，然后根据终端店面的销售需求，用小车小批量配送到零售店或消费地。目前，富日物流公司为各客户单位每天储存的商品量达2.5亿元。最近，富日物流公司还扩大了6万平方米的仓储容量，使每天储存的商品码洋达10亿元左右。按每月流转3次计，富日物流公司的每月物流量达30亿元左右，富日物流公司运用先进的经营管理理念，使得富日物流成为浙江现代物流业乃至长三角地区的一匹“黑马”。富日物流为客户提供仓储、配送、装卸、加工、代收款、信息咨询等物流服务，利润来源主要是仓租费、物流配送费、流通加工服务费等。

富日物流的仓库全都是平面仓。部分采用托盘和叉车进行库内搬运，少量采用手工搬运。月台设计很有特色，适合于大型货柜车、平板车、小型箱式配送车的快速装卸作业。

与业务发展蒸蒸日上不同的是，富日物流的信息化一直处于比较原始的阶段，只有简单的单机订单管理系统，以手工处理单据为主。以富日物流目前的仓库发展趋势和管理能力以及为客户提供更多的增值服务的要求，其物流信息化瓶颈严重制约了富日物流的业务发展。直到最近才开始开发符合其自身业务特点的物流信息化管理系统。

富日物流在业务和客户源上已经形成了良性循环。如何迅速扩充仓储面积，提高配送订单的处理能力，进一步提高区域影响力已经成了富日物流公司决策层的考虑重点。

富日物流已经开始密切关注客户的需求，并为客户规划出多种增值服务，期盼从典型的仓储型配送中心开始向第三方物流企业发展。从简单的操作模式迈向科学管理的新台阶，富日物流的管理层开始意识到仅仅依靠决策层的先进思路是完全不够的，此时导入全面质量管理的管理理念和实施ISO9000质量管理体系，目的是保证所有层次的管理人员和基层人员能够严格地按照全面质量管理的要求，并且在信息系统的帮助下，使得富日物流的管理体系能够上到一个科学管理的高度。

（三）中转分拨仓

浙江省义乌市联托运开发总公司运输分公司（联发快运）的中转仓，是一家集义乌全市所有联托运线点开发、经营和管理于一体的综合性企业。该公司对义乌市的所有省外线路的各个托运点只是拥有管理权而无所有权。其下属的联发快运则直接经营省内运输业务，并在浙江省内几乎每个县市都设有货物收发点，实现定点、定时收发货物。联发快运两天内的时间能在浙江省内任何两个县市之间完成货物送达。而发往省外的货物则需要通过义乌中转，交由设在义乌的直达全国三百多个城市的托运点完成全程运输。因此，联发快运在义乌总部设有中转仓，以实现不同运输线路之间的货物中转分驳。由于货物在中转仓的停留时间短，因此基本上没有正式的库存管理和库内管理。仓库也是采用两端通透型类似于越库区（cross decking）的设计，没有进行细致的库位划分。由于在义乌承接货物、跑国内长途的货车都是平板车等非集装箱类车型，通常不采用托盘作为基本物流单元，也基本不用叉车，而是以人工搬运为主。在质量管理上，有规范化的操作规程，但都是粗线条的，不够灵活和细致。过于强调低成本竞争，不重视对客户的服务。

联发快运的管理层认为，公司面临的最大问题是业务负荷远远跟不上运力，需要对货源和优质大客户进行深入挖掘。联发快运目前已经拥有的和可以整合的运力资源潜力非常巨大。

（四）统仓共配服务

台湾世平国际公司（WPI）苏州分公司。随着大量台资、外资企业进驻苏州工业园区，苏州已经形成了电子元器件、芯片、电脑及电脑配件等硬件产品的庞大的企业生态群落。各企业之间存在着多对多的复杂的供销关系。在这一领域，存在着一个基本规律，那就是随着龙头企业的迁入，必将带动越来越多的上下游企业来苏州落户，从而使得苏州在IT硬件产品和电子元器件等领域的群体优势越来越明显。

这些企业对物流服务有着特殊的要求，原因在于随着分工的细化，这些电子产品、元器件、原材料和成品种类日益繁多，更新换代周期短，货品单值较高，周转时间短。制造企业为了降低成本，减少库存对资金的占用，这些企业都强调准时生产（JIT）和零库存原则，要求供应商小批量、多批次、配合生产流程的频繁供货。

为了满足上述要求，统仓共配（供应商库存管理，VMI）应运而生。其特征在于多个供应商共同租用一个公共仓库，面向一家或多家制造企业供货。当制造企业一次向多家供应商采购时，订单可以统一处理，从而在完成多对一的集中拣货和并单运输的同时，实现制造企业和供应商之间一对一的月度结算，由此大大降低了总体运输成本和交易成本，满足了制造企业的准时生产的需求。

台湾世平国际公司是台湾著名的IT渠道/分销商，沿袭业已存在的伙伴关系，满足苏州台资企业的物流需求，在苏州开展了统仓共配型仓储为核心的物流服务。

世平国际的客户既包括明基电通、高科（苏州）等在内的大批台资企业，也包括英特尔、AMD 在内的跨国巨头。

世平国际运营的公共仓储是以托盘为存储单元的半自动立体仓。在单据、库位和货品上全面采用了条形码扫描读取技术，并拥有自动化辅助分拣系统。

世平国际拥有严谨细致的业务流程和仓库管理规范，并严格按照 ISO9000 质量管理体系中的规范进行全面质量管理。标准化程度高，并有很强的持续改进能力。

世平国际应用了国外某知名仓储软件企业的软件产品进行信息化管理，相关员工在系统使用上已经相当娴熟。

目前该公司面临的问题是如何低成本扩张，进一步扩充仓储能力、提高信息系统的处理能力，以应付不断增长的客户需求。

（五）保税仓储实例分析

1. 优势（strength）：上述四家典型的仓储服务企业都拥有一定的先发优势。因为这四家企业都是国内较早从事专业仓储服务的第三方物流企业，并率先进入了各自对应的细分领域，现已在市场份额、知名度、营业规模、效益指标等方面已经取得了较大的领先地位。对于绝大多数后来者而言，都要付出大得多的努力才能取得与这四家企业的同等地位。

2. 劣势（weakness）：与发达国家同类企业相比，上述四家典型仓储企业都存在总体实力弱、规模偏小、自动化程度不高、标准化程度不高、所服务的客户的信息化水平较低导致信息自动交换水平低以及自身管理水平、服务水平和服务质量相对落后的问题。

3. 机遇（opportuniy）：随着国内经济总量的持续增长和国内制造企业的迅猛发展，以及越来越多的企业认识到第三方物流企业和专业仓储服务的优越性，使得上述四家典型的仓储服务企业面临更大的市场空间和持续高速扩张的机遇。

4. 威胁（threats）：根据中国加入 WTO 的相关协议规定，中国将逐步开放包括仓储、国内运输、快递服务等在内的第三方物流服务领域给国外竞争者。而一直对国内物流市场虎视眈眈的跨国巨头，如 UPS、FedEx、DHL/敦豪等物流企业都必将在不久的将来大规模进入国内市场，抢占可观的市场份额，最终威胁上述四家企业的生存空间。

【案例回放和分析】

蒙牛采取了以下措施：

1. 缩短运输半径

对于酸奶这样的低温产品，由于其保质日期较短，加上消费者对新鲜度的要求高，一般产品超过生产日期三天以后送达商超，商超就会拒绝该批产品。因此，对于这样的低温产品，蒙牛要保证在2－3天内送到销售终端。为了保证产品及时送达，蒙牛尽量缩短运输半径。在成立初期，蒙牛主打常温液态奶，因此奶源基地和工厂基本上都集中在内蒙古，以发挥内蒙古草原的天然优势。当蒙牛的产品线扩张到酸奶后，蒙牛的生产布局也逐渐向黄河沿线以及长江沿线伸展，使牛奶产地尽量接近市场，以保证低温产品快速送达至卖场、超市的要求。

2. 合理选择运输方式

目前，蒙牛的产品的运输方式主要有汽车和火车集装箱两种。蒙牛在保证产品质量的原则下，尽量选择费用较低的运输方式。

对于路途较远的低温产品运输，为了保证产品能够快速的送达消费者手中，保证产品的质量，蒙牛往往采用成本较为高昂的汽车运输。例如，北京销往广州等地的低温产品，全部走汽运，虽然成本较铁运高出很多，但在时间上能有保证。

为了更好地了解汽车运行的状况，蒙牛还在一些运输车上装上了GPS系统，GPS系统可以跟踪了解车辆的情况，比如是否正常行驶、所处位置、车速、车厢内温度等。蒙牛管理人员在网站上可以查看所有安装此系统的车辆信息。GPS的安装，给物流以及相关人员包括客户带来了方便，避免了有些司机在途中长时间停车而影响货物未及时送达或者产品途中变质等情况的发生。而像利乐包、利乐砖这样保质期比较长的产品，则尽量依靠内蒙古的工厂供应，因为这里有最好的奶源。产品远离市场的长途运输问题就依靠火车集装箱来解决，与公路运输相比，这样更能节省费用。

在火车集装箱运输方面，蒙牛与中铁集装箱运输公司开创了牛奶集装箱“五定”班列这一铁路运输的新模式。“五定”即“定点、定线、定时间、定价格、定编组”，“五定”班列定时、定点，一站直达有效地保证了牛奶运输的及时、准确和安全。

2003年7月20日，首列由呼和浩特至广州的牛奶集装箱“五定”班列开出，将来自于内蒙古的优质牛奶运送到了祖国大江南北，打通了蒙牛的运输瓶颈。目前，蒙牛销往华东、华南的牛奶80%依靠铁路运到上海、广州，然后再向其他周边城市分拨。现在，通过“五定”列车，上海消费者在70个小时内就能喝上草原鲜奶。

3. 全程冷链保障

低温奶产品必须全过程都保持2℃～6℃之间，这样才能保证产品的质量。蒙牛牛奶在“奶牛——奶站——奶罐车——工厂”这一运行序列中，采用低温、封闭式的运输。无论在茫茫草原的哪个角落，“蒙牛”的冷藏运输系统都能保证将挤下来的原奶在6个小时内送到生产车间，确保牛奶新鲜的口味和丰富的营养。出厂后，在运输过程中，则采用冷藏车保障低温运输。在零售终端，蒙牛在其每个小店、零售店、批发店等零售终端投放冰柜，以保证其低温产品的质量。

4. 物流成本控制

物流成本控制是乳品企业成本控制中一个非常重要的环节。蒙牛减少物流费用的方法是尽量使每一笔单子变大，形成规模后，在运输的各个环节上就都能得到优惠。比如利乐包产品走的铁路，每年运送货物达到一定量后，在配箱等方面可以得到很好的折扣。而利乐枕产品走的汽运，走5吨的车和走3吨的车，成本要相差很多。

5. 提供车辆使用率

此外，蒙牛的每一次运输活动都经过了严密的计划和安排，运输车辆每次往返都会将运进来的外包装箱、利乐包装等原材料和运出去的成品做一个基本结合，使车辆的使用率提高了很多。

本章小结

国际贸易的实现离不开物流，国际货代在国际物流中具有不可或缺的重要地位。随着经济全球化的迅猛发展，第三方物流飞速发展，传统的仅定位于代理服务的单一的国际货代业需要有全新的现代物流服务理念来提升自己的增值服务能力，以应对日益剧烈的竞争市场和满足日益复杂、个性化的客户需求。本章着重论述了物流的含义、现代物流的理念及其和国际货代的关系、国际货代物流化的发展趋势，同时介绍了国际货代人必须具备的国际仓储物流中保税仓的操作实务。

【关键名词或概念】

物流（logistics）
第三方物流（third-party logistics）
国际物流（international logistics）
保税区（free trade zone）
保税仓库（bonded warehouse）

课 后 练 习

■ 复习思考题

1. 简述物流系统的基本功能。
2. 简述国际物流的含义和风险。
3. 简述第三方物流的利与弊。
4. 我国海关监管区域有哪些类型?
5. 简述保税货物通关的基本程序。
6. 国际货代如何应对第三方物流的迅猛发展?

■ 技能训练

1. 案例分析(1)

某公司首次承揽到三个集装箱运输业务,时间较紧,从上海到大连铁路1200千米,公路1500千米,水路1000千米。该公司自有10辆10吨普通卡车和1个自动化立体仓库,经联系附近一家联运公司虽无集装箱卡车,但却有专业人才和货代经验,只是要价比较高,至于零星集装箱安排落实车皮和船舱,实在心中无底,你认为采取什么措施比较妥当?(1)自己购买若干辆集装箱卡车然后组织运输。(2)想法请铁路部门安排运输但心中无底。(3)水路路程最短,请航运公司来解决运输。(4)邀请第三方物流服务供应商—联运公司,其无集卡,但可叫其租车完成此项运输。(5)没有合适运输工具,辞掉该项业务。

2. 案例分析(2)

力宝公司是一家生产生物化学药品的企业,产品科技含量较高,这两年发展很快。公司在上海、北京等国内许多大中城市都设有办事处,销售客户增加到200多家,客户已遍布全国。公司的客户是医药商业公司和药品经营部,公司不经营药品零售业务。

公司向省外各办事处和客户发送药品主要采用铁路运输的方式,由五家经营不同线路的货代公司承运,但时常有客户投诉说产品不能及时到货、有破损和丢失的现象发生。此外公司要求客户收到货物后签收的单据要回到公司,客户欠款时,公司可以此为凭证向客户收款,但目前的货代公司都不能做到回单,因为这个原因公司有的贷款就无法收回,造成经济上的损失。经过公司高层协商,决定将公司的物流业务外包给一家公司。选择物流服务商的方法采用对外招标的方式，有三家企业竞标，其中最有实力的铁路货代公司是 A 公司和 B 公司，力宝公司对这两家公司情况进行了考查，准备选择一家公司作为服务商。这两家公司的具体情况如表 8－2－2 所示。

请回答以下问题：

（1）你认为力宝公司可能选择哪一家货代公司，说明理由。

（2）企业将物流业务外包可以得到哪些收益？会带来哪些不利影响？

8－2－2　货代企业 A 公司和货代企业 B 公司的情况

项目	货代企业 A 公司	货代企业 B 公司
经营范围	铁路小件货物特快专递运输	普通铁路货运、货运代办、公路货物运输、公路货运代理等和其他无需报经审批的一切合法项目
注册资金	170 万元	120 万元
公司规模	180 名员工、厢车 37 辆	150 名员工、16 辆厢车及面包车
覆盖地区	国内 100 多个大中城市	国内 320 多个城市
年承运量	约 12500 吨	约 8000 吨
主要客户	服装，电子产品，药品；客户不固定	医疗器械，药品；大部分客户不固定，但与省内两家大型药厂有两年的合作
员工情况	全部合同制	劳动合同制，10 人大专以上学历（其中两人 MBA 学历）
客户对服务的满意度	未收到投诉	比较满意
收货（平时）	准时或提前上门取货	准时上门取货
发票	普通发票，正式运输发票需进一步协商	正式运输发票
运输报价	2.45 元/千克	2.45 元/千克
签单回收	部分签单回收	全部签单回收
签单整理	可以做到	可以做到
违约赔偿	执行合同	执行合同

第九章　国际货代与货运保险实务

【开篇导读】

在国际贸易中，由于远隔重洋，货物一般都要经过长途运输，且在运输过程中要经过储存、装卸等环节，遭遇各种风险的可能性较大。一般都会通过保险转嫁风险，当货物在运输中遭受承保范围内的损失时，被保险人可以从保险公司得到赔偿。

【学习目标】

知识目标：掌握海运保险的基本险别和保险费的计算及保单的填写；了解风险、损失的来源与分类；熟悉国际货运保险工作及其索赔程序。

技能目标：会根据货物运输的种类选择相应的保险类别并进行投保；会计算保险费，填写保险单；能叙述具体保险工作和保险索赔流程。

【引导案例】

正确区分单独海损和共同海损

某货轮从天津新港驶往新加坡，在航行途中船舶货舱起火，大火蔓延到机舱。船长为了船、货的共同安全，下令往舱内灌水，火很快被扑灭。但由于主机受损，无法继续航行，于是船长雇用拖轮将船拖回新港修理，修好后继续驶往新加坡。这次造成的损失共有：1. 1200 箱货被火烧毁。2. 600 箱货被水浇湿。3. 主机和部分甲板被烧坏。4. 拖轮费用。5. 额外增加的燃料和船上人员的工资。请分析：从损失的性质看，上述损失各属于何种损失？为什么？

第一节　国际货运保险基础知识

一、海洋货运保险

（一）海洋货物运输风险和损失

1. 风险

保险业把海上货物运输的风险分成海上风险和外来风险，见表 9－1－1。风险是造成损失的原因。

表 9－1－1　风险划分

风险	海上风险	自然灾害	恶劣气候、雷电、洪水、流冰、地震、海啸等
		意外事故	船舶搁浅、触礁、沉没、碰撞、失火、爆炸以及失踪等
	外来风险	一般外来风险	偷窃、破碎、渗漏、玷污、受潮受热、串味、生锈、钩损、短量、淡水雨淋等
		特殊外来风险	战争、罢工、交货不到、拒收等

2. 损失

损失主要有外来风险的损失和海上风险的损失。

外来风险的损失指除海上风险以外的其他风险所造成的损失。这类损失，不按损失的程度区分成全损和部分损失，而是按造成损失的原因分类，以作为保险公司承保的依据，分成一般外来风险所造成的损失和特殊外来风险所造成的损失。

海上货物运输的损失又称海损（average），指货物在海运过程中由于海上风险而造成的损失，海损也包括与海运相连的陆运和内河运输过程中的货物损失。海上损失按损失的程度可以分成全部损失和部分损失，见表 9－1－2。

（1）全部损失（total loss）。

全部损失又称全损，指被保险货物的全部遭受损失、有实际全损和推定全损之分。实际全损是指货物全部灭失或全部变质而不再有任何商业价值。①保险标的物全部灭失。例如，船只遇难后沉没，货物同时沉入海底。②保险标的物丧失已无法挽回。例如，船只被海盗劫去，货物被敌方扣押等。③保险标的物已丧失商业价值或失去原有用途。例如，茶叶经水泡后，虽没有灭失，仍旧是茶叶，但已不能饮用，失去商业价值。

推定全损是指货物遭受风险后受损，尽管未达实际全损的程度，但实际全损已不可避免，或者为避免实际全损所支付的费用和继续将货物运抵目的地的费用之和超过了保险价值。推定全损需经保险人核查后认定。

（2）部分损失（partial loss）。

部分损失不属于实际全损和推定全损的损失，为部分损失。按照造成损失的原因可分为共同海损和单独海损。

共同海损（general average）。在海洋运输途中，船舶、货物或其他财产遭遇共同危险，为了解除共同危险，有意采取合理的救难措施所直接造成的特殊牺牲和支付的特殊费用，称为共同海损。

构成共同海损的条件：①导致共同海损的危险必须是真实存在的，危及船舶和货物共同安全的危险；②共同海损的措施必须是为了解除船、货的共同危险；③共同海损的牺牲是特殊性质的，费用损失必须是额外支付的；④共同海损的损失必须是共同海损措施的直接的合理的后果；⑤造成共同海损措施最终必须有效果。

在船舶发生共同海损后，凡属共同海损范围内的牺牲和费用，均可通过共同海损清算，由有关获救受益方（即船方、货方和运费收入方）按其获救价值或获益大小的比例共同分摊，然后再向各自的保险人索赔。共同海损分摊涉及的因素比较复杂，一般均由专门的海损理算机构进行理算。

单独海损（particular average）。不具有共同海损性质，由于保单承保风险直接导致的船舶或货物本身的部分损失称为单独海损。该损失仅涉及船舶或货物所有人单方面的利益损失。

海上风险还会造成费用支出，主要有施救费用和救助费用。

所谓施救费用是指被保险货物在遭受承保责任范围内的灾害事故时，被保险人或其代理人或保险单受让人，为了避免或减少损失，采取各种措施而支出的合理费用。

所谓救助费用是指保险人或被保险人以外的第三者采取了有效的救助措施之后，由被救方付给的报酬。

保险人对上述费用都负责赔偿，但以总和不超过保险金额为限。

表 9－1－2　损失分类

<table>
<tr><td rowspan="4">损失</td><td rowspan="2">全部损失</td><td>实际全损</td><td>货物全部灭失或全部变质而不再有任何商业价值</td></tr>
<tr><td>推定全损</td><td>尽管未达实际全损的程度，但实际全损已不可避免，或者为避免实际全损所支付的费用和继续将货物运抵目的地的费用之和超过了保险价值</td></tr>
<tr><td rowspan="2">部分损失</td><td>共同海损</td><td>为了解除共同危险，有意采取合理的救难措施所直接造成的特殊牺牲和支付的特殊费用。由有关获救受益方（即船方、货方和运费收入方）按其获救价值或获益大小的比例共同分摊</td></tr>
<tr><td>单独海损</td><td>由于保单承保风险直接导致的船舶或货物本身的部分损失，由受损方自行承担</td></tr>
</table>

（二）海洋运输货物保险险别

国际货运保险同其他保险一样，被保险人必须对保险标的具有保险利益。这个保险利益，在国际货运中，体现在对保险标的的所有权和所承担的风险责任上。

以 FOB、FCA、CFR 和 CPT 方式达成的交易，货物在越过船舷后风险由买方承担。一旦货物发生损失，买方的利益受到损失，所以买方具有保险利益。因此由买方作为被保险人向保险公司投保，保险合同只在货物越过船舷后才生效。货物越过船舷以前，买方不具有保险利益，因此不属于保险人对买方所投保险的承保范围。

以 CIF 和 CIP 方式达成的交易，投保是卖方的合同义务，卖方拥有货物所有权，当然具有保险利益。卖方向保险公司投保，保险合同在货物启运地启运后即生效。

保险险别是指保险人对风险和损失的承保责任范围。在保险业务中，各种险别的承保责任是通过各种不同的保险条款规定的。中国人民保险公司根据我国保险工作的实际情况，并参照国际保险市场的习惯做法，制定了各种涉外保险业务条款，总称为“中国保险条款”（China insurance clauses，简写为 CIC）。货物保险条款是它的重要组成部分，其中主要包括海洋、陆上、航空以及邮包等不同运输方式的货物保险条款以及各种附加险条款。

海洋运输货物保险条款所承保的险别，主要分为基本险别和附加险别两类，具体分类见表 9－1－3。

基本险别有平安险（free from particular average—F. P. A）、水渍险（with average or with particular average—W. A or W. P. A）和一切险（all risk—A. R）三种。

附加险别是基本险别责任的扩大和补充，它不能单独投保，附加险别有一般附加险和特别加险。

（1）一般附加险有 11 种，它包括：

偷窃，提货不着险（theft，pilferage and nondelivery—T. P. N. D）；

淡水雨淋险（fresh water and/or rain damage）；

短量险（risk of shortage in weight）；

渗漏险（rish of leakage）；

混杂、玷污险（rish of intermixture and contamination）；

碰损、破碎险（risk of clashing and breakage）；

串味险（risk of odour）；

受潮受热险（sweating and heating risk）；

钩损险（hook damage risk）；

包装破裂险（breakage of packing risk）；

锈损险（risk of rust）。

上述 11 种附加险，不能独立投保，只能在平安险和水渍险的基础上加保。但若投保“一切险”时，因上述险别均包括在内，毋需加保。

（2）特别附加险包括：

交货不到险（faliure to deliver risk）；

进口关税险（import duty risk）；

舱面险（on deck risk）；

拒收险（rejection risk）；

黄曲霉素险（aflatoxin risk）；

卖方利益险（seller's contingent risk）；

出口货物到港九或澳门存仓火险责任扩展条款

罢工险（fire risk extention clause for storage of cargo of destination hongkong including kowloon，or macao）；

海运战争险（ocean marine cargo war risk）等。

表 9－1－3　海洋运输货物保险险别

海洋运输货物保险险别	基本险别	平安险	自然灾害的全部损失、意外事故的部分或全部损失	可以单独投保
		水渍险	平安险责任范围＋自然灾害的部分损失	可以单独投保
		一切险	水渍险责任范围＋一般外来原因的部分或全部损失	已包括一般附加险，但不包括特别附加险
	附加险别	一般附加险	由一般外来风险造成	不能单独投保，只能在平安险、水渍险后加保
		特别附加险	由特殊外来风险造成	不能单独投保

（三）保险的责任期限

按照国际保险业的习惯，基本险采用的是“仓至仓条款”（warehouse to warehouse clause-W/W Clause），即保险责任自被保险货物离开保险单所载明的起运地发货人仓库或储存处所开始生效，包括正常运输过程中的海上、陆上、内河和驳船运输在内，直至该项货物到达保险单所载明目的地收货人的仓库为止，但最长不超过被保险货物卸离海轮后60天。一般附加险均已包括在一切险的责任范围内，凡已投保一切险的就无需加保任何一般附加险，但应当说明一切险并非一切风险造成的损失均予负责。特殊附加险的海运战争险的承保责任范围，包括由于战争、类似战争行为和敌对行为、武装冲突或海盗行为以及由此引起的捕获、拘留、扣留、禁制、扣押所造成的损失；或者各种常规武器（包括水雷、鱼雷、炸弹）所造成的损失以及由于上达原因引起的共同海损牺牲、分摊和救助费用。但对原子弹、氢弹等热核武器所造成的损失不负赔偿责任。

战争险的保险责任期限以水面危险为限，即自货物在启运港装上海轮或驳船时开始，直到到达目的地离海轮或驳船为止；如不卸离海轮或驳船，则从海轮到达目的港的当天午夜起算满15天，保险责任自行终止。保险条款还规定，在投保战争险前提下，加保罢工险不另收费。

（四）基本险别的除外责任

除外责任指保险不予负责的损失或费用，一般都有属非意外的、非偶然性的或须特约承保的风险。为了明确保险人承保的责任范围，中国人民保险公司《海洋运输货物保险条款》中对海运基本险别的除外责任有下列五项：

1. 被保险人的故意行为或过失所造成的损失；

2. 各地发货人责任所引起的损失；

3. 在保险责任开始前，被保险货物已存在的品质不良或数量短差所造成的损失；

4. 被保险货物的自然损耗、本质缺陷、特性以及市场跌落、运输延迟所引起的损失和费用；

5. 战争险和罢工险条款规定的责任及其险外责任。空运、陆运、邮运保险的除外责任与海运基本险别的险外责任基本相同。

二、陆、空、邮货运保险

陆、空、邮货运保险是在海运货物保险的基础上发展起来的。现分别简要介绍如下：

（一）陆上运输货物保险条款（Overland Transportation Cargo Insurance Clause）

1. 基本险

（1）陆运险（Overland Transportation Risks）。对被保货物运输途中遭受暴风、雷电、地震、洪水等自然灾害；或由于陆上运输工具遭受碰撞倾覆或出轨；如有驳运过程，包括驳运工具搁浅、触礁、沉没或由于遭受隧道坍塌、崖崩或火灾、爆炸等意外事故所造成的全部或部分损失负责赔偿。

（2）陆运一切险（Overland Transportation All Risks）。除包括上述陆运险的责任外，对在运输中由于外来原因造成的短少、短量、偷窃、渗漏、碰损、破碎、钩损、雨淋、生锈、受潮、受热、发霉、串味、玷污等全部或部分损失负赔偿责任。

在投保上述任何一种基本险别时，还可加保附加险。

2. 除外责任

与海洋运输货物保险条款中的规定相同。

3. 责任起讫

陆上运输保险责任，也是“仓至仓”。如未进仓，以到达最后卸载车站满60天为止。如加保了战争险，其责任起讫自货物装上火车时开始，至目的地卸离火车时为止。如不卸离火车，以火车到达目的地的当日午夜起满48小时为止。如在中途转车，不论货物在当地卸载与否，以火车到达中途站的当日午夜起满10天为止。如货物在10天内重新装车续运，保险责任继续有效。

（二）航空运输货物保险条款（Air Transportation Cargo Insurance Clause）

1. 基本险

（1）航空运输险（Air Transportation Risks）。对被保货物在运输途中遭受雷击、火灾、爆炸，或由于飞机遭受恶劣气候或其他危难事故而被抛弃，或由于飞机遭受碰撞、倾覆、坠落或失踪等意外事故所造成的全部或部分损失负赔偿责任。

（2）航空运输一切险（Air Transportation All Risks）。除包括上述航空运输险的责任外，还负责由于外来原因所致的全部或部分损失。

在投保上述任何一种基本险别时，还可以加保附加险。

2. 除外责任

与海洋运输货物保险条件中的规定相同。

3. 责任起讫

责任起讫也是“仓至仓”。如未进仓，以被保货物在最后卸载地卸离飞机后满30天为止。如加保了战争险，其责任起讫自被保货物装上飞机时开始至目的地卸离飞机为止。如不卸离飞机，以飞机到达目的地的当日午夜起满15天为止。如在中途港转运，以飞机到达转运地的当日午夜起满15天为止。俟装上续运的飞机时保险责任继续有效。

（三）邮包保险条款（Parcel Post Insurance Clause）

1. 基本险

（1）邮包险（Parcel Post Transportation Risks）。对被保货物在运输途中由于

遭受恶劣气候、雷电、海啸、地震、洪水等自然灾害或由于运输工具搁浅、触礁、沉没、碰撞、坠落或失踪，或由于失火和爆炸等意外事故造成的全部或部分损失负责。

（2）邮包一切险（Parcel Post Transportation All Risks）。包括上述邮包险的责任外，对被保货物在运输途中由于外来原因造成的全部或部分损失负赔偿责任。

在投保上述任何一种基本险别时，还可加保附加险。

2. 除外责任

与前述海、陆、空保险条款中的规定相同。

3. 责任起讫

自邮包离开保险单所载起运地点寄件人的处所运往邮局时开始，至目的地邮局发出通知书给收件人的当日午夜起满 15 天为止。如在此期限内邮包一经递交至收件人处所，保险责任亦即终止。

如加保战争险，其责任起讫自被保邮包经邮局收讫后开始，直至该项邮包运达目的地邮局送交收件人为止。

以上所述陆地、航空、邮包和海运货物保险条款都是根据中国保险条款（C. I. C）的规定。在国际货物运输保险业务中，伦敦保险协会制定的“协会货物条款”（Institute Cargo Clauses—I. C. C）对世界各国保险业有着广泛的影响。现在适用的是 1982 年的修订本，该条款的基本险别分为 A、B、C 三种，同中国保险条款比较，其承保的范围都有一定差别。I. C. C 的 A 相当于 C. I. C 的一切险；I. C. C 的 B 与 C. I. C 的水渍险大体相同；I. C. C 的 C 与 C. I. C 的平安险相似，但其承保的责任范围比平安险小得多。I. C. C 三种险别的责任起讫期限，也采用“仓与仓条款”，与中国保险条款的规定基本相同。I. C. C 的附加险的规定也与中国保险条款的规定大致一样，但对战争险和罢工险专门制定有“协会战争险条款—货物”（Institute War Clauses—Cargo）和“协会罢工险条款—货物”（Institute Strikes Clauses—Cargo）两个独立完全整的条款，可以作为独立险别单独投保，而中国保险条款中的这种附加险是不能单独投保的。

第二节　国际货运保险实务

一、国际货运保险工作

（一）投保

我国出口货物一般采取逐笔投保的办法。按 FOB 或 CFR 术语成交的出口货物，卖方无办理投保的义务，但卖方在履行交货之前，货物自仓库到装船这一段时间内，仍承担货物可能遭受意外损失的风险，需要自行安排这段时间内的保险事宜。按 CIF 或 CIP 等术语成交的出口货物，卖方负有办理保险的责任，一般应在货物从装运仓库运往码头或车站之前办妥投保手续。

我国进口货物大多采用预约保险的办法，各专业进出口公司或其收货代理人同保险公司事先签有预约保险合同（open cover）。签订合同后，保险公司负有自动承保的责任。

（二）保险金额确定和保险费的计算

1. 保险金额（insured amount）按照国际保险市场的习惯做法，出口货物的保险金额一般按 CIF 货价另加 10% 计算，这增加的 10% 叫保险加成，也就是买方进行这笔交易所付的费用和预期利润。保险金额计算的公式是：

保险金额 = CIF 货值 ×（1 + 加成率）

例如：CIF 货价为 1000 美元，加成率 10%，则保险金额 = 1000 ×（1 + 10%）= 1000 × 1.1 = 1100 美元。

2. 保险费（premium）投保人按约定方式缴纳保险费是保险合同生效的条件。保险费率（premium rate）是由保险公司根据一定时期、不同种类的货物的赔付率，按不同险别和目的地确定的。保险费则根据保险费率表按保险金额计算，其计算公式是：

保险费 = 保险金额 × 保险费率

在我国出口业务中，CFR 和 CIF 是两种常用的术语。鉴于保险费是按 CIF 货值为基础的保险额计算的，两种术语价格应按下述方式换算。

由 CIF 换算成 CFR 价：CFR = CIF ×［1 − 保险费率 ×（1 + 加成率）］

由 CFR 换算成 CIF 价：CIF = CFR/［1 − 保险费率 ×（1 + 加成率）］

在进口业务中，按双方签订的预约保险合同承担，保险金额按进口货物的 CIF 货值计算，不另加减，保费率按“特约费率表”规定的平均费率计算；如果 FOB 进口货物，则按平均运费率换算为 CFR 货值后再计算保险金额，其计算公式如下：

FOB 进口货物：保险金额 =［FOB 价 ×（1 + 平均运费率）］/（1 − 平均保险费率）

CFR 进口货物：保险金额 = CFR 价 /（1 − 平均保险费率）

【例 1】某公司出口一批商品到美国某港口，CFR 价总金额为 1000 美元。现买方要求改报 CIF 价格，投保一切险，加保战争险，保险加成率为 10%，已知该货物一切险保险费率为0.6%，战争险保险费率为0.006%。求保险金额。

【分析】

CIF价 = 1000美元/1 -（1 + 10%）×（0.6% + 0.06%）= 1007.31美元

保险金额 = 1007.31 ×（1 + 10%）= 1108.04美元

（三）签发保险单据

在国际贸易业务中，常用的保险单据主要有六种形式。

1. 保险单（insurance policy 或 policy），俗称大保单

保险单是保险人和被保险人之间成立保险合同关系的正式凭证，因险别的内容和形式有所不同，海上保险最常用的形式有船舶保险单、货物保险单、运费保险单、船舶所有人责任保险单等。其内容除载明被保险人、保险标的（如是货物段填明数量及标志）、运输工具、险别、起讫地点、保险期限、保险价值和保险金额等项目外，还附有关保险人责任范围以及保险人和被保险人的权利和义务等方面的详细条款。如当事人双方对保险单上所规定的权利和义务需要增补或删减时，可在保险单上加贴条款或加注字句。保险单是被保险人向保险人索赔或对保险人上诉的正式文件，也是保险人理赔的主要依据。保险单可转让，通常是被保险人向银行进行押汇的单证之一。在CIF合同中，保险单是卖方必须向买方提供的单据。

2. 保险证明书（insurance certificate），俗称小保单

保险证明书是保险人签发给被保险人，证明货物已经投保和保险合同已经生效的文件，是简化了的保险单。保险证明书的正面依然载明了保险的基本项目，但背面未列保险条款，表明按照本保险人的正式保险单上所载的条款办理。保险凭证具有与保险单同等的效力，但在信用证规定提交保险单时，一般不能以保险单的简化形式。

3. 联合凭证（combined certificate）

联合凭证是国际贸易的发票与海上保险单相结合的一种特殊保险凭证，也称为联合发票。其具体做法是：保险人在出口公司为国际贸易活动签发的出口商品发票上，加注承保的保险种类、保险金额等，并加盖保险人的公章。至于海上保险单上所列明的其他项目，诸如承保货物名称、数量、包装、承运工具、装运港和目的港等，均以发票记载的为准。一旦发生了海上事故，保险人按有关承保险别规定的保险责任向被保险人进行赔偿。

4. 预约保险单（open policy）

预约保险单是一种定期统保契约，也称预保合同或预保协议，是保险人与被

保险人事先约定在一定时期内对指定范围内的货物进行同意承保的协议，适用于经常有大批货物出运的投保人。这种事先预约的保险合同在我国的货物进出口中广泛运用，特别是我国进口货物基本上都采用预约保险单。

用于出口货物的预约保险单，要求出口公司在预约保险合同范围内的出口货物装船出运前，填制“出口货物装运通知”，将该批出口货物的保险项目通知保险公司。中国人民保险公司据此签发保险证明书。用于进口货物的预约保险单，要求进口公司在收到出口商的“装船通知”后，应当填制“国际运输启运通知书”给保险公司。中国人民保险公司据此自动承保。

5. 暂保单（cover note）

暂保单亦称临时保险单，是保险人签发正式保险单前所列出的临时证明。它常常是在投保人与保险人订立保险合同时，在还有一些条件尚未确定而投保人又急需保险凭证的情况下，由保险人先行开立的。暂保单的有效期一般为 30 天。30 天内如果保险人出具保险单，暂保单即自动失效。在正式保险单签发之前，保险人也可取消暂保单，但须事先通知投保人。

6. 批单（endorsement）

保险单出立后，投保人如需要补充或变更内容时，可根据保险公司的规定，向保险公司提出申请，经同意后即另出一种凭证，注明更改或补充的内容，这种凭证就是批单。保险单一经批改，保险公司即按批改后的内容承担责任。批单原则上需粘贴在保险单上，并加盖骑缝章，作为保险单不可分割的一部分。

（四）保险索赔

保险索赔是指当被保险人的货物遭受承保责任范围内的风险损失时，被保险人向保险人提出的索赔要求。在国际贸易中，如由卖方办理投保，卖方在交货后即将保险单背书转让给买方或其收货代理人，当货物抵达目的港（地），发现残损时，买方或其收货代理人作为保险单的合法受让人，应就地向保险人或其代理人要求赔偿。中国保险公司为便利我国出口货物运抵国外目的地后及时检验损失，就地给予赔偿，已在 100 多个国家建立了检验或理赔代理机构。至于我国进口货物的检验索赔，则由有关的专业进口公司或其委托的收货代理人在港口或其他收货地点，向当地人民保险公司要求赔偿。被保险人或其代理人向保险人索赔时，应做好下列几项工作。

1. 当被保险人得知或发现货物已遭受保险责任范围内的损失，应及时通知保险公司，并尽可能保留现场。由保险人会同有关方面进检验，勘察损失程度，调查损失原因，确定损失性质和责任，采取必要的施救措施，并签发联合检验报告。

2. 当被保险货物运抵目的地，被保险人或其代理人提货时发现货物有明显的受损痕迹、整件短少或散装货物已经残损，应立即向理货部门索取残损或短理证明。如货损涉及第三者的责任，则首先应向有关责任方提出索赔或声明保留索赔权。在保留向第三者索赔权的条件下，可向保险公司索赔。被保险人在获得保险补偿的同时，须将受损货物的有关权益转让给保险公司，以便保险公司取代被保险人的地位或以被保险人名义向第三者责任方进行追偿。保险人的这种权利，叫做代位追偿权（the right of subrogation）。

3. 采取合理的施救措施。保险货物受损后，被保险人和保险人都有责任采取可能的、合理的施救措施，以防止损失扩大。因抢救、阻止、减少货物损失而支付的合理费用，保险公司负责补偿。被保险人能够施救而不履行施救义务，保险人对于扩大的损失甚至全部损失有权拒赔。

4. 备妥索赔证据，在规定时效内提出索赔。保险索赔时，通常应提供的证据有：保险单或保险凭证正本；运输单据；商业票和重量单、装箱单；检验报单；残损、短量证明；向承运人等第三者责任方请求赔偿的函电或其证明文件；必要时还需提供海事报告；索赔清单，主要列明索赔的金额及其计算数据以及有关费用项目和用途等。根据国际保险业的惯例，保险索赔或诉讼的时效为自货物在最后卸货地卸离运输工具时起算，最多不超过两年。

二、保险索赔程序

（一）提出索赔申请

保险索赔可分为以下两种情况：

1. 属于出口货物遭受损失，对方（进口方）向保险单所载明的国外理赔代理人提出索赔申请。

中国人民保险公司在世界各主要港口和城市，均设有委托国外检验代理人和理赔代理人两种机构，前者负责检验货物损失。收货人取得检验报告后，附同其他单证，自行向出单公司索赔，后者可在授权的一定金额内，直接处理索赔案件，就地给付赔款。

进口方在向我国国外理赔代理人提出索赔时，要同时提供下列单证：

（1）保险单或保险凭证正本；

（2）运输契约；

（3）发票；

（4）装箱单；

（5）向承运人等第三者责任方请求补偿的函电或其他单证以及证明被保险人已经履行应办的追偿手续等文件；

（6）由国外保险代理人或由国外第三者公证机构出具的检验报告；

（7）海事报告。海事造成的货物损失，一般均由保险公司赔付，船方不承担责任；

（8）货损货差证明；

（9）索赔清单等。

2. 属于进口货物遭受损失，我国进口方向保险公司提出索赔申请。

当进口货物运抵我国港口、机场或内地后发现有残损短缺时，应立即通知当地保险公司，会同当地国家商检部门联合进行检验。若经确定属于保险责任范围的损失，则由当地保险公司出具《进口货物残短检验报告》。同时，凡对于涉及国外发货人、承运人、港务局、铁路或其他第三者所造成的货损事故责任，只要由收货人办妥向上述责任方的追偿手续，保险公司即予赔款。但对于属于国外发货人的有关质量、规格责任问题，根据保险公司条款规定，保险公司不负赔偿责任，而应由收货人请国家商检机构出具公证检验书，然后由收货单位通过外贸公司向发货人提出索赔。

进口货物收货人向保险公司提出索赔时，要提交下列单证：

（1）进口发票；

（2）提单或进出口货物到货通知书、运单；

（3）在最后目的地卸货记录及磅码单。

若损失涉及发货人责任，须提供订货合同。如有发货人保函和船方批注，也应一并提供。若损失涉及船方责任，须提供卸货港口理货签证。如有船方批注，也一并提供。凡涉及发货人或船方责任，还需由国家商检部门进行鉴定出证。若损失涉及港口装卸及内陆、内河或铁路运输方责任，须提供责任方出具的货运记录（商务记录）及联检报告等。

收货人向保险公司办理索赔，可按下列途径进行：海运进口货物的损失，向卸货港保险公司索赔；空运进口货物的损失，向国际运单上注明的目的地保险公司索赔；邮运进口货物的损失，向国际包裹单上注明的目的地保险公司索赔；陆运进口货物的损失，向国际铁路运单上注明的目的地保险公司索赔。

（二）审定责任，予以赔付

被保险人在办妥上述有关索赔手续和提供齐全的单证后，即可等待保险公司审定责任，给付赔款。在我国，保险公司赔款方式有两种：一是直接赔付给收货单位；二是集中赔付给各有关外贸公司，再由各外贸公司与各订货单位进行结算。

案例 9－2－1　出口香港罐头保险索赔案

1997 年，我国 WK 外贸公司向香港出口罐头一批共 500 箱，按照 CIF HONGKONG 向保险公司投保一切险。但是因为海运提单上只写明进口商的名称，没有详细注明其地址，货物抵达香港后，船公司无法通知进口商来货场提货，又未与 WK 公司的货运代理联系，自行决定将该批货物运回启运港天津新港。在运回途中因为轮船渗水，有 229 箱罐头受到海水浸泡。货物运回新港后，WHHK 公司没有将货物卸下，只是在海运提单上补写进口商详细地址后，又运回香港。进口商提货后发现罐头已经生锈，所以只提取了未生锈的 271 箱罐头，其余的罐头又运回新港。WK 外贸公司发现货物有锈蚀后，凭保险单向保险公司提起索赔，要求赔偿 229 箱货物的锈损。保险公司经过调查发现，生锈发生在第二航次，而不是第一航次。投保人未对第二航次投保，不属于承保范围，于是保险公司拒绝赔偿。

分析：保险公司拒绝理赔是正当的。原因如下：

（1）保险事故不属于保险单的承保范围，本案中被保险人只对货物运输的第一航次投了保险，但是货物是在由香港至新港的第二航次中发生了风险损失的，即使该项损失属于一切险的承保范围，保险人对此也不予负责。

（2）被保险人在提出保险索赔时明显违反了“诚信原则”。被保险人向保险人提出索赔明知是不属于投保范围的航次造成的损失，其目的是想利用保险人的疏忽将货物损失转嫁给保险人，这违反诚实信义的原则，保险人有权拒绝陪付。

三、海洋货运保险单的填写

（一）保险单的范本（表 9－2－1）

表 9－2－1　　　　保险单的样本

中　国　人　民　保　险　公　司

THE PEOPLE'S INSURANCE COMPANY OF CHINA

总公司设于北京　一九四九年创立

发票号码　　　　保险单　　　　保险单号次

INVOICE NO. JH－FLSINVO　　　　INSURANCE POLICY　　　　POLICY NO. JH-FLSBD06

中国人民保险公司（以下简称本公司）

THIS POLICY OF INSURANCE WITNESSES THAT THE PEOPLE'S INSURANCE COMPANY OF CHINA（HEREIN AFTER CALLED “THE COMPANY”）

根据 AT THE REQUEST OF SILVER SAND TRADING CORP.

（以下简称被保险人）的要求，由被保险人向本公司缴付约定的保险，被照本保险单承保险别和背面所载条款下列特款承保下述货物运输保险，特立本保险单

（HEREIN AFTER CALLED“THE INSURED”）AND CONSIDERATION OF THE AGREED PREMIUM PAID TO THE COMPANY BY THE INSURED UNDERTAKES TO INSURE THE UNDERMENTIONED GOODS IN TRANSPORTATION SUBJECT TOTHE CONDITIONS OF THIS POLICY. AS PER THE CLAUSES PRINTED OVERLEAF AND OTHER SPECIAL CLAUSES ATTACHED HEREON

标记 MARKS & NOS	包装及数量 QUANTITY	保险货物项目 DESCRIPTION OF GOODS	保险金额 AMOUNT INSURED
AS PER INVOICE NO. JH-FLSINV06	1200 CARTONS	FOREVER BRAND BICYCLE	US＄90420. 00

总保险金额：

TOTAL AMOUNT INSURED：UNITED STATES DOLLARS NINETY THOUSAND FOUR HUNDRED AND TWENTY ONLY

保费　　　　费率　　　　装载运输工具

PREMIUM AS ARRANGED RATE AS ARRANGED PER CONVEYANCE S. S. YI XIANG V. 307

开航日期　　　　自　　　　至

SLG. ON OR ABT. AS PER BILL OF LADING FROM GUANGZHOU TO COPENHAGEN

承保险别：

CONDITIONS ALL RISKS AND WAR RISK

AS PER CIC OF P. I. C. C. DATED 1/1/1981

L/C NO. FLS－JHLC06

所保货物，如遇出险，本公司凭本保险单及其他有关证件给付赔款。

CLAIMS, IF ANY, PAYABLE ON SURRENDER OF THIS POLICY TO GETHER WITH OTHER RELEVANT DOCUMENTS

所保货物，如发生本保险单项下负责赔偿的损失或事故，

IN THE EVENT OF ACCIDENT WHEREBY LOSS OR DAMAGE MAY RESULT IN A CLAIM UNDER THIS POLICY

应立即通知本公司下述代理人查勘。

IMMEDIATE NOTICE APPLYING FOR SURVEY MUST BE GIVEN TO THE COMPANY'S AGENT AS MENTIONED HEREUNDER：J. G. SAFE & CO. A/S631 MAPLE ALLE, DK－3240 VALBY COPENHAGEN TEL.：（01）413277 FAX：（01）413376

中国人民保险公司广州分公司

赔款偿付地点　　THE PEOPLE'S INSURANCE COMPANY OF CHINA

GUANGZHOU BRANCH

CLAIM PAYABLE AT/IN DENMARK IN US DOLLARS

日期

DATE 18-May-2004　　　　　　　广州 GUANGZHOU

地址：中国广州中山路56号　TEL：87562398　TELEX：87569824 PICCS CN。

ADDRESS：56 ZHONG SHAN LU ROAD，GUANGZHOU，CHINA. General Manager

（二）保险单的内容

1. 保险合同当事人

保险合同的当事人有保险人、被保险人、保险经纪人、保险代理人、勘验人、赔付代理人等。

被保险人（insured）即保险单的抬头，正常情况下应是L/C的受益人，但如L/C规定保单为to order of ×× bank或in favor of ×× bank，应填写“受益人名称 + held to order of ×× bank或in favor of×× bank”；如L/C要求所有单据以××为抬头人，保单中应照录；如L/C要求中性抬头（third party或in neutral form），填写“to whom it may concern”；如要求保单“made out to order and endorsed in blank，填写“受益人名称 + to order”；L/C对保单无特殊规定或只要求“endorsed in blank”或“in assignable/ negotiable form”，填受益人名称。

中外保险公司都可以以自己名义签发保单并成为保险人，其代理人是保险经纪人；保险代理人代表货主；勘验人一般是进口地对货物损失进行查勘之人；赔付代理人指单据上载明的在目的地可以受理索赔的指定机构，应详细注明其地址和联系办法。

2. 保险货物项目（description of goods）

唛头、包装及数量等货物规定应与提单保持一致。

3. 保险金额（amount insured）

保险金额是所保险的货物发生损失时保险公司给予的最高赔偿限额，一般按CIF/CIP发票金额的110%投保，加成如超出10%，超过部分的保险费由买方承担可以办理，L/C项下的保单必须符合L/C规定，如发票价包含佣金和折扣，应先扣除折扣再加成投保，被保险人不可能获得超过实际损失的赔付，保险金额的大小写应一致，保额尾数通常要“进位取整”或“进一取整”。不管小数部分数字是多少，一律舍去并在整数部分加“1”。

4. 保费（premium）和费率（rate）

通常事先印就“as arranged”（按约定）字样，除非L/C另有规定，两者在保单上可以不具体显示。保险费通常占货价的比例为1%～3%之间，险别不同，费率不一（水渍险的费率约相当于一切险的1/2；平安险约相当于1/3；保一切险，欧美等发达国家费率可能是0.5%，亚洲国家是1.5%，非洲国家则会高达3%以上）。

5. 运输方面的要求

开航日期（date of commencement）通常填提单上的装运日，也可填“As Per B/L”或“As per Transportation Documents”；启运地、目的地、装载工具（per conveyance）的填写与提单上的操作相同。

6. 承保险别（conditions）

承保险别是保险单的核心内容，填写时应与L/C规定的条款、险别等要求严格一致；在L/C无规定或只规定“Marine/Fire/Loss Risk”、“Usual Risk”或“Transport Risk”等，可根据所买卖货物、交易双方、运输路线等情况投保All Risks、WA或WPA、FPA三种基本险中的任何一种；如L/C中规定使用中国保险条款（CIC）、伦敦协会货物条款（ICC）或美国协会货物条款（AICC），应按L/C规定投保、填制，所投保的险别除明确险别名称外，还应注明险别适用的文本及日期；某些货物的保单上可能出现I. O. P（不考虑损失程度/无免赔率）的规定；目前许多合同或L/C都要求在基本险的基础上加保War Risks和SRCC（罢工、暴动、民变险）等附加险；集装箱或甲板货的保单上可能会显示JWOB（抛弃、浪击落海）险；货物运往偷盗现象严重的地区/港口的保单上频现TPND（偷窃、提货不着险）。

7. 赔付地点（claim payable at/in）

此栏按合同或L/C要求填制。如L/C中并未明确，一般将目的港/地作为赔付地点。

8. 日期（date）

日期指保单的签发日期。由于保险公司提供仓至仓（W/W）服务，所以出口方应在货物离开本国仓库前办结手续，保单的出单时间应是货物离开出口方仓库前的日期或船舶开航前或运输工具开行前。除另有规定，保单的签发日期必须在运输单据的签发日期之前。

9. 签章（authorized signature）

由保险公司签字或盖章以示保险单正式生效。单据的签发人必须是保险公司或他们的代理人/承保人，在保险经纪人的信笺上出具的保险单据，只要该保险单据是由保险公司或其代理人，或由承保人或其代理人签署的可以接受；UCP规定除非L/C有特别授权，否则银行不接受由保险经纪人签发的暂保单。

10. 保单的背书

保单的背书分为空白背书（只注明被保险人名称）、记名背书（业务中使用较少）和记名指示背书（在保单背面打上“to order of ××”和被保险人的名称）三种，保单做成空白背书意味着被保险人或任何保单持有人在被保货物出险后享有向保险公司或其代理人索赔的权利并得到合理的补偿，做成记名背书则意味着保单的受让人在被保货物出险后享有向保险公司或其代理人索赔的权利。在货物出险时，只有同时掌握提单和保单才能真正的掌握货权。

11. 保单的份数

当L/C没有特别说明保单份数时，出口公司一般提交一套完整的保险单，如有具体份数要求，应按规定提交，注意提交单据的正本（original）、副本（copy）不同要求。

12. 保单的其他规定

号码（policy number）由保险公司编制，投保及索赔币种以L/C规定为准，投保地点一般为装运港/地的名称，如L/C或合同对保单有特殊要求也应在单据的适当位置加以明确。

【案例回放和分析】

在此案例中，判定所用各项损失的性质应从造成该项损失的原因入手分析。根据构成共同海损的条件及单独海损的定义，逐一分析如下：

1. 1200箱货被火烧毁。该批货物致损是货舱起火这一意外事故直接造成的，故属单独海损。

2. 600箱货被水浇湿。该批货物致损是因为货舱起火，大伙蔓延到机舱，若不扑灭大火，势必威胁到船、货的共同安全。船长为了解除或减轻火灾引起的风险而人为地、有意识地采取引水灭火这一合理措施而造成的，故应属于共同海损。

3. 主机和部分甲板被烧毁。同前1，该项损失是由火灾直接造成的，属单独海损。

4. 拖轮费用。该项损失是由于灭火过程中致使主机受损，一旦海轮失去动力，必将威胁船、货共同安全，为避免这一风险雇用拖轮而产生的额外费用，故其属于共同海损。

5. 额外增加的燃料和海上人员的工资，这一部分费用开支不在正常的营运费用范围内，其起因也是由于为解除船、货面临的共同危险而产生的，应属于共同海损。

本 章 小 结

在国际贸易中，货物的交接要经过长途运输、装卸和存储等环节，遇到各种风险而遭受损失的可能性比较大。为了在货物遭受损失时能得到经济补偿，就须办理货物运输保险。国际货运保险是货运代理的基本知识。国际货运保险按运输方式可分为海洋货物运输保险、陆上货物运输保险、航空货物运输保险和邮包保险。货运保险险别主要有基本险和附加险。货代要能根据货物运输的种类选择相应的保险类别进行投保，并能计算保险费、填写保险单。大保单、小保单、预约保险单是我们常用的保险单据。

关键名词或概念

海上风险（Perils of the sea）
平安险（F. P. A）
水渍险（W. P. A）
一切险（A. R）
保险单（insurance policy）

课 后 练 习

■ 复习思考题

1. 海上货运保险中，自然灾害和意外事故有何不同？怎样理解“外来风险”？
2. 何为基本险和附加险？各自包括哪些险？
3. 共同海损和单独海损有何区别？
4. 构成共同海损须具备哪些条件？
5. 我国陆空邮运货物保险有哪些基本险别？其承保责任范围和责任起讫如何？
6. ICC（A），ICC（B）及 ICC（C）三者的承保风险有何不同？
7. 海运货物保险中，保险金额是怎样计算的？
8. 索赔过程中需要提供哪些单证？
9. 索赔工作中应做好哪些工作？
10. 保险单主要包括哪几种？

■ 技能训练

1. 案例分析

（1）案例1

有一进口商同国外买方达成一项交易，合同规定的价格条件为CIF，当时正值海湾战争期间，装有出口货物的轮船在公海上航行时，被一导弹误中沉没，由于在投保时没有加保战争险，保险公司不赔偿。问题：买卖双方应由哪方负责？为什么？

（2）案例2

“明西奥”轮装载着散装亚麻子，驶向美国的纽约港。不幸，在南美飓风的冷风区内搁浅被迫抛锚。当时，船长发现船板有断裂危险，一旦船体裂缝漏水，亚麻子受膨胀有可能把船板胀裂，所以船长决定迅速脱浅，于是，该船先后4次动用主机，超负荷全速开车后退，终于脱浅成功。抵达纽约港后，对船体进行全面检修，发现主机和舵机受损严重，经过理算，要求货方承担6451英镑的费用。问题：货主对该项费用发生异议，拒绝付款。

（3）案例3

我国A公司与某国B公司于2001年10月20日签订购买52500吨化肥的CFR合同。A公司开出信用证规定，装船期限为2002年1月1日至1月10日，由于B公司租来运货的“顺风号”轮在开往某外国港口途中遇到飓风，结果装至2002年1月20日才完成。承运人在取得B公司出具的保函的情况下签发了与信用证条款一致的提单。“顺风号”轮于1月21日驶离装运港。A公司为这批货物投保了水渍险。2002年1月30日“顺风号”轮途经巴拿马运河时起火，造成部分化肥烧毁。船长在命令救火过程中又造成部分化肥湿毁。由于船在装货港口的延迟，使该船到达目的地时正遇上了化肥价格下跌。A公司在出售余下的化肥时价格不得不大幅度下降，给A公司造成很大损失。请根据上述事例，回答以下问题：1）途中烧毁的化肥损失属什么损失，应由谁承担，为什么？2）途中湿毁的化肥损失属什么损失，应由谁承担，为什么？3）A公司可否向承运人追偿由于化肥价格下跌造成的损失，为什么？

2. 计算

（1）计算1

报价商品CIF旧金山每公吨2000美元，按发票金额的110%投保，费率合计为0.6%，客户按发票金额的130%投保。试计算保险金额、保险费及应改报的价格。

（2）计算2

卖方出口一批体育用品，成交价为CIF目的港美元20000，卖方与买方在买卖合同中未特别约定货物运输保险事项，卖方在中国人保（PICC）依据其海洋运输保险条款投保货物一切险，并附加战争险。保险费率分别为0.8%和0.6%。试计算（分别列出计算公式）：1）卖方依据保险惯例如何确定货物的保险金额？2）该批货物的保险金额是多少？3）应交多少保险费？

（3）计算3

有一货轮在航行中与流冰相撞，海水涌进，舱内部分货物遭浸泡，船长不得不将船就近行驶上浅滩，进行排水和修补裂口，而后为了浮起，又将部分货物抛入海中，共损失25万美元，船长当即宣布为共同海损。问：船舶到达目的港后，各有关方应如何进行分摊？设：船舶价值250万美元，货主甲、乙、丙的货物分别价值200万美元、150万美元、100万美元，待收运费8万美元。

3. 请根据下述内容填制投保单

2000年7月中旬，中国某进出口公司以CIF价格向日本T. W. 国际贸易公司出口100箱香菇，总价值10万美元，合同号WB—117—32，木箱装，每箱净重30千克，应买方要求，投保平安险，加受潮受热险。船名“远洋号”，提单号37001。运输标志：T. W. /KUCHING。装运口岸与目的地：青岛—大阪。交货期：2000年7月底。

PICC 中国人民保险公司 天津分公司

The People's Insurance Company of China, Tianjin Branch

货物运输保险投保单

APPLICATION FORM FOR CARGO TRANSPORTATION INSURANCE

被保险人

Insured: ....

发票号（INVOICE NO.）

合同号（CONTRACT NO.）

信用证号（L/C NO.）

发票金额（INVOICE AMOUNT）____________ 投保加成（PLUS）____________ %

标记 MARKS & NOS.	数量及包装 QUANTITY	保险货物项目 DESCRIPTION OF GOODS	保险金额 AMOUNT INSURED

兹有下列货物向　投保。(INSURANCE IS REQUIRED ON THE FOLLOWING COMMODITIES:)

启运日期:　　　　　　　　　　　　　　　　　　装载运输工具:

DATE OF COMMENCEMENT ____________ PER CONVEYANCE: ____________

自　　　　　　　　　　　　经　　　　　　　　　　　至

FROM ____________ VIA ____________ TO ______________________________

提单号:　　　　　　　　　　　　赔款偿付地点

B/L NO.: ____________ CLAIM PAYABLE AT ______________________________

投保险别:(PLEASE INDICATE THE CONDITIONS &/OR SPECIAL COVERAGES:)

请如实告知下列情况:(如"是"在[　]中打"√""不是"打"×")IF ANY, PLEASE MARK "√" OR "×"

1. 货物种类:袋装[　]　散装[　]　冷藏[　]　液体[　]　活动物
   机器/汽车[　]　危险品等级[　]
   GOODS:　BAG/JUMBO　BULK　REEFER　LIQUID　LIVE ANIMAL
   MACHINE/AUTO　DANGEROUS CLASS
2. 集装箱种类:普通[　]　开顶[　]　框架[　]　平板[　]　冷藏[　]
   CONTAINER:　ORDINARY　OPEN　FRAME　FLAT　REFRIGERATOR
3. 转运工具:海轮[V]　飞机[　]　驳船[　]　火车[　]　汽车[　]
   BY TRANSIT:　SHIP　PLANE　BARGE　TRAIN　TRUCK
4. 船舶资料:船籍[　]　船龄[　]
   PARTICULAR OF SHIP:　REGISTRY　AGE

备注:被保险人确认本保险合同条款和内容已经完全了解。THE ASSURED CONFIRMS HEREWITH THE TERMS AND CONDITIONS OF THESE INSURANCE CONTRACT FULLY UNDERSTOOD

投保人(签名盖章)APPLICANTS' SIGNATURE

电话:(TEL)　　　　　　　　　　　　　　地址:(ADD)

投保日期:DATE

4. 根据下列所提供的信用证条款的主要内容及有关制单资料,填制海洋运输货物保险单中(1)至(5)项内容。

Irrevocable documentary credit

Number: LC123 - 258866

Date: August 24, 2003

Date and place of expiry: October 30, 2003, Qingdao, China

Advising bank: Bank of China

Beneficiary: China XYZ import and export corp

Applicant: UVW corporation

Total amount: USD9000 (SAY US DOLLARS NINE THOUSAND ONLY)

Shipment from: Qingdao China

To: Osaka Japan

At the latest: October 15, 2003

Description of goods: 100% Cotton Towel as per S/C No. CH200

Total quantity: 8000 pieces packing: 800 Cartons

Total gross weight: 20000 KGS

Total measurement: 30CBM

Price term: CIF Osaka

Following documents required:

+ Signed commercial invoice in three copies.

+ Full set of clean on board ocean bill of lading made out to order and endorsed in blank and marked "freight prepaid" and notify applicant.

+ Insurance policy for 110 PCT of the invoice value covering the Institute Cargo Clauses (A), the Institute War Clauses.

Ocean Vessel: "Golden Star" Voy. No.: 018E

Container No.: GSTU3156712/20'

Marks & Nos: ITOCHU OSAKA NO. 1 – 800

Laden on board the vessel: October 14, 2003

B/L date: October 14, 2003

B/L signed by BBB shipping agency

Carrier: AAA Shipping Co.

中 保 财 产 保 险 有 限 公 司

The people's insurance (Property) Company of China, Ltd.

发票号码 保险单号次

Invoice No. Policy No.

海 洋 货 物 运 输 保 险 单

MARINE CARGO TRANSPORTATION INSURANCE POLICY

被保险人:(1)

Insured: ....

中保财产保险公司（以下简称本公司）根据被保险人的要求，及其所缴付约定的保险费，按照本保险单承担险别和背面所载条款与下列特别条款承保下列货物运输保险，特签发本保险单。

This policy of Insurance witness that The People's Insurance (Property) Company of China, Ltd. (hereinafter called "The Company"), at the request of the Insured and in consideration of the agreed premium paid by the Insured, undertakes to insure the undermentioned goods in transportation subject to the conditions of this Policy as per the Clauses printed overleaf and other special clauses attached hereon.

保险货物项目 Description of Goods	包装 单位 数量 Packing Unit Quantity	保险金额 Amount Insured
(2)	800 Cartons	(3)

承保险别

Conditions

(4)

货物标记

Marks of Goods

总保险金额：

Total Amount Insured: ....

保费　　as agreed　　　　载运工具　　　　　　开航日期

Premium. .... Per conveyance S. S. .... Slg. On or abt. ....

启运港　　　　　　　　　　　目的港

From. .... To. ....

所保货物，如发生本保险单项下可能引起索赔的损失或损坏，应立即通知本公司下述代理人查勘。如有索赔，应向本公司提交保险单正本（本保险单共有 2 份正本）及有关文件。如一份已用于索赔，其余正本则自动失效。

In the event of loss or damage which may result in a claim under this Policy, immediate notice must be given to the Company's agent as mentioned hereunder. Claims, if any, one of the Original Policy which has been issued in Original (s) together with the relevant documents shall be surrendered to the Company, if one of the Original Policy has been accomplished, the others to be void.

中保财产保险有限公司

THE PEOPLE's INSURANCE (PROPERTY) COMPANY OF CHINA, LTD.

赔偿地点　　　　　　Osaka, Japan

Claim payable at. ....

日期　　(5)　　　　在　　Qingdao, China

Date. .... at. ....

地址

附录一 《国际货运代理理论与实务》模拟试卷

一、单项选择题 15×2′=30′

（在每小题列出的四个备选项中只有一个是符合题目要求的，请将其代码填写在题后的括号内。）

1. 班轮运输的运费应包括（　　）

A. 装卸费，不计滞期费和速遣费

B. 装卸费，但计滞期费和速遣费

C. 卸货费和应计滞期费，不计速遣费

D. 卸货费和速遣费，不计滞期费

2. 下列说法中，不属于班轮运输特点的是（　　）

A. 具有定线、定港、定期和相对的运费费率

B. 由船方负责对货物的装卸，运费中包括装卸费

C. 以运送大宗货物为主

D. 不规定滞期速遣条款

3. CFS TO CFS 的集装箱运输最适合于（　　）交接方式

A. FCL/FCL　　B. FCL/LCL　　C. LCL/LCL　　D. LCL/FCL

4. 海洋运输的运费吨（　　）

A. 仅指重量吨　　B. 仅指尺码吨

C. 重量吨与尺码吨的统称　　D. 重量吨和尺码吨之和

5. 国际多式联运经营人是（　　）

A. 发货人的代理　　B. 承运人的代理

C. 具有独立法人资格的经济实体　　D. 实际运输人

6. 下列哪一海洋沿岸国家最多（　　）

A. 太平洋　　B. 大西洋　　C. 印度洋　　D. 北冰洋

7. 提单收货人一栏内填写了“Order”字样的提单称为（　　）

A. 记名提单　　B. 不记名提单

C. 指示提单　　D. 限制提单

8. 一批航空货物毛重 250 千克，体积 1908900 立方厘米，它的体积重量是（　　）

A. 318.2 千克　B. 318.15 千克　C. 318.5 千克　D. 319.0 千克

9. 航空运单是（　）

A. 可议付的单据　B. 物权凭证

C. 货物收据和运输合同　D. 提货凭证

10. 计算过境参加《统一货价》铁路运送费用要依据（　）

A. 发送路国内规章　B. 到达路国内规章

C. 统一货价　D. 过境国国内规章

11. 多式联运单据的签发人是（　）

A. 船公司　B. 货主　C. 多式联运经营人　D. 收货人

12. 航空运输的计费重量，以实际毛重表示，计费重量最小单位是（　）

A. 0.5kg　B. 0.1kg　C. 2kg　D. 5kg

13. 什么单据是承运人通知码头仓库或装运船舶接货装船的命令（　）

A. 装货单　B. 收货单

C. 托运单　D. 载货清单

14. 办理国际铁路联运时，按一份运单托运的按其体积或种类需要单独车辆运送的货物称为（　）

A. 整车货物　B. 零担货物　C. 大吨位集装箱　D. 集装箱

15. 对香港地区的铁路运输中，什么单据是发货人向海关申报的依据（　）

A. 国内铁路运单　B. 承运货物收据

C. 供港货物委托书　D. 出口货物报关单

二、多项选择题 10×2′=20′

在每小题列出的备选项中选出正确选项，请将其代码填写在题后的括号内，错选、多选、少选或未选均无分。

1. 对香港地区铁路运输有哪些单证电报？（　）

A. 供港货物委托书　B. 起运电报

C. 出口货物报关单　D. 承运货物收据

2. 江苏省可接受办理集装箱多式联运的城市有（　）

A. 南京　B. 连云港　C. 张家港　D. 南通

3. 班轮运输的特点是（　）

A. 定线、定港、定期和相对稳定的运费费率

B. 由船方负责对货物的装卸，运费中包括装卸费

C. 承运货物品种数量较为灵活

D. 双方权利义务以及责任豁免以船公司签发的提单的有关规定为依据

4. 提单的作用有（　　）

A. 承运人签发给托运人的货物收据　　B. 物权凭证

C. 运输合同的证明　　D. 债权凭证

5. 有关航空一般货物运价，下面说法错误的有（　　）

A. N 表示大于 45 千克

B. M 表示小于 45 千克

C. Q 为起码运费

D. 100 千克表示 100 千克以下 45 千克以上

6. 班轮运费由（　　）组成

A. 基本运费　　B. 附加运费　　C. 起码运费　　D. 港口费用

7. 物流是由（　　）四大行业构成。

A. 交通运输　　B. 流通加工　　C. 储运

D. 配送　　E. 装卸搬运　　F. 通运

8. 国际多式联运的主要特征是（　　）

A. 必须要有一个多式联运合同

B. 必须使用一份全程的多式联运单据

C. 必须是国际的至少使用两种不同的运输方式

D. 多式联运经营人对全程负责

E. 实行全程单一费率

9. 国际多式联运经营人的赔偿责任制通常分为（　　）

A. 统一责任制　　B. 网状责任制

C. 统一修正责任　　D. 责任分担制

10. 关于国际铁路联运运单说法正确的有（　　）

A. 一和五联交收货人　　B. 二和四联留存铁路

C. 第三联交发货人　　D. 第三联作结汇凭证

三、判断 1 ×10′ =10′

1. 运输业是一个物质生产部门，其产品是货物的“位移”。(　　)

2. 苏伊士运河是沟通红海和地中海的海上通道。(　　)

3. 对港、澳地区的铁路运输属于国际多式联运。(　　)

4. 马六甲海峡又称石油海峡。(　　)

5. 名古屋到川崎的航线称为近洋航线。(　　)

6. 船籍是船舶所有人的国籍。(　　)

7. 新建成的欧亚大陆桥，东起我国连云港，西至荷兰鹿特丹，于1993年正式投入营运。(　　)

8. 费率本中的W/M是表示托运人可按货物重量或尺码计算并支付运费。(　　)

9. 海运提单、航空运单和铁路运单都是承运人出具给托运人的货物收据，因而都是物权凭证。(　　)

10. 国际货运代理协会联合会是一个营利性的国际货运代理行业组织，其宗旨是保障和提高国际货运代理在全球的利益。(　　)

四、简答题 2×5′=10′

1. 构成国际多式联运的基本条件是什么？

2. 国际货物运输主要有哪几种方式？它们（至少三种）各有哪些特点？

五、计算题 3×8′=24′

1. 某轮从上海港装运20吨，共计22立方米的蛋制品去英国普利茅斯港，要求直航，求全部运费。

附：(1) 从货物分级表查知蛋制品为12级，计算标准化W/M；

(2) 该航线12级基本费率为116元/吨；

(3) 该航线直航附加费每运费吨为18元，燃油附加费35%。

2.

Routing：Beijing，CHINA（BJS）

To Tokyo，JAPAN（TYO）

Commodity：MOON CAKE

Gross Weight：1 Pieces，5.8kgs

Dimensions：1 Pieces 42cm×35cm×15cm

计算该票货物的航空运费。

公布运价如下：

BEIJING	CN	BJS
Y. RENMINBI	CNY	KGS

TOKYO	JP	M	230
		N	37. 5145
			28. 13

3. 一批出口货物 CFR 价格为 9890USD，买方要求卖方代为在中国投保，卖方委托 A 货代公司按 CIF 加一成投保，保险费率为 1%，请 A 货代公司代卖方来计算该批货物的保险金额是多少，应交纳的保险费是多少？（分别列明计算公式）

六、案例分析题 1×6′=6′

A 贸易出口公司与外国 B 公司以 CFR 洛杉矶、信用证付款的条件达成出口贸易合同。合同和信用证均规定不准转运。A 贸易出口公司在信用证有效期内委托 C 货代公司将货物装上 D 班轮公司直驶目的港的班轮，并以直达提单办理了议付，国外开证行也凭议付行的直达提单予以付款。在运输途中，船公司为接载其他货物，擅自将 A 公司托运的货物卸下，换装其他船舶运往目的港。由于中途延误，货物抵达目的港的时间比正常直达船的抵达时间迟延了 20 天，造成货物变质损坏。为此，B 公司向 A 公司提出索赔，理由是 A 公司提交的是直达提单，而实际则是转船运输，是一种欺诈行为，应当给予赔偿。A 公司为此咨询 C 货代公司。假如你是 C 货代公司，请回答 A 公司是否应承担赔偿责任？理由何在？

附录二 世界主要港口一览表

中文名称	英文名称	所属国家或地区
亚洲		
上海	shanghai	中国
大连	Dairen，Dalian	中国
广州	Canton，Guangzhou	中国
香港	Hongkong	中国
新加坡	Singapore	新加坡
马尼拉	Manila	菲律宾
宿务	Cebu	菲律宾
达沃	Davao	菲律宾
怡朗	Iloilo	菲律宾
三宝颜	Zamboanga	菲律宾
苏腊巴亚	Surabaja	印尼
望加锡	Macassar	印尼
巨港（巴邻旁）	Palembang	印尼
丹戎不录	Tanjing Priok	印尼
槟城	Penang	马来西亚
巴生港	Port Klang	马来西亚
马六甲	Malacca	马来西亚
柔佛巴鲁	Johore Bahru	马来西亚
古晋	Kuching	马来西亚
曼谷	Bangkok	泰国
仰光	Rangoon	缅甸
孟买	Bombay	印度
加尔各答	Calcutta	印度
马德拉斯	Madras	印度
莫穆冈	Mormugao	印度
维沙卡帕特南	Visakhapatnam	印度
卡拉奇	Karachi	巴基斯坦

续 表

中文名称	英文名称	所属国家或地区
卡西姆	Kasim marine terminot	巴基斯坦
科伦坡	Colombo	斯里兰卡
亚丁	Aden	也门
巴士拉	Basra	伊拉克
阿巴丹	Abadan	伊朗
沙阿布尔	Bandar – e Shahpur	伊朗
霍拉姆沙赫尔	Khorramshahr	伊朗
艾哈迈迪港	Ahmadi	科威特
拉斯坦努拉	Ras Tanur	沙特
达曼	Dammam	沙特
吉达	Jiddah	沙特
延布	Yenbo	沙特
多哈	Doha	卡塔尔
迪拜	Dubai	阿联酋
荷台达	Al nadeidah	也门
麦纳麦	Manama	巴林
伊兹密尔	Izmir	土耳其
梅尔辛	Mersin	土耳其
神户	Kobe	日本
横滨	Yokohama	日本
大阪	Osaka	日本
千叶	Chiba	日本
名古屋	Nagoya	日本
川崎	Kawasaki	日本
东京	Tokyo	日本
长崎	Nagasaki	日本
釜山	Pusan（Busan）	韩国
群山	Kunsan	韩国
仁川	Inchon	韩国
清津	Chongjin	朝鲜
兴南	Hungnam	朝鲜
罗津	Rajin	朝鲜
元山	Wonsan	朝鲜
南浦	Nampo	朝鲜

续 表

中文名称	英文名称	所属国家或地区
非洲		
亚历山大	Alexandria	埃及
塞得港	Port Said	埃及
苏伊士	Suez	埃及
班加西	Benghazi	利比亚
祖埃提纳	Zuetina	利比亚
的黎波里	Tripoli	利比亚
突尼斯	Tunis	突尼斯
阿尔及尔	Alger	阿尔及利亚
阿尔泽	Arzew	阿尔及利亚
奥兰（瓦赫兰）	Omn（ouahran）	阿尔及尼亚
达尔贝达	Darel Beida	摩洛哥
苏丹港	Port Sudan	苏丹
阿萨布	Assab	埃塞俄比亚
马萨瓦	Massawa	埃塞俄比亚
吉布提港	Djibouti	吉布提
努瓦克肖特	Nouakchott	毛里塔尼亚
达喀尔	Dakar	塞内加尔
阿比让	Abidjan	科特迪瓦
蒙罗维亚	Monrovia	利比里亚
布坎南	Buchanan	利比里亚
弗里敦	Freetown	塞拉利昂
科纳克里	Conakry	几内亚
比绍	Bissau	几内亚比绍
洛美	Lome	多哥
阿克拉	Accra	加纳
塔科腊迪	Takoradi	加纳
拉各斯	Lagos	尼日利亚
博尼	Bonny	尼日利亚
福卡多斯	Forcados .	尼日利亚
哈科特港	Port Harcourt	尼日利亚
杜阿拉	Douala	喀麦隆
黑角	Pointe. Noire	刚果（布）
马塔迪	Matadi	刚果（金）
罗安达	Luanda	安哥拉

续 表

中文名称	英文名称	所属国家或地区
洛比托	Lobito	安哥拉
马普托	Maputo	莫桑比克
贝拉	Beira	莫桑比克
开普敦	Cape Town	南非
德班	Durban	南非
塔马塔夫	Tamatave	马达加斯加
路易港	Port Louis	毛里求斯
达累斯萨拉姆	Dar Es Salaam	坦桑尼亚
蒙巴萨	Mombasa	肯尼亚
摩加迪沙	Mogadişcio	索马里
让蒂尔港	Port Gentil	加蓬
欧洲		
利物浦	Liverpool	英国
伦敦	London	英国
阿伯丁	Aberdeen	英国
普利茅斯	Plymouth	英国
南安普敦	Southampton	英国
赫尔	Hull	英国
多佛尔	Dover	英国
布里斯托尔	Bristol	英国
朴茨茅斯	Portstmouth	英国
利思	Leith	英国
塔尔伯特港	Port Talbot	英国
马塞	Marseilles	法国
勒阿弗尔	Le Havre	法国
敦刻尔克	Dunkerque，Dunkirk	法国
波尔多	Bordeaux	法国
南特	Nantes	法国
鲁昂	Rouen	法国
阿姆斯特丹	Amsterdan	荷兰
鹿特丹	Rotterdam	荷兰
安特卫普	Antwerpen	比利时
汉堡	Hamburg	德国
不莱梅	Bremen	德国
布莱梅港	Bremerhaven	德国

续表

中文名称	英文名称	所属国家或地区
威廉港	Wilhelmshaven	德国
埃姆登	Emden	德国
罗斯托克	Restock	德国
热那亚	Genoa	意大利
的里亚斯特	Trieste	意大利
那不勒斯	Naples	意大利
威尼斯	Venice	意大利
里窝那	Leghorn	意大利
塔兰托	Taranto	意大利
瓦莱塔	Valletta	马耳他
巴塞罗那	Barcelona	西班牙
毕尔巴鄂	Bilbao	西班牙
里斯本	Lisbon	葡萄牙
圣彼得堡	Sankt Pertersburg	俄罗斯
摩尔曼斯克	Murmansk	俄罗斯
纳霍德卡	Nakhodka	俄罗斯
海参崴	Vladivostok	俄罗斯
苏维埃港	Sovetskaya Gavan	俄罗斯
康斯坦萨	Constantza	罗马尼亚
格丁尼亚	Gdynia	波兰
什切青	Szczecin	波兰
瓦尔纳	Varna	保加利亚
里耶卡	Rijeka	南斯拉夫
雅典	Athens	希腊
萨洛尼卡	Salonica	希腊
比雷埃夫斯	Piraeus，Piraievs	希腊
赫尔辛基	Helsinki	芬兰
汉科	Hanko	芬兰
哥德堡	Gothenburg	瑞典
耶夫勒	Gavle，Gefle	瑞典
斯德哥尔摩	Stockholm	瑞典
马尔默	Malmo	瑞典
奥尔胡斯	Aarhus	丹麦
哥本哈根	Copenhagen	丹麦
卑尔根	Bergen	挪威

续 表

中文名称	英文名称	所属国家或地区
奥斯陆	Oslo	挪威
雷克雅未克	Reykjavik	冰岛
伊斯坦布尔	Istanbul	土耳其
大洋洲及太平洋岛屿		
悉尼	Sydney	澳大利亚
布里斯班	Brisbane	澳大利亚
纽卡斯尔	New Castle	澳大利亚
弗里曼特尔	Fremantle	澳大利亚
墨尔本	Melbourne	澳大利亚
达尔文	Darwin	澳大利亚
惠灵顿	Wellington	新西兰
奥克兰	Auckland	新西兰
苏瓦	Suva	斐济
火奴鲁鲁	Honolulu	（美国）夏威夷
帕果帕果	Pago Pago	东萨摩亚岛
帕皮提	Papeete	社会群岛
北美洲		
哈利法克斯	Halifax	加拿大
蒙特利尔	Montreal	加拿大
魁北克	Quebec	加拿大
多伦多	Toronto	加拿大
温哥华	Vancouver	加拿大
旧金山	San Francisco	美国
纽约	New York	美国
新奥尔良	New Orleans	美国
巴尔的摩	Baltimore	美国
长滩	Long Beach	美国
西雅图	Seattle	美国
休斯敦	Houston	美国
波士顿	Boston	美国
迈阿密	Miami	美国
费城	Philadelphia	美国
哈密尔顿	Hamilton	百慕大
拉丁美洲		
圣多斯	Santos	巴西

续表

中文名称	英文名称	所属国家或地区
里约热内卢	RioDe Janeiro	巴西
布宜诺斯艾利斯	Buenos Aires	阿根廷
罗萨里奥	Rosario	阿根廷
瓦尔帕莱索	Valparaiso	智利
巴兰基利亚	Barranquilla	哥伦比亚
马拉开波	Maracaibo	委内瑞拉
蒙得维的亚	Montevideo	乌拉圭
卡亚俄	Callao	秘鲁
马塔腊尼	Matarani	秘鲁
金斯敦	Kingstown	牙买加
太子港	Port Au Prince	海地
坦皮科	Tampico	墨西哥
韦腊克鲁斯	Veracruz	墨西哥
克里斯托巴尔	Cristobal	巴拿马
哈瓦那	Havana	古巴
拿骚	Nassau	巴哈马

参考文献

［1］中国国际货运代理协会编．国际货运代理理论与实务．北京：中国商务出版社，2007

［2］谢海燕编．中国国际货运代理理论与实务．北京：中国商务出版社，2007

［3］张为群编．国际货运代理实务操作．成都：西南财经大学出版社，2006

［4］余世明编．国际货运代理理论与实务．广州：暨南大学出版社，2006

［5］孙瑛，韩杨编．国际货物运输实务与案例．北京：清华大学出版社，2009

［6］李盾编．国际货运代理．北京：对外经济贸易大学出版社，2008

［7］中国国际货运代理协会编．国际多式联运与现代物流理论与实务．北京：中国商务出版社，2005

［8］中国国际货运代理协会编．国际航空货运代理理论与实务．北京：中国商务出版社，2005

［9］中国国际货运代理协会编．国际海上货运代理理论与实务．北京：中国商务出版社，2005

［10］中国国际货运代理协会考试中心编．国际货运代理从业人员资格培训考试复习指南．北京：中国商务出版社，2005

［11］姚大伟编．国际货运代理实务．北京：中国对外经济贸易出版社，2002

［12］孟于群编．国际货物运输物流案例分析集．北京：中国商务出版社，2005

［13］孟于群，陈震英编．国际货运代理法律及案例评析．北京：中国对外经济贸易出版社，2000

［14］王韶嫣编．国际货物运输与保险．北京：中国对外经济贸易出版社，2003

［15］竺仙如编．国际贸易地理．北京：中国商务出版社，2006

［16］李勤昌编．国际货物运输．大连：东北财经大学出版社，2005

［17］世界地图册．成都：成都地图出版社，2006

［18］黎孝先编．国际贸易实务．北京：中国对外经济贸易出版社，2002

教学课件索取说明

各位教师：

中国商务出版社为方便采用本教材教学的教师需要，我社免费提供此教材的教学课件。为确保此课件仅为教学之用，烦请填写如下内容，并寄至北京市东城区安定门外大街东后巷28号7216室，中国商务出版社组稿编辑部　种清苑收，邮政编码：100710，电话：010－64242964或传真至：010－64240576；我们收到并核实无误后，通过电子邮件尽快发出。特此。

证　　明

兹证明________大学________院/系________年级________名学生使用书名《　　　　》、作者：　　　　的教材，教授此课教师共计________位，现需课件________套。

教师姓名：________　　　联系电话：________

传　　真：________　　　E-mail：______________

通信地址：____

邮政编码：__________

院/系主任：________签字

（院/系公章）

_____年_____月_____日